Monsieur Laby de St-Aumont,
Mazous-Laguian.

OEUVRES COMPLÈTES

DE

LORD BYRON.

IMPRIMERIE DE DONDEY-DUPRÉ,
Rue St.-Louis, n° 46, au Marais.

OEUVRES COMPLÈTES

DE

LORD BYRON,

AVEC NOTES ET COMMENTAIRES,

COMPRENANT

SES MÉMOIRES PUBLIÉS PAR THOMAS MOORE,

ET ORNÉES D'UN BEAU PORTRAIT DE L'AUTEUR.

Traduction Nouvelle

PAR M. PAULIN PARIS,
DE LA BIBLIOTHÈQUE DU ROI.

TOME SIXIÈME.

Paris.

DONDEY-DUPRÉ PÈRE ET FILS, IMPR.-LIBR., ÉDITEURS,

RUE SAINT-LOUIS, N° 46,

ET RUE RICHELIEU, N° 47 bis.

1830.

MANFRED,
POÈME DRAMATIQUE.

*There are more things in heaven and earth, Horatio,
Than are dreamt of in your philosophy.*

Il y a plus de choses au ciel et sur la terre,
Horatio, que n'en rêva jamais votre philosophie.

PERSONNAGES DU DRAME.

MANFRED.
UN CHASSEUR DE CHAMOIS.
L'ABBÉ DE SAINT-MAURICE.
MANUEL.
HERMAN.
LA NYMPHE DES ALPES.
ARIMANE.
NÉMÉSIS.
LES DESTINÉES.
ESPRITS, etc., etc.

La scène se passe au milieu des Hautes-Alpes, partie dans le château de Manfred, partie sur les montagnes.

MANFRED.

ACTE PREMIER.

SCÈNE PREMIÈRE.

(Galerie gothique. — Minuit.)

MANFRED, seul.

Il faut remplir d'huile ma lampe; et toutefois, elle ne brûlera pas aussi long-tems que je dois veiller. Mon sommeil — si je dors — n'est pas le sommeil, mais le prolongement de ces pensées auxquelles je ne puis échapper. Mon cœur veille incessamment ; et si mes paupières s'abaissent, c'est pour reporter mes regards au dedans de moi. Et je vis ! et je supporte l'aspect et l'image des autres hommes ! La douleur devait être l'école de la science : souffrir, c'est savoir. Ceux qui savent le plus, ceux-là doivent plus profondément gémir sur une fatale vérité : « l'arbre de la » science n'est pas l'arbre de vie. » J'ai essayé de tout, philosophie, science, recherche des secrets de la nature, sagesse du monde : car il y a en moi une puissance qui me rend maître de tout, et je n'ai trouvé qu'incertitude. J'ai cru à la bonté des hommes, moi-même je me suis montré bon à la race humaine, et quel fruit en ai-je retiré? Quel fruit ai-je retiré d'avoir déjoué les efforts de mes ennemis, d'en avoir fait tomber quelques-uns à mes pieds? Le bien, le mal, la vie, la puissance, les passions, tout ce qui anime les autres êtres, tout a été pour moi comme la pluie tombant sur le sable, depuis cette heure qui n'a pas de nom.—Aussi n'ai-je désormais plus de craintes; la malédiction qui pèse sur moi m'a rendu inaccessible aux terreurs du vulgaire; ni les désirs, ni l'espérance, ni l'amour mystérieux d'un objet terrestre ne feront jamais palpiter mon cœur. — Maintenant, à ma tâche.

Agens mystérieux! esprits de l'infini univers! vous que j'ai cherchés dans la lumière et dans les ténèbres. — Vous qui habitez dans une essence plus subtile, qui vivez sur les cimes inaccessibles des monts, ou descendez dans les profondes cavernes de la terre et de l'océan; — par les lettres de ce charme qui me donne tout pouvoir sur vous, je vous appelle:—levez-vous et paraissez! —

(Une pause.)

Ils ne viennent pas encore! — Or donc, par la voix de celui qui est le premier parmi vous, — par ce signe qui vous fait trembler, — par le nom de celui qui ne peut mourir, — levez-vous! paraissez! paraissez! —

(Une pause.)

Puisqu'il en est ainsi — esprits de la terre et de l'air, vous ne me résisterez pas plus long-tems. J'emploierai, pour vous vaincre, un moyen plus puissant que ceux auxquels j'avais eu recours. Par ce charme terrible descendu d'une planète maudite, ruine fumante d'un monde qui n'est plus, enfer errant dans l'immensité de l'éternel espace; par l'effroyable malédiction qui appelle mon ame, par la pensée qui est en moi et autour de moi, esprits, je vous somme de paraître. — Paraissez!

(Une étoile se montre, dans l'obscurité, à l'extrémité de la galerie. Elle est immobile. Une voix se fait entendre et chante :)

PREMIER ESPRIT.

Mortel, soumis à ton ordre, j'ai quitté ma demeure dans les nuages où s'élève mon pavillon formé des vapeurs du crépuscule, et qui dore d'azur et de vermillon le soleil couchant d'un jour d'été. Bien que tu formes des vœux défendus, j'ai accouru ici, monté sur le rayon d'une étoile, tant étaient insurmontables tes conjurations. Mortel, puissent tes vœux être exaucés!

VOIX DU SECOND ESPRIT.

Le Mont-Blanc est le roi des montagnes. Depuis long-tems elles l'ont couronné d'un diadême de neige sur son trône de rochers, et l'ont revêtu d'une robe de nuages. Les forêts qui l'entourent sont attachées à sa ceinture. Dans sa main est l'avalanche dont la masse n'attend que mes ordres pour se précipiter avec le fracas du tonnerre. Chaque jour se meut le froid glacier qui jamais ne se repose, et c'est encore moi qui lui dis : « Hâte-toi ou arrête ta marche. » Je suis l'esprit de la montagne; je puis la faire fléchir et la remuer jusque dans ses fondemens.—Mais *toi*, que me veux-tu?

VOIX DU TROISIÈME ESPRIT.

Dans les profondeurs azurées des eaux, où ne pénètrent ni l'agitation des vagues ni le souffle des vents; là où vit le serpent de mer, où la Sirène suspend des coquilles à sa verte chevelure, le bruit de tes conjurations s'est fait entendre, semblable à la tempête qui gronde à la surface des flots. L'écho de mes paisibles salles de corail en a retenti. Qu'exiges-tu de l'esprit des eaux?

QUATRIÈME ESPRIT.

Là où le tremblement de terre sommeille sur un lit de feu, où s'élèvent en bouillonnant des lacs de bitume, où les racines des Andes pénètrent aussi profondément dans la terre que leurs cimes s'élèvent dans les cieux, vaincu par la force de tes évocations, j'ai abandonné les sombres retraites où je pris naissance et j'accours à tes ordres. Que ta volonté soit ma loi.

CINQUIÈME ESPRIT.

Je cours à cheval sur les vents; c'est moi qui suscite les orages : j'ai devancé de quelques pas la tempête toute brûlante encore des feux de la foudre; et pour te joindre plus vite, j'ai volé au travers d'un ouragan par deçà les mers et ses rivages. Chemin faisant, j'ai rencontré une flotte que poussait un vent favorable; la nuit ne finira pas qu'elle n'ait été engloutie toute entière.

SIXIÈME ESPRIT.

Les ténèbres de la nuit sont ma demeure. Pourquoi, par tes tortures magiques, me forcer au supplice du grand jour?

SEPTIÈME ESPRIT.

Avant la création de la terre, l'astre de tes destinées m'avait été confié. Quel monde, de tous ceux qui gravitent autour d'un soleil, fut jamais plus frais et plus beau? Abandonnée à elle-même et conservant dans sa course un ordre régulier, jamais étoile plus brillante ne sillonna l'espace. Mais l'heure arriva : — ce ne fut plus dès-lors qu'une masse errante de feu; comète vagabonde, maudite et funeste à l'univers, roulant par sa propre force hors de tout cercle et sans lois pour la guider; éclatante difformité d'en haut, monstre au milieu de nos régions célestes. Et toi, né sous son influence, ver méprisable que je dédaigne et auquel j'obéis, tu m'as su contraindre, par un pouvoir qui ne t'a été confié passagèrement que pour qu'un jour tu m'appartiennes tout entier, à descendre vers toi, à me joindre à ces faibles esprits qui tremblent en ta présence, et qui sont forcés de répondre à un être tel que toi. Parle vite : que veux-tu, enfant de boue?

LES SEPT ESPRITS.

La terre, l'océan, l'air, la nuit, les montagnes, les vents, ton étoile, tout est à tes ordres, enfant de boue! Leurs esprits sont là, attendant tes demandes. — Que veux-tu de nous, fils des hommes? — dis.

MANFRED.

L'oubli. —

LE PREMIER ESPRIT.

De quoi? — de qui? — et pourquoi?

MANFRED.

L'oubli de ce qui est en moi. Lisez-y; vous savez ce que je désire, et ce que ma langue ne saurait exprimer.

L'ESPRIT.

Nous ne pouvons t'accorder que ce qui se trouve en notre puissance. Demande-nous des sujets, un royaume, l'empire du monde, du monde entier ou de quelques-unes de ses parties : demande-nous un signe qui commande aux élémens qui sont soumis à chacun de nous, et tes désirs seront aussitôt accomplis.

MANFRED.

L'oubli, l'oubli de moi-même. — Ne sauriez-vous, dans ces régions secrètes que vous soumettez avec tant d'empressement à mes ordres, ne sauriez-vous donc découvrir ce que je cherche?

L'ESPRIT.

Notre essence s'y refuse, et notre science ne va pas jusque là. Mais tu peux mourir.

MANFRED.

La mort me l'accordera-t-elle ?

L'ESPRIT.

Immortels, nous n'oublions rien ; éternels, le passé nous est présent aussi bien que l'avenir. Tu as ta réponse.

MANFRED.

Vous moquez-vous ? — Le pouvoir qui vous a fait descendre ici vous livre à moi. Esclaves, ne vous jouez pas de mes volontés ! Le souffle, l'esprit, l'étincelle de Prométhée ; cette lumière de mon être a l'éclat, la pénétration et la vivacité des vôtres ; et quoique enfermée dans l'argile, elle ne vous le cédera en rien. Répondez ! ou vous connaîtrez qui je suis.

L'ESPRIT.

Ce que nous avons dit, nous le répétons : tes propres paroles renferment elles-mêmes notre réponse.

MANFRED.

Qu'est-ce à dire ?

L'ESPRIT.

Oui, si, comme tu l'assures, ton essence est semblable à la nôtre; nous avons satisfait ta curiosité en déclarant ici que nous n'avons rien à démêler avec ce que, vous autres mortels, appelez la mort.

MANFRED.

Ainsi, vainement je vous aurai conjurés : vous êtes impuissans à me secourir, ou vous vous refusez à le faire !

L'ESPRIT.

Parle ; nous mettons à tes pieds tout ce que nous possédons : tout est à toi. Songes-y bien avant de nous renvoyer. Demande encore : — royaume, puissance, force, prolongation de tes jours.

MANFRED.

Maudits! qu'ai-je à faire de nouveaux jours? Les miens ont été trop longs déjà : — hors d'ici ! — fuyez !

L'ESPRIT.

Un instant encore ; nous ne voudrions pas te quitter sans t'avoir été utiles. Cherche ; — n'est-il donc pas quelque don qui pourrait avoir du prix à tes yeux ?

MANFRED.

Aucun ; — cependant, encore un moment. — Avant de nous séparer, je voudrais vous contempler face à face. J'entends vos voix, dont les accens mélancoliques et doux semblent une musique sur les ondes. Je vois la clarté fixe d'une large et brillante étoile ; mais rien de plus. Montrez-vous à moi, l'un de vous, ou tous ensemble, tels que vous êtes, et dans la forme que vous avez coutume de revêtir.

L'ESPRIT.

Notre forme est celle des élémens dont nous sommes l'ame et le principe ; mais désigne celle qui te plaira le plus, et sur-le-champ elle se découvrira à tes regards.

MANFRED.

Choisissez vous-mêmes, car, pour moi, il n'y a rien de beau ni de hideux sur la terre. Que le plus habile de vous prenne la figure qui lui conviendra le mieux. — Allons !

LE SEPTIÈME ESPRIT, apparaissant sous la figure d'une belle femme.

Regarde !

MANFRED.

Dieu ! est-ce bien toi ? N'est-ce pas un songe insensé ou une cruelle tromperie ? Je puis donc encore goûter le bonheur, te presser dans mes bras ! —Nous pourrons encore.... (La figure disparaît.) Mon cœur est brisé !   (Manfred tombe sans connaissance.)

UNE VOIX prononce le charme suivant.

Lorsque la lune argente les vagues, que le ver luisant brille dans l'herbe, que le feu follet s'agite autour des tombeaux et la flamme sur les marécages ; lorsque les étoiles sillonnent le ciel de leurs traînées lumineuses, que les hiboux gémissent en se répondant, que les feuilles des arbres de la colline demeurent silencieuses et immobiles, mon ame pèse sur la tienne de tout son poids, armée d'un signe et d'un pouvoir redoutable.

Si profond que soit ton sommeil, encore ton esprit ne reposera-t-il point. Il est des ombres qui ne pourront s'évanouir, des pensées qui t'assailliront sans relâche. Une puissance inconnue te défend d'être jamais seul. Condamné à demeurer éternellement enfermé dans un charme qui t'enveloppe comme un linceul, qui t'entoure comme un nuage, tu ne me verras pas marcher à tes côtés et tu me sentiras; tes yeux croiront m'apercevoir comme une chose qui, bien qu'invisible, doit être près de toi, et s'y trouvait l'instant d'auparavant. Alors, dans cette secrète horreur, tu promèneras tes regards autour de toi, me cherchant dans ton ombre, et, surpris de ne m'y point découvrir, tu reconnaîtras la puissance que tu dois cacher. Les chants et les paroles magiques ont imprimé sur ton front un baptême de malédiction; l'esprit de l'air t'a enlacé de ses lacs; du souffle des vents sort une voix qui ferme ton cœur à la joie; la nuit n'a plus pour toi ni repos ni silence, et le jour ne te montre son éclatant soleil que pour te faire désirer qu'il s'éclipse aussitôt.

De tes larmes trompeuses j'ai distillé un poison capable de donner la mort; j'ai extrait de ton cœur le plus noir de ton sang; j'ai arraché à ton sourire le serpent qui s'y dressait comme du milieu de la fougère; j'ai enlevé à tes lèvres le charme qui rendait leurs blessures mortelles, et tous ces poisons ont été essayés avec les poisons les plus connus, et j'ai trouvé que les tiens étaient les plus dangereux. Entends-tu! par ton cœur glacé et ton sourire de serpent, par les impénétrables abîmes de tes ruses, par ces regards menteurs et l'hypocrisie d'une ame inaccessible, par l'habileté de cet art qui voile la méchanceté de ton cœur, par la joie que tu puises dans les maux des autres hommes, par ta fraternité avec Caïn, entends, je te condamne à trouver ton enfer en toi-même.

Voilà que je brise sur ta tête le vase d'où vont découler les tourmens. Plus de repos, ni dans le sommeil, ni dans la mort. La mort, tu la verras sans cesse sous tes pas, tu l'appelleras, et ce sera pour la redouter aussitôt. Vois ! le charme agit : déjà une chaîne t'enveloppe de ses anneaux silencieux. Ma parole a pénétré dans ta tête et dans ton cœur qu'elle a flétris en les touchant !

SCÈNE II.

(Le mont Jungfrau. — Le matin.)

MANFRED, seul, sur les rochers.

Les esprits que j'avais soulevés m'abandonnent;— mes enchantemens, fruit de longues et patientes études, me trompent,—et le remède qui devait me soulager s'est changé, pour moi, en un poison cuisant. Loin de moi tout secours surhumain; la puissance sur le passé m'a été refusée; et pour l'avenir, tant que le même passé n'aura pas été enseveli dans les ténèbres, il est hors de mes recherches.—

O terre! ô ma mère! et toi, douce fraîcheur du matin! vous, montagnes! pourquoi vous montrez-vous si belles? il m'est interdit de vous aimer. Soleil! œil brillant de la nature, qui répands tes rayons sur tous les corps, qui les pénètres de joie, — tu ne resplendis plus sur mon cœur. Vous, rochers! à la pointe desquels je m'arrête, contemplant, à une infinie distance, les pins gigantesques qui bordent le torrent, et qui ne me paraissent, d'ici, que de chétifs arbrisseaux, lorsqu'un saut, un pas, le plus léger mouvement, un souffle même, précipiterait mon corps sur ce lit de pierres, lit d'un éternel repos, — d'où vient que je balance? Je sens l'impulsion — et je ne m'y abandonne pas ; je contemple le péril, sans vouloir m'en arracher. Ma tête chancelle — et mon pied est ferme. Il y a en moi un pouvoir qui me retient et me condamne à l'affreuse fatalité de vivre, — si c'est vivre, que porter en soi l'aride et déserte solitude de son esprit, d'être soi-même le sépulcre de son ame. Déjà j'ai cessé de justifier mes actions à mes propres yeux, et ceci est le dernier symptôme du mal. — Oui, ministre ailé, qui franchis les nues (un aigle passe dans les airs), dont le vol hardi s'élève dans les cieux ; oui, tu peux fondre sur moi, et m'enlever dans tes serres ;— je deviendrai ta proie, et de ma chair tu nourriras tes aiglons. Mais tu disparais dans ces régions où mon œil ne saurait te suivre, tandis que tes regards perçans découvrent tout ce qui t'entoure dans les

airs ou sur la terre. — Quelle beauté ravissante !
Qu'il est beau ce monde visible ! qu'il est glorieux
en lui-même et dans l'action qui l'a produit ! Mais
nous, qui nous proclamons ses maîtres ! nous, moitié poussière, moitié dieux, inhabiles à pénétrer
plus profondément sous notre terre, ou à planer
dans les cieux, nous voyons les élémens de notre
double essence dans une lutte perpétuelle, nous respirons le souffle de l'orgueil et de la bassesse ; en
proie, tour à tour, à nos vils besoins et à nos superbes désirs, jusqu'à ce que notre nature mortelle
prenant le dessus, l'homme devienne — ce qu'il
craint de s'avouer à lui-même, ce qu'ils tremblent
de s'apprendre les uns aux autres. Silence ! (On entend au loin la flûte d'un berger.) J'entends les sons simples
et sans art de la flûte des montagnes. Ce qu'on raconte de la vie des patriarches n'est point ici une
vaine fable pastorale ; le chalumeau marie ses modulations inégales au bruit des clochettes du troupeau bondissant. Mon ame voudrait s'enivrer de ces
échos. — Oh ! que ne suis-je l'invisible esprit d'une
douce mélodie, une voix vivante, une harmonie
animée, une joie incorporelle — qui naît et s'évanouit avec le souffle divin qui l'a créée !

(Un chasseur de chamois arrive du bas de la montagne.)

LE CHASSEUR DE CHAMOIS.

Le chamois a quitté ce sentier : ses pieds agiles
l'ont dérobé à ma poursuite. A peine si ma chasse

d'aujourd'hui me dédommagera de ces courses où j'ai failli me rompre le cou. — Quel est cet homme? Il n'est pas des nôtres, et pourtant le voilà perché à une hauteur où n'est jamais parvenu aucun de nos montagnards, et que nos meilleurs chasseurs pourraient seuls atteindre. Autant que je le puis voir d'ici, ses habits sont riches, son aspect mâle, et ses regards fiers comme le regard d'un paysan libre.— Approchons-nous plus près.

MANFRED, n'apercevant pas le chasseur.

Vivre ainsi!—blanchir sous les angoisses, comme ces pins dépouillés, ruines d'un seul hiver, sans écorce, sans branches, tronc pourri sur une racine maudite, qui ne le soutient que pour présenter une image de mort; vivre ainsi, toujours ainsi, et se rappeler d'autres journées! Maintenant, mon front est sillonné de rides qu'y ont gravées, non les ans, mais des instans, des heures. — Ces heures de tortures où j'ai survécu à moi-même! — Cimes glacées, avalanches qu'un souffle fait rouler du haut des montagnes, détachez-vous, écrasez-moi! Souvent j'ai contemplé vos effroyables chutes; mais vous passiez à mes côtés, pour aller engloutir des êtres qui ne demandaient qu'à vivre; vos ravages s'exercent sur les jeunes et verdoyantes forêts, sur la cabane ou le hameau de l'innocent villageois.

LE CHASSEUR DE CHAMOIS.

Les brouillards commencent à s'élever du fond

de la vallée : si je ne l'engage à descendre, il pourra bien perdre en même tems son chemin et la vie.

MANFRED.

Les brouillards montent et paraissent suspendus aux glaciers ; les nuages roulent sous mes pieds, blancs et sulfureux, semblables à l'écume qui jaillit des lacs de l'enfer, dont chaque vague vient se briser sur un rivage où les damnés sont amoncelés comme des pierres. — La tête me tourne.

LE CHASSEUR DE CHAMOIS.

Il faut s'approcher de lui doucement ; ma vue inattendue le ferait sauter. On dirait déjà qu'il chancelle.

MANFRED.

Des montagnes se sont écroulées, déchirant les nues, et de leur choc ont ébranlé les monts où elles étaient adossées ; elles ont rempli les vertes vallées de leurs débris, interrompu brusquement le cours des rivières, dont les eaux s'élançaient en humides tourbillons, et forcé les sources qui les alimentaient à se creuser un nouveau canal. — Ainsi, ainsi s'abîma le vieux mont Rosenberg. — Que ne me suis-je, alors, trouvé sous ses ruines !

LE CHASSEUR DE CHAMOIS.

Camarade ! prenez garde à vous ! un pas de plus et vous êtes perdu. Pour l'amour de celui qui vous a créé, éloignez-vous du bord de l'abîme.

MANFRED, *sans l'entendre*.

Sépulture digne de moi ! sous sa masse énorme

mes os eussent reposé en paix, au lieu de rester épars sur les rochers, roulés çà et là par le vent — comme bientôt — bientôt dans leur chute. — Adieu, cieux entr'ouverts! ne me regardez pas d'un œil de réprobation, — ce n'est point pour moi que vous devriez vous ouvrir. — Et toi, terre, reprends tes atômes!

(Au moment où Manfred va se précipiter du rocher, le Chasseur de Chamois le saisit subitement et le retient avec force.)

LE CHASSEUR DE CHAMOIS.

Holà! insensé! — Si tu es fatigué de la vie, ne souille pas nos honnêtes vallées de ton sang coupable. — Viens ici, — tu ne me quitteras pas.

MANFRED.

Mon cœur se soulève : — ne me serre pas ainsi. — Je n'ai plus la moindre force ; — les montagnes tournent autour de moi ; — mes yeux se ferment. — Qui es-tu?

LE CHASSEUR DE CHAMOIS.

Tu le sauras plus tard. — Sortons d'ici. — Les nuages se chargent et deviennent plus épais. — Par ici. — Maintenant, appuie-toi sur moi, — mets ton pied là, — là, prends ce bâton, et accroche-toi un instant à cette branche que tu vois. — Maintenant, donne-moi la main et ne quitte pas ma ceinture, — doucement, — bien. — Avant une heure, nous serons arrivés au chalet. — Avance : nous trouverons bientôt un sentier plus sûr, quelque chose comme un sentier, creusé depuis l'hiver dernier par le torrent. — A merveille ! c'est bravement marcher ; tu aurais pu être un de nos chasseurs. — Suis-moi.

(Pendant qu'ils descendent avec peine à travers les rochers, le rideau se baisse.)

FIN DU PREMIER ACTE.

ACTE II.

SCÈNE PREMIÈRE.

(Une chaumière des Alpes de Berne.)

MANFRED et le CHASSEUR DE CHAMOIS.

LE CHASSEUR DE CHAMOIS.

Non, non, — reste encore, — tu n'es pas en état de partir de quelques heures au moins. Ton esprit et ton corps se refusent un secours réciproque. Quand tu te trouveras mieux, je te conduirai. — Mais où allons-nous ?

MANFRED.

Il n'importe : je connais parfaitement ma route, et n'ai désormais plus besoin de guide.

LE CHASSEUR DE CHAMOIS.

Tes habits, ta démarche annoncent un homme de haut lignage ; sans doute un de ces nombreux seigneurs dont les rochers fortifiés dominent nos humbles vallons. — Quel est le château qui te reconnaît pour maître ? Pour moi, je n'en connais guère que les enceintes extérieures. Mes affaires m'y conduisent rarement ; et c'est alors pour m'asseoir aux vastes foyers de vos vieilles salles, devisant avec vos vassaux. Mais les sentiers qui mènent de nos montagnes aux portes de vos châteaux, je les connais depuis mon enfance.— Dis-moi, quel est le tien ?

MANFRED.

Assez.

LE CHASSEUR DE CHAMOIS.

C'est bien, pardonne à ma curiosité. Mais, au nom du ciel, montre-toi de meilleure compagnie. Tiens, goûte mon vin : il est vieux, et plus d'une fois il m'a réchauffé le sang dans nos glaciers ; il pourra aussi réchauffer le tien.— Allons, fais-moi raison.

MANFRED.

Loin de moi ! loin de moi ! il y a du sang sur les bords ! ne le verrai-je jamais disparaître ?... la terre ne boira-t-elle jamais ce sang ?

LE CHASSEUR DE CHAMOIS.

A qui en as-tu ? tu es hors de sens.

MANFRED.

Du sang, te dis-je,— mon propre sang ! la pure source qui coula dans les veines de mes pères et dans les miennes, alors que nous étions jeunes, que nous avions un cœur, que nous nous aimions comme jamais nous n'eussions dû nous aimer, et ce sang fût versé ! mais il s'élève de la terre et va teindre les nuages qui me ferment l'accès des cieux, des cieux où tu n'es pas,— dont je suis éternellement repoussé.

LE CHASSEUR DE CHAMOIS.

Homme aux étranges paroles ! quel crime, t'égarant l'esprit, te poursuit ainsi de vains fantômes ? Mais si grandes que soient tes craintes et les souffrances que tu endures, sache qu'il est pour toi un recours puissant, — les consolations de l'église et la patience, ce don du ciel.—

MANFRED.

La patience, toujours la patience ! Laisse-moi : — ce mot a été inventé pour les bêtes de somme et non pour les oiseaux de proie. Répète-le aux créatures faites de ta même poussière ; pour moi, je suis d'un autre ordre.

LE CHASSEUR DE CHAMOIS.

Le ciel en soit loué ! je ne changerais pas avec toi, m'offrît-on l'impérissable gloire de notre Guillaume Tell. Mais quelque violent que soit ton mal, il faut le supporter, et toutes tes plaintes ne te seront d'aucun secours.

MANFRED.

Ne le supporté-je pas ?—Regarde-moi,— je vis.

LE CHASSEUR DE CHAMOIS.

Ta vie est une convulsion, et non la vie d'un homme en santé.

MANFRED.

Je te le dis, homme ! j'ai vécu beaucoup d'années, beaucoup de longues années qui ne sont rien comparées à celles qui me restent encore ; à des siècles — des siècles — l'espace et l'éternité — la conscience de l'existence et une soif brûlante de la mort, soif que rien n'apaisera.

LE CHASSEUR DE CHAMOIS.

Pourtant, à peine si ton front annonce l'âge mûr. Je serais de beaucoup ton aîné.

MANFRED.

Penses-tu donc que l'existence dépende du tems ? sans doute elle en dépend, mais nos actions en sont les époques. Les miennes ont rendu pour moi les jours et les nuits impérissables, éternels, innombrables comme les innombrables atômes des sables de la mer. Elles ont fait de ma vie un désert froid et aride, où se brisent les vagues déchaînées, mais où rien ne séjourne, rien, si ce n'est les cadavres, les débris du naufrage, les roches et les algues amères.

LE CHASSEUR DE CHAMOIS.

Hélas ! il est fou — encore ne puis-je l'abandonner à lui-même.

MANFRED.

Plût au ciel que je le fusse ! les visions qui viennent m'assaillir ne seraient alors qu'un rêve désordonné.

LE CHASSEUR DE CHAMOIS.

Que vois-tu ou que penses-tu voir ?

MANFRED.

Moi et toi, — toi, paysan des Alpes, — tes humbles vertus, ton toit hospitalier, ton esprit patient, ton ame pieuse, libre et fière ; ton respect pour toi-même, fondé sur des pensées d'innocence ; tes jours de santé et tes nuits de sommeil ; tes travaux ennoblis par le danger et que ne suit aucun remords ; ton espérance d'une vieillesse tranquille, la paix du tombeau ; une croix et une guirlande de fleurs qui s'élèveront sur l'herbe sous laquelle tu reposeras, et pour épitaphe l'amour et le souvenir de tes petits-enfans : — c'est-là ce que je vois — et si ensuite je reporte mes regards sur moi — mais il suffit — déjà mon ame était brûlée !

LE CHASSEUR DE CHAMOIS.

Et changerais-tu ton sort avec le mien ?

MANFRED.

Non, mon ami, je ne voudrais pas te faire un aussi funeste présent ; je ne voudrais infliger ma destinée à aucun être vivant : moi seul je puis la supporter — si affreuse qu'elle soit — moi, vivant, je puis soutenir ce qu'aucun homme ne serait capable de supposer, même en rêve, sans en mourir d'effroi.

LE CHASSEUR DE CHAMOIS.

Quoi, si pitoyable pour les maux de tes semblables, et le crime aurait noirci ton cœur ! Ne parle pas de la sorte. Je ne croirai jamais qu'un homme qui nourrit des sentimens aussi généreux, ait pu assouvir sa vengeance dans le sang de ses ennemis.

MANFRED.

Oh! non, non, non! les maux que j'ai causés n'ont

atteint que ceux qui m'avaient aimé, ceux que j'ai le plus aimés. Je n'ai jamais écrasé un ennemi, que dans une juste et légitime défense. —Ce sont mes embrassemens qui ont été funestes.

LE CHASSEUR DE CHAMOIS.

Que le ciel te fasse paix ! Soulage ton ame par la pénitence ; je dirai des prières pour toi.

MANFRED.

Elles seront inutiles. Toutefois, je te sais gré de ta commisération. Je m'en vais — il est tems, — adieu ! — Tiens, prends cet or et mes remerciemens — n'ajoute rien — c'est un juste salaire — ne me suis pas... je connais le chemin, et je suis hors des pas dangereux de la montagne. — Encore une fois, reste ici ; je te l'ordonne. (Manfred sort.)

SCÈNE II.

(Une vallée basse dans les Alpes. — Une cataracte.)

MANFRED arrive.

Il n'est pas encore midi. — les rayons de l'arc-en-ciel se courbent en arceaux sur le torrent qu'ils colorent de tous les feux du ciel ; la colonne d'eau, tombant perpendiculairement du haut des rochers, se déroule comme une nappe d'argent et jette çà et là ses traînées d'écume bouillonnante. On dirait, agitant sa longue queue, le coursier dont il est parlé dans l'Apocalypse, ce pâle et gigantesque coursier, monté par la mort. Mes yeux seuls, en ce moment, contemplent ce tableau ravissant. Seul dans cette douce solitude, je partage avec l'esprit de la vallée l'hommage que lui rendent ses eaux.—Évoquons-le.

(Manfred prend un peu d'eau dans le creux de sa main et la jette en l'air en murmurant son évocation. Un instant après, la nymphe des Alpes se montre sous l'arc-en-ciel jeté sur le torrent.)

Esprit ravissant! avec ta chevelure de lumière, tes yeux brillans de gloire, avec ces formes que revêtissent les filles de la terre, lorsque, dépouillant leurs charmes terrestres, elles s'élèvent à des formes surhumaines, à l'essence des purs élémens. Les couleurs de la jeunesse — vermeilles comme les joues d'un enfant endormi, bercé sur le sein palpitant de sa mère — vermeilles comme les teintes d'une rose que les derniers feux du jour déposent sur la neige vierge des hauts glaciers, comme si la terre rougissait des embrassemens du ciel ; — ces couleurs teignent ton céleste aspect et éclipsent l'éclat de l'arc-en-ciel qui couronne ton front. Esprit ravissant! à travers la sérénité de tes traits où se montre le calme d'une ame qui proclame elle-même son immortalité, je lis que tu pardonneras à un fils de la terre, que daignent parfois visiter les génies mystérieux, que tu lui pardonneras d'avoir osé t'évoquer — t'appeler à lui, et d'arrêter sur toi ses regards.

LA NYMPHE.

Enfant de la terre! je te connais et je connais les pouvoirs qui sont à tes mains. Je te connais pour un homme aux pensées profondes, aux actions mauvaises ou bonnes, extrême dans le bien comme dans le mal, voué aux angoisses par ton astre fatal. J'attendais que tu m'appellasses à toi. — Que demandes-tu?

MANFRED.

Admirer ta beauté — et rien au-delà. La vue de la terre avait troublé mon esprit: j'allai me réfugier dans ses mystères et je pénétrai jusqu'aux retraites cachées de ceux qui la gouvernent; mais hélas! aucun n'a pu exaucer mes vœux. Je leur demandais ce qu'il était au-dessus de leur puissance de m'accorder: aujourd'hui j'ai cessé de les importuner.

LA NYMPHE.

Quelle est donc cette demande qui est au-dessus de la puissance des êtres les plus puissans de ceux qui dirigent le monde invisible?

MANFRED.

Une prière.—Mais pourquoi la ferais-je de nouveau? ne sera-ce pas en vain?

LA NYMPHE.

Je ne sais, parle toujours.

MANFRED.

Eh bien! je parlerai. Qu'importe une torture de

plus! tu vas connaître mes souffrances. Dès ma plus tendre jeunesse, mon esprit ne sympathisait point avec les ames de mes semblables et je ne contemplais point la terre avec les yeux des hommes. Leur ambition n'était pas la mienne : le but de leur existence n'était non plus le mien. Mes joies, mes peines, mes passions, mon esprit, tout me rendit étranger à eux. Bien que revêtu de la même forme, je ne me sentis pas attiré vers la chair respirante, et refusai de me mêler à toutes les créatures d'argile qui m'entouraient, toutes, — non, il était une parmi elles, — mais attendons.

J'ai dit que je n'avais aucun rapport avec les hommes, aucun avec les humaines pensées. Loin de là; mes joies étaient la solitude, respirer l'air léger des montagnes couvertes de glacé, gravir les cimes où les oiseaux n'osent bâtir leur nid, où l'aile des insectes eux-mêmes n'a jamais effleuré un granit dépouillé de verdure; c'était de me plonger dans le torrent, de m'abandonner au tourbillon formé par le brisement des vagues dans les rivières, ou aux flots de l'océan, essayant ainsi mes jeunes forces. J'aimais, durant la nuit, suivre la marche de la lune, les étoiles et leur riche développement, fixer mes yeux sur les feux de la foudre jusqu'à ce qu'ils en fussent éblouis, ou contempler la chute des feuilles pendant les soirées d'automne, alors que les vents font entendre leurs gémissemens. Tels étaient mes passe-tems — toujours seul; et si un de ces êtres, au nombre desquels j'avais honte de me compter, venait à se rencontrer sur mon chemin, je me sentais aussitôt dégradé et ne me retrouvais plus qu'une misérable créature d'argile. Dans mes courses solitaires, je descendis aux caveaux de la mort, espérant surprendre la cause dans son effet; j'arrachai à ces ossemens blanchis, à ces crânes, à ces cendres amoncelées, les raisonnemens les plus réprouvés. C'est alors que durant de longues années, je passai les nuits dans l'étude des sciences qui ne s'enseignent plus et qui ne furent enseignées qu'au tems jadis. Le tems, le travail, des épreuves terribles et cette soumission non moins terrible qui nous donne tout pouvoir sur l'air et sur les esprits qui peuplent l'air, la terre, l'espace et le monde infini, rendirent mes yeux familiers avec l'éternité, comme avaient fait, avant moi, les mages, comme avait fait celui qui, à Gadara, évoqua de leurs retraites humides Eros et Anteros [2], ainsi qu'aujourd'hui, je t'appelle à moi; la soif de la science s'accrut avec la science, aussi bien que la puissance et l'ivresse de l'intelligence la plus éclatante; jusqu'à ce que...

LA NYMPHE.

Poursuis.

MANFRED.

Hélas! je me perds en d'inutiles paroles, me complaisant à rappeler ces vains attributs, plus j'approche du moment où il me faut découvrir la plaie profonde de mon cœur.—Mais plus de détours. Je ne t'ai nommé ni père, ni mère, ni maîtresse, ni ami, ni aucun être, avec lesquels j'eusse resserré les liens de l'humanité : si ces êtres existèrent pour moi, ils ne me furent pas ce qu'ils sont pour les autres. Mais il en était un...

LA NYMPHE.

Va, ne crains pas de t'accuser.

MANFRED.

Elle me ressemblait de tous traits — ses yeux, sa chevelure, son visage, tout, jusqu'au son de sa voix, disaient-ils, était semblable aux miens, mais adoucis, mais tempérés par la beauté. Comme moi, elle avait ces pensées solitaires et errantes, cette ardeur pour les sciences secrètes et un esprit capable de comprendre l'univers. Mais, plus que moi, elle avait la douce puissance des larmes, du sourire, et de la pitié — puissance qui m'était déniée ; elle avait la tendresse — que jamais je ne ressentis que pour elle seule, et l'humilité — qui toujours me fut inconnue. Ses fautes furent les miennes. — Ses vertus n'appartiennent qu'à elle. Je l'aimai et c'est moi qui la mis au tombeau !

LA NYMPHE.

Quoi ! de ta propre main ?

MANFRED.

Non de ma main ; — mais mon cœur brisa son cœur — ce cœur qui s'attacha au mien et qui en fut desséché. Si j'ai versé du sang, ce n'a pas été le sien.—Et pourtant ce pur sang a coulé,—je l'ai vu et je n'ai pu l'étancher.

LA NYMPHE.

Et c'est pour un pareil — pour un être de cette race que tu méprises, et au-dessus de laquelle tu veux t'élever, pour te mêler à nous et à notre race, que tu mets en oubli les précieux dons de nos sciences, que tu te rejettes dans les basses et lâches passions de l'humanité! loin de moi!

MANFRED.

Fille de l'air! je le dis : depuis cette heure fatale—mais les paroles ne sont que des paroles.—Contemple-moi dans mon sommeil, dans mes veilles. — Viens t'asseoir à mes côtés! tu verras ma solitude, ma solitude peuplée par les furies; — tu me verras, durant la nuit jusqu'au retour du jour, grincer des dents, et me maudire encore jusqu'au coucher du soleil.—J'ai demandé, comme une bénédiction, de devenir insensé, et la folie m'a été refusée. J'ai affronté la mort, — mais dans la lutte des élémens les vagues me soutenaient au lieu de m'engloutir et j'ai dû traverser, sain et sauf, les plus affreux dangers. Sans doute que la main glacée d'un impitoyable génie me tenait suspendu par un cheveu, mais par un cheveu qu'aucun effort ne pouvait rompre. Vainement, je plongeai mon âme — jadis une source inépuisable de création — dans toutes les rêveries enfantées par l'imagination; toujours, toujours semblable au reflux de la vague, elle était repoussée dans le gouffre profond de mes pensées. Vainement je me mêlai à l'humaine espèce — je cherchais l'oubli de mes maux là où il ne se peut trouver. Dès-lors, tout ce que j'avais appris, mes sciences, mes longues recherches dans les secrets d'un art surnaturel, ne devinrent plus que des connaissances mortelles, et je vécus dans le désespoir — et je vis — et je vivrai toujours !

LA NYMPHE.

Peut-être puis-je venir à ton aide.

MANFRED.

Pour avoir cette puissance, il te faudrait réveiller les morts, ou me laisser descendre parmi eux.—Fais-le — de quelque manière que ce soit, à quelque heure que tu choisisses.—Si c'est avec de nouvelles tortures — au moins seront-elles les dernières.

LA NYMPHE.

Non ; tel n'est point mon pouvoir. Mais veux-tu me jurer obéissance, jurer de te soumettre à ma volonté ? tes vœux seront peut-être exaucés.

MANFRED.

Jurer ! obéir ! Et à qui ? aux esprits que je conjure ! Moi, devenir l'esclave de ceux qui m'ont servi ! — jamais !

LA NYMPHE.

Est-ce tout ? n'as-tu pas de plus douce réponse ? Réfléchis encore avant de repousser ma demande.

MANFRED.

J'ai dit.

LA NYMPHE.

Assez!... Je puis donc me retirer... parle !

MANFRED.

Retire-toi! (La nymphe disparaît.)

MANFRED, seul.

Nous, jouet du tems et de nos propres terreurs ! Les jours nous emportent et fuient eux-mêmes loin de nous. Et pourtant nous vivons, accablés sous le poids de notre vie et redoutant sans cesse la mort. — Aussi long-tems que pèse sur nous ce joug détesté, ce joug qui oppresse notre cœur — que font seuls palpiter les angoisses ou des plaisirs menteurs ;— aussi long-tems que durent ces jours de passé et d'avenir (car il n'est pas de présent pour la vie), qui pourrait dire s'il en est un, un seul où l'ame n'ait cessé d'appeler la mort et dont elle n'ait fui aussitôt l'approche, de même que l'on tremble de se plonger dans une onde glacée, bien que le frisson ne doive se faire sentir qu'un moment ? Toutefois mes sciences me laissent encore une ressource. — Je puis évoquer les morts et savoir d'eux ce que nous avons un jour à craindre. Rien que le néant du tombeau, diront-ils— et s'ils ne répondaient pas !— Mais le prophète sortit de la tombe pour répondre à la sorcière d'Eudor; le monarque de Sparte connut ses destinées de l'esprit ressuscité de la vierge Byzantine. Il avait immolé celle qu'il aimait, dans l'ignorance du crime qu'il commettait, et il mourut sans avoir obtenu son pardon. En vain il adressa des prières à Jupiter phrygien ; en vain les magiciens d'Arcadie évoquèrent l'ombre irritée et la supplièrent de dépouiller sa colère ou de fixer un terme à sa vengeance ; — il n'obtint qu'une réponse vague et obscure, mais qui bientôt s'expliqua pour lui [3].

Si jamais je n'étais venu au monde, ce que j'aime vivrait encore ; si jamais je n'avais aimé, ce que j'aime vivrait encore dans tout l'éclat de sa beauté, de son bonheur, et répandant la joie sur les autres. Qu'est-elle devenue ? qu'est-elle aujourd'hui ? — la victime expiatoire de mes péchés, — quelque chose que je n'ose imaginer, — ou du néant. Dans peu d'heures, je connaîtrai ce que j'appréhende et brûle de connaître. Jusqu'ici, je n'avais jamais frémi d'arrêter mes regards sur un esprit, mauvais ou bon, — et voilà que je tremble et qu'un étrange frisson vient saisir mon cœur. Mais l'action ne manquera pas à ce que j'abhorre le plus ; je saurai braver toutes craintes mortelles. — La nuit approche. (Il sort.)

SCÈNE III.

(Le sommet du mont Jungfrau.)

Entre LA PREMIÈRE DESTINÉE.

La lune se lève, large, ronde, éclatante. Ici, sur

les neiges que n'a jamais foulées le pied d'un vulgaire mortel, nous marchons de nuit, sans laisser la moindre trace de nos pas; sur cette mer sauvage, sur l'océan resplendissant des montagnes glacées, nous effleurons les brisans raboteux qui semblent l'écume des flots agités par la tempête, que le froid aurait subitement saisie, — image morte de l'abîme des eaux. Ce pinacle fantastique, — ouvrage de quelque tremblement de terre, — où s'arrêtent les nuages pour se reposer des fatigues de leur course, a été consacré à nos ébats, à nos veilles; c'est ici que je dois attendre mes sœurs, pour nous acheminer ensemble vers le palais d'Arimane, car, cette nuit, se célébrera notre grande fête.—Chose étrange qu'elles n'arrivent point!

UNE VOIX, au dehors, chantant.

L'usurpateur captif, jeté en bas du trône, languissait enseveli dans la torpeur, oublié et solitaire. J'ai secoué son sommeil, brisé sa chaîne, je lui ai rendu ses troupes, et voilà encore une fois le tyran debout. Le sang d'un million d'hommes, la ruine d'une nation seront le prix de mes peines — puis sa fuite, et de rechef le désespoir!

SECONDE VOIX, au dehors.

Le vaisseau volait, le vaisseau volait vite; mais je n'ai pas laissé une voile, je n'ai pas laissé un mât. Il ne reste plus une planche de ses flancs ou du pont, pas un pauvre diable pour pleurer sur le naufrage.

Si! — il en est un que j'ai sauvé, le prenant aux cheveux pendant qu'il nageait, et celui-là était digne de ma pitié, — un traître à terre, un pirate sur mer. — Il acquittera sa dette par de nouveaux crimes.

LA PREMIÈRE DESTINÉE, répondant.

La cité reposait, plongée dans le sommeil; au matin, elle s'est éveillée pour pleurer sur elle-même. Soudainement, sans bruit, la noire peste avait passé sur ses tours. Des milliers d'hommes ont péri, des milliers périront. — Le vivant fuit l'approche du malade qu'il chérissait; mais il fuit en vain : rien ne le sauvera de l'atteinte mortelle. La tristesse, les angoisses, le mal, la terreur enveloppent toute une population. — Heureux sont les morts qui échappent à cette scène de désolation! Et cette œuvre d'une nuit — cette ruine d'un royaume — ce travail de mes mains, combien de fois, dans les siècles, ne l'ai-je pas renouvelé! combien ne le renouvellerai-je pas encore!

(Entrent la seconde et la troisième Destinée.)

LES TROIS DESTINÉES.

Nos mains tiennent enfermés les cœurs des hommes, et leurs tombeaux sont nos marche-pieds. Ces esclaves ne reçoivent de nous le souffle de l'ame que pour nous le rendre aussitôt.

LA PREMIÈRE DESTINÉE.

Bien-venues! — Où est Némésis?

LA SECONDE DESTINÉE.

Occupée à quelque grand travail; mais j'ignore lequel, car moi-même j'ai les mains pleines.

LA TROISIÈME DESTINÉE.

Vois; elle vient.

(Entre Némésis.)

LA PREMIÈRE DESTINÉE.

Dis, où as-tu été? Mes sœurs et toi, vous arrivez tard, cette nuit-ci.

NÉMÉSIS.

Relever des trônes abattus; marier entre eux des insensés; rétablir des dynasties; venger des hommes de leurs ennemis, puis les faire repentir de leur vengeance; frapper les sages de folie : tel vient d'être mon travail. J'ai tiré de la poussière les nouveaux oracles qui doivent aujourd'hui régir le monde, car les anciens avaient passé de mode, et les mortels osaient déjà les peser à leur propre valeur, mettre les rois dans la balance et parler de liberté, ce fruit à jamais défendu... Partons! l'heure est sonnée... montons sur nos nuages. (Elles sortent.)

SCÈNE IV.

(Palais d'Arimane. — Arimane, entouré des Esprits, est assis sur un globe de feu qui lui sert de trône.)

HYMNE DES ESPRITS.

Salut à notre maître! — Prince de la terre et de

l'air! — qui marche sur les nues et sur les eaux; — qui tient dans sa main le sceptre des élémens, et les fait, à sa volonté, rentrer dans le chaos! Il souffle — et la tempête bouleverse la mer; il parle — et la nue répond à sa voix par le tonnerre; il regarde, — à son regard, s'enfuient les rayons du soleil; il se meut, — un tremblement remue la terre jusque dans ses fondemens. Sous ses pas jaillissent les volcans; son ombre projette la peste; les comètes annoncent sa marche à travers les cieux enflammés, et sa colère réduit en cendres les planètes; c'est à lui que la guerre offre chaque jour son holocauste, la mort son tribut. Il est la vie, avec toutes ses agonies; il est l'ame de tout ce qui respire.

(Entrent les Destinées et Némésis.)

PREMIÈRE DESTINÉE.

Gloire à Arimane! son pouvoir s'accroît de plus en plus sur la terre. — Mes deux sœurs ont exécuté ses ordres; et moi aussi, j'ai rempli mon devoir.

SECONDE DESTINÉE.

Gloire à Arimane! Nous qui courbons la tête des hommes, nous venons nous courber devant son trône!

TROISIÈME DESTINÉE.

Gloire à Arimane! nous n'attendons qu'un clin-d'œil pour obéir.

NÉMÉSIS.

Souverain des souverains! nous sommes à toi,

et tous les êtres mortels, plus ou moins, sont à nous. Étendre notre puissance, c'est étendre la tienne, et nos soins, nos veilles y sont incessamment consacrés. Tes derniers commandemens ont été remplis en tout point.

(Entre Manfred.)

UN ESPRIT.

Qui se montre ici ? Un mortel ! — Toi, fatale et hardie créature, prosterne-toi et adore !

SECOND ESPRIT.

Je connais ce mortel. — Un magicien puissant, possesseur d'une science redoutée.

TROISIÈME ESPRIT.

Prosterne-toi et adore, esclave ! Quoi, ne connais-tu pas ton maître et le nôtre ? — Tremble et obéis !

TOUS LES ESPRITS.

Humilie-toi, humilie ta damnée matière, enfant de la Terre ! ou crains notre courroux.

MANFRED.

Je sais tout ; et encore voyez-vous que je ne fléchis pas le genou.

QUATRIÈME ESPRIT.

On saura t'y contraindre.

MANFRED.

Ai-je donc besoin de vos leçons ? — Que de nuits, là-bas, couché sur le sable aride, je me suis prosterné la face contre terre, et j'ai couvert ma tête de cendres, comprenant toute l'étendue de mon humiliation, m'abaissant devant mon inutile désespoir, et fléchissant sous ma propre misère !

CINQUIÈME ESPRIT.

Seras-tu si hardi que de refuser à Arimane, assis sur son trône, ce que lui accorde l'univers entier qui ne l'a jamais contemplé dans la terreur de son éclat ? A genoux ! te dis-je.

MANFRED.

Commandez-*lui* d'abord de s'agenouiller devant l'être qui est au-dessus de lui, devant l'Infini Éternel, — le Créateur qui ne l'avait pas fait pour être adoré : — qu'il se prosterne, et nous nous prosternerons ensemble.

LES ESPRITS.

Faut-il écraser ce ver de terre ? le déchirer en morceaux ?

PREMIÈRE DESTINÉE.

Hors d'ici ! Retirez-vous ! cet homme m'appartient. Prince des pouvoirs invisibles ! cet homme ne sort pas d'une race vulgaire ; son aspect et sa présence en ces lieux le démontrent assez. Ses tourmens ont été de même nature que les nôtres, éternels. Ses connaissances, sa force et sa puissance, autant que le comporte l'argile qui recouvre l'essence éthérée, se sont élevées plus haut que tout ce que la matière a encore produit. Dévoré d'une soif de science que ressentirent rarement d'autres mortels, il apprit à connaître ce que nous connaissons ici — que le savoir n'est pas le bonheur, que la science n'est autre chose que l'échange d'une ignorance contre une autre espèce d'ignorance. Bien plus — les passions, attributs de la terre et du ciel, dont aucune puissance, aucun être, aucun cœur n'est exempt, depuis le ver misérable jusqu'aux plus nobles créatures, les passions ont traversé son cœur, et si cruellement, que moi, impitoyable, je comprends qu'il soit devenu un objet de pitié. Encore une fois, cet homme m'est soumis et t'appartiendra un jour. — Mais que cela soit, ou non, il n'est dans nos régions aucun esprit doué d'une ame égale à la sienne, aucun qui ait pouvoir sur son ame.

NÉMÉSIS.

Que vient-il donc faire ici ?

PREMIÈRE DESTINÉE.

Lui-même répondra.

MANFRED.

Ce que je sais, ce que je puis, quel pouvoir m'amène parmi vous, vous le savez ; mais il est un pouvoir supérieur au mien, dont j'attends la réponse pour m'arracher enfin à mes doutes.

NÉMÉSIS.

Quelles nouvelles lumières demandes-tu ?

MANFRED.

Ce n'est pas toi qui me les peux donner. Appelle ici les morts, — je leur réserve mes questions.

NÉMÉSIS.

Grand Arimane, ta volonté est-elle que les vœux de ce mortel soient exaucés ?

ARIMANE.

Oui.

NÉMÉSIS.

Quel fantôme faut-il évoquer ?

MANFRED.

Quelqu'un qui ne fut pas renfermé dans la tombe. — Appelle Astarté.

NÉMÉSIS.

Ombre ou esprit! quoi que tu sois, que tu conserves tout ou partie de la forme que tu reçus à ta naissance, de cette forme de terre rendue à la terre, reparais au jour. Revêts-toi de ce que tu avais revêtu; porte ce même cœur, ce même corps arraché à la pâture des vers. Parais! parais! parais! celui qui t'envoya te rappelle aujourd'hui.

(Le fantôme d'Astarté s'élève et se tient au milieu de la foule.)

MANFRED.

Serait-ce là la mort ? La couleur rougit encore sa joue; mais je ne vois que trop bien que ce n'est pas une couleur vivante; c'est plutôt la teinte d'une étrange maladie, semblable au rouge dont l'automne colore les feuilles mourantes. Est-ce bien elle? Oh!

Dieu! elle que je frémirais d'envisager.—Astarté!—
Non, je ne puis lui parler! — mais commande-lui
de parler.—Qu'elle me pardonne ou qu'elle me condamne.

NÉMÉSIS.

Par la puissance qui a brisé la tombe qui t'enfermait, parle à celui qui t'a parlé, ou à ceux qui t'ont mandée ici.

MANFRED.

Elle garde le silence, et, dans ce silence, est toute ma réponse.

NÉMÉSIS.

Là s'arrête mon pouvoir. Prince de l'air! toi seul peux lui ordonner de délier sa voix.

ARIMANE.

Esprit! obéis à ce spectre.

NÉMÉSIS.

Toujours un obstiné silence! Sans doute qu'elle obéit à d'autres puissances que les nôtres. Mortel! vaine sera ton enquête, et nous sommes joués aussi bien que toi.

MANFRED.

Entends-moi! — entends-moi! — Astarté! ma bien-aimée! réponds-moi : j'ai tant souffert! — je souffre tant! — Abaisse tes yeux sur moi! Le tombeau ne t'a pas plus changée que je ne suis changé pour toi. Tu m'aimas trop, trop je t'aimai : nous n'étions pas faits pour nous torturer ainsi l'un l'autre, bien que ce fût un affreux péché que de nous aimer comme nous fîmes. Dis que tu ne me maudis point,—que je dois porter la peine pour nous deux,— que tu seras reçue au nombre des bénis, et que moi, je mourrai. Depuis que tu m'as quitté, les obstacles les plus odieux conspirent pour me rattacher à l'existence,—à une vie qui me fait frissonner si l'immortalité m'assure un avenir semblable au passé. Plus de repos. Je ne sais ni ce que je demande ni ce que je cherche. Je n'ai d'autre sentiment que le sentiment de ce que tu es et de ce que je suis, et je ne voudrais plus qu'entendre encore une fois, avant la mort, le son de ta voix qui jadis était pour moi une si douce musique!—Parle-moi! Je t'ai appelée dans le silence de la nuit; j'ai effrayé les oiseaux endormis sous le feuillage; j'ai réveillé les loups des montagnes; j'ai fait retentir du vain écho de ton nom les cavernes profondes, et tout, dans la nature, me répondait — tout, les hommes et les esprits, — et seule, tu es restée muette. Parle-moi! j'ai suivi la marche des étoiles, cherchant en vain dans le ciel la trace de tes pas. Parle-moi! j'ai erré sur la terre, et n'ai rien trouvé qui te ressemblât.—Parle-moi! vois ces ennemis qui nous entourent—ils ont pitié de mes maux! Leur aspect ne m'épouvante pas, car je ne sens ici que ta présence seule. — Parle-moi! si tu es irritée, que tes paroles soient des paroles de colère — mais que je t'entende encore une fois—une fois de plus—une seule fois!—

ACTE DEUXIÈME.

LE FANTOME D'ASTARTÉ.

Manfred !

MANFRED.

Dis, dis—toute ma vie est dans ta voix. — C'est bien ta propre voix !

LE FANTOME D'ASTARTÉ.

Manfred ! demain finiront tes maux terrestres. Adieu !

MANFRED.

Un mot de plus. — M'as-tu pardonné ?

LE FANTOME D'ASTARTÉ.

Adieu !

MANFRED.

Dis, nous retrouverons-nous un jour ?

LE FANTOME D'ASTARTÉ.

Adieu !

MANFRED.

Par grâce, un mot ! dis que tu m'aimes !

LE FANTOME D'ASTARTÉ.

Manfred !   (L'esprit d'Astarté disparaît.)

NÉMÉSIS.

Elle est partie, partie sans retour. Ses paroles seront accomplies. Retourne à la terre.

UN ESPRIT.

Il est tombé dans une affreuse convulsion,—sort réservé aux mortels qui veulent pénétrer dans des mystères au-dessus de leur nature humaine.

UN AUTRE ESPRIT.

Pourtant, voyez comme il sait se maîtriser et soumettre ses tortures à sa propre volonté. S'il eût été des nôtres, c'était, n'en doutez pas, un terrible esprit.

NÉMÉSIS.

As-tu quelque autre question à adresser à notre puissant maître, ou à nous, ses adorateurs?

MANFRED.

Aucune.

NÉMÉSIS.

Ainsi donc, adieu pour un tems.

MANFRED.

Ah! nous nous reverrons! mais en quel lieu? sur la terre? N'importe où; à ton plaisir. Je me sépare ton débiteur pour la grâce que tu viens de m'accorder. Au revoir, vous tous! (Manfred sort; la toile tombe.)

FIN DU DEUXIÈME ACTE.

ACTE III.

SCÈNE PREMIÈRE.

(Une salle dans le château de Manfred.)

MANFRED et HERMAN.

MANFRED.

Quelle heure est-il?

HERMAN.

Dans une heure le soleil sera couché. Nous aurons une soirée délicieuse.

MANFRED.

Dis-moi, tout est-il disposé dans la tour, ainsi que je l'ai ordonné?

HERMAN.

Seigneur, tout est prêt. Voici la clef et le coffre.

MANFRED.

Bien, laisse-moi. *(Herman sort.)*

MANFRED, seul.

Il y a en moi un calme — une sérénité que je ne puis m'expliquer, et que je n'avais pas encore goûtés depuis que j'ai fait l'épreuve de la vie. Si je ne savais que la philosophie est la plus grande de nos vanités, le mot le plus vide que le jargon de nos écoles ait jamais fait vibrer à nos oreilles, je croirais, en vérité, avoir découvert le grand secret si cherché, avoir trouvé dans mon ame la pierre philosophale. Cela ne durera pas ; mais encore est-il bon d'avoir connu un si doux état, ne fût-ce qu'une seule fois en ma vie. Une sensation nouvelle s'est révélée à moi ; elle a élargi le domaine de mes pensées. Je veux en prendre note sur mes tablettes, et constater l'existence d'un semblable sentiment. — Qu'est-ce ?

(Herman rentre.)

HERMAN.

Seigneur, l'abbé de Saint-Maurice demande à vous être présenté.

(Entre l'abbé de Saint-Maurice.)

L'ABBÉ DE SAINT-MAURICE.

Paix au comte Manfred !

MANFRED.

Merci, saint père ! sois le bien-venu dans ces murs ; ta présence les honore et répand sa bénédiction sur ceux qui les habitent.

L'ABBÉ DE SAINT-MAURICE.

Comte, plaise au ciel qu'il en soit ainsi ! mais je voudrais conférer seul avec toi.

MANFRED.

Sors, Herman. Que me veut mon respectable hôte ?

L'ABBÉ DE SAINT-MAURICE.

Je parlerai sans détour. — Mon âge, mon zèle, l'habit que je porte et mes bonnes intentions m'en donnent le privilège. Nous sommes proches voisins, comte Manfred, et quoique nous nous fréquentions peu, j'ai cru, en cette qualité, pouvoir me présenter ici. D'étranges rumeurs, outrageantes à notre sainte foi, se mêlent à ton nom; à ce noble nom illustré depuis tant de siècles. Puisse celui qui le porte le transmettre dans toute sa pureté.

MANFRED.

Poursuis, — j'écoute.

L'ABBÉ DE SAINT-MAURICE.

On rapporte que tu te livres à l'étude des mystères qui ont été interdits aux recherches de l'homme. On rapporte aussi que tu communiques avec les habitans des sombres retraites, avec ces esprits malins et déchus, qui marchent dans la vallée couverte des ombres de la mort. Je n'ignore pas que tu échanges rarement tes idées avec les autres hommes, comme toi créés par Dieu, et que tu vis dans l'isolement, comme un anachorète. — Plût au ciel que ta solitude fût aussi sainte.

MANFRED.

Et qui sont ceux qui parlent de la sorte?

L'ABBÉ DE SAINT-MAURICE.

Tous nos frères — les paysans épouvantés — tes

propres vassaux, eux-mêmes, qui ne te regardent que d'un œil inquiet. Ta vie est en danger.

MANFRED.

Qu'ils la prennent donc!

L'ABBÉ DE SAINT-MAURICE.

Je suis venu pour te sauver, et non pour aider à ta perte. — Je ne chercherai même point à pénétrer dans le secret de ton ame. Mais s'il y a quelque vérité dans ce qu'ils disent, fais pénitence, il en est tems encore. Implore la divine miséricorde. Viens te réconcilier avec la véritable Église, et l'Église te réconciliera avec le ciel.

MANFRED.

J'entends; mais voici ma réponse : Ce que je fus, ce que je suis, reste un mystère entre le ciel et moi. — Je ne choisirai point un mortel pour médiateur. Ai-je manqué à vos décrets? Prouvez-le, et qu'on me punisse.

L'ABBÉ DE SAINT-MAURICE.

Mon fils, je ne t'ai point parlé de peines, mais de repentir et de pardon. — Je laisse la pénitence à ton choix. — Pour le pardon, nos institutions saintes et une foi robuste nous ont donné le pouvoir de détourner les hommes du sentier du vice, et de les ramener à des sentimens meilleurs, à des espérances élevées; le reste appartient au ciel: « Toute vengeance est dans mes mains, » a dit le Seigneur. Et c'est en toute humilité que son serviteur répète un mot terrible.

MANFRED.

Vieillard ! il n'est aucune puissance chez vos prêtres, aucun charme dans la prière, ni dans les diverses formes de purification auxquelles nous soumet la pénitence, ni dans l'humilité, ni dans le jeûne, ni dans les souffrances corporelles, ni, ce qui est plus puissant que tout cela, dans ces tortures intimes d'un profond désespoir, remords sans la crainte de l'enfer et capable à lui seul de faire un enfer du paradis; non, il n'est rien qui puisse arracher à un esprit, jeté hors de ses limites, la conscience de ses propres fautes, la conscience de ses maux, de ses supplices et de cette vengeance qu'il exerce sur lui-même. Ne me parle pas des tourmens éternels; ils n'égaleront pas la justice que s'inflige celui qui a pu lui-même se condamner.

L'ABBÉ DE SAINT-MAURICE.

Bien, mon fils. Mais tes souffrances se dissiperont, et il leur succédera une douce espérance qui te fera envisager avec calme et certitude le séjour sacré, ouvert à tous les hommes qui l'ont désormais pris pour but, quelque grandes qu'aient été leurs erreurs sur cette terre. Mais aussi, faut-il qu'ils sentent la nécessité de s'en faire absoudre. — Continue. — Tout ce que notre Église peut apprendre te sera enseigné, tous les péchés que nous pourrons remettre te seront remis.

MANFRED.

Mourant de sa propre main, pour éviter les tourmens d'une mort publique que lui préparait un sénat jadis son esclave, le sixième empereur de Rome vit s'approcher de lui un soldat qui, pour témoigner sa pitié, voulait officieusement étancher, avec sa robe, le sang qui coulait de la gorge du malheureux prince. Celui-ci le repoussa, et lui dit — il conservait encore de l'empire dans son regard mourant — : « Il est trop tard ; — est-ce là ta fidélité ? »

L'ABBÉ DE SAINT-MAURICE.

Eh bien?

MANFRED.

Eh bien! je répondrai avec le Romain — : « Il est trop tard. »

L'ABBÉ DE SAINT-MAURICE.

Il ne saurait jamais l'être pour te réconcilier avec ton ame, et ton ame avec le ciel. N'as-tu aucune espérance? Chose étrange en vérité — que ceux qui désespèrent d'en haut se créent ici bas quelque vaine illusion, et qu'ils s'accrochent à cette frêle branche comme les hommes qui se noient.

MANFRED.

Oui — mon père! j'ai eu de ces illusions terrestres. Dès ma jeunesse, je ressentais la noble ambition d'agir sur l'esprit de mes semblables, envieux d'éclairer les peuples, et de m'élever — je ne sus jamais où — peut-être pour retomber bientôt; mais tomber comme la cataracte de la montagne, qui, précipitée de sa plus grande hauteur, fait jaillir des colonnes humides qu'elle élève jusqu'au ciel en nuages pluvieux, et descend ensuite dans l'abîme où elle séjourne, fatiguée de sa première énergie. — Mais ce tems est passé, ma pensée s'était méprise.

L'ABBÉ DE SAINT-MAURICE.

Et pourquoi cela?

MANFRED.

Ma nature n'a pu s'apprivoiser; car il faut qu'il apprenne à servir, celui qui veut gouverner, — qu'il flatte, — qu'il supplie, — qu'il épie les occasions et se glisse en tous lieux; il lui faut être un mensonge vivant pour devenir quelque chose de grand parmi les faibles et les chétifs dont se compose la masse des hommes. J'ai dédaigné de me mêler à un troupeau, fût-ce pour être à la tête — même d'une troupe de loups. Le lion vit seul, ainsi suis-je.

L'ABBÉ DE SAINT-MAURICE.

Qui t'empêchait de vivre et d'agir comme les autres hommes?

MANFRED.

Parce que ma nature était ennemie de la vie; et pourtant n'étais-je pas né cruel. J'aurais voulu tomber au milieu de la désolation, et non l'engendrer moi-même. — Semblable au simoun solitaire, dont le souffle enflammé passe sur les déserts stériles, où ne croissent ni plantes ni arbustes, et qui se joue sur leurs sables arides et sauvages : il ne cherche pas qui ne vient pas le chercher; mais sa rencontre est mortelle. Tel a été le cours de mon existence; tout ce qui se trouva sur mon chemin a été balayé.

L'ABBÉ DE SAINT-MAURICE.

Hélas! je commence à craindre que mes prières et mes paroles ne soient vaines. Si jeune encore! et pourtant je voudrais —

MANFRED.

Regarde-moi! Il est une race de mortels sur la terre qui, dès le jeune âge, anticipent sur la vieillesse, et meurent avant leur maturité, sans qu'une mort violente soit venue abréger leurs jours. Les uns tombent victimes des plaisirs, — les autres de l'étude ; — ceux-ci usés par le travail, — ceux-là par le dégoût ; — à d'autres la maladie ou la folie : — et il en est encore dont le cœur se dessèche ou se brise, car c'est là une maladie, sous quelque forme, sous quelque nom qu'elle se décide, qui enlève plus d'hommes qu'il n'y en a d'inscrits sur les listes du Destin. Regarde-moi! car j'ai éprouvé de tous ces maux, dont un seul aurait suffi; et ne t'émerveille plus désormais que je sois ce que je suis, mais bien que j'aie pu exister, et que j'habite encore cette terre.

L'ABBÉ DE SAINT-MAURICE.

Un mot, un mot de plus —

MANFRED.

Vieillard! je respecte ton caractère sacré, et révère tes vieux ans; pieuse est ton intention, mais elle sera vaine pour moi. Ma raison n'est pas facile à séduire; aussi pour t'épargner, plus qu'à moi, la perte d'un plus long entretien, — je te laisse. — Adieu. *(Manfred sort.)*

L'ABBÉ DE SAINT-MAURICE.

C'eût été une noble créature. Quelle énergie! Quel glorieux assemblage de puissans élémens, s'ils eussent été combinés avec sagesse! Mais tel qu'il est, c'est un effrayant chaos, — des lumières et des ténèbres, — l'esprit et la matière, — les passions et la pure intelligence, tout cela se confondant et se combattant sans cesse, en repos ou dans une action destructrice. Il périra; et encore ne doit-il pas périr. Je veux faire une nouvelle tentative, car de telles ames sont dignes de rédemption. Mon devoir m'ordonne de ne rien négliger pour parvenir à un but aussi saint. Je le suivrai, — mais avec prudence, quoique ne le perdant pas de vue. *(L'abbé sort.)*

SCÈNE II.

(Autre chambre.)

MANFRED et HERMAN.

HERMAN.

Monseigneur, vous m'avez dit de vous attendre

au coucher du soleil ; voilà qu'il se plonge derrière la montagne.

MANFRED.

Vraiment ? Je le veux regarder.

(Manfred s'approche de la fenêtre.)

Sphère glorieuse ! Idole des premiers hommes ; idole de cette race vigoureuse de géans [4], nés des embrassemens des anges et d'un sexe qui les surpassait en beauté, et qui fit à jamais déchoir les esprits errans dans l'espace. — Glorieuse sphère ! Oui, tu fus adorée avant que n'ait été révélé le mystère de ton créateur ! Toi, premier ministre du Tout-Puissant, qui, sur le sommet de leurs montagnes, réjouissais les cœurs des bergers chaldéens, et recevais leurs prières ! Toi, dieu matériel, reflet de l'Inconnu, qui t'a engendré pour être son ombre ici bas ! Toi, la plus noble planète, centre de plusieurs autres planètes ! C'est toi qui prolonges la durée de notre terre, qui vivifies les corps et les ames de ceux qu'échauffe la douce chaleur de tes rayons ! Roi des saisons ! Roi des climats et des créatures vivantes ! De loin ou de près, nous recevons une teinte de ta splendeur, soit en nous, soit hors de nous. Que tu surgisses au matin, que tu brilles sur nos têtes, que tu te replonges dans l'océan, c'est toujours dans l'éclat de ta gloire ! Adieu ! Je ne dois plus te revoir. Mon premier regard d'amour et d'admiration fut pour toi ; reçois donc mon dernier regard. Tu ne brilleras plus sur celui pour qui l'existence et ta chaleur ont été un don empoisonné. Il est parti : je le suivrai. (Manfred sort.)

SCÈNE III.

(Les montagnes. — Le château de Manfred à quelque distance. — Une terrasse devant une tour. — Crépuscule.)

HERMAN, MANFRED, et autres domestiques de Manfred.

HERMAN.

Étrange, en vérité ! Chaque nuit, depuis nombre d'années, il poursuit ses longues veilles dans cette tour, sans souffrir la présence d'un seul témoin. J'y suis entré ; quelques-uns des nôtres y sont entrés plusieurs fois, et nous n'en sommes pas plus avancés sur la nature d'études auxquelles on dit qu'il se livre. Sois sûr qu'il y a là-dedans une autre chambre où personne n'a jamais été admis. Pour ma part, je donnerais de bon cœur mes trois années de gages pour voir clair à tous ces mystères.

MANUEL.

Ne t'y hasarde point, crois-moi ; qu'il te suffise de ce que tu sais déjà.

HERMAN.

Ah ! Manuel ! tu es vieux, toi, tu es habile, et tu pourrais nous en apprendre beaucoup. Voilà long-tems que tu habites ce château. — Combien donc d'années déjà ?

MANUEL.

J'y étais avant la naissance du comte Manfred. J'ai servi son père, auquel il ne ressemble guère.

HERMAN.

C'est ce qui arrive à plus d'un fils. En quoi différaient-ils donc?

MANUEL.

Je ne parle pas pour les traits et l'extérieur, mais pour l'esprit et le genre de vie qu'il menait. Le comte Sigismond était fier; — mais d'un caractère franc et joyeux : — bon guerrier et homme de plaisir. Celui-là ne s'enterrait pas dans les livres et dans la solitude, passant la nuit dans de sombres veilles; pour lui, la nuit était un tems de fête, plus gai, ma foi, que le jour. On ne le voyait pas errer à travers les bois et les rochers comme un loup sauvage, ni fuir les hommes et leurs plaisirs.

HERMAN.

Maudit soit le tems où nous sommes! Mais celui-là, sur mon ame, était joyeux. Je voudrais qu'il vînt de rechef visiter ces vieilles murailles, qui semblent n'en avoir plus gardé le moindre souvenir!

MANUEL.

Oh! elles changeront de maître auparavant. En vérité, Herman, j'ai vu d'étranges choses ici.

HERMAN.

Allons, ne sois plus si réservé. Pendant que nous

faisons notre garde, raconte-moi quelque histoire.
Je t'ai déjà entendu parler avec mystère d'un événement qui arriva ici même, près de la tour.

MANUEL.

C'était une nuit, par Dieu! Je me le rappelle parfaitement, à la tombée de la nuit, et tout juste un soir comme celui-ci : — ce nuage rouge que tu vois arrêté sur la cime de l'Eigher, y était aussi; — tellement qu'il me semble que ce soit le même. Le vent, bien qu'assez faible, annonçait un orage, et les neiges de la montagne commençaient à briller à la lueur de la lune levante. Le comte Manfred était enfermé dans sa tour, comme il y est en ce moment, et occupé, — ma foi, nous n'en savons rien. Mais il avait alors avec lui la seule compagne de ses courses et de ses veilles, la seule des créatures vivantes qu'il parût aimer, — à laquelle, du reste, il était attaché par les liens du sang : — lady Astarté, sa — silence! qui vient ici ? *(Entre l'abbé de Saint-Maurice.)*

L'ABBÉ DE SAINT-MAURICE.

Où est votre maître?

HERMAN.

Là, dans la tour.

L'ABBÉ DE SAINT-MAURICE.

J'ai à lui parler.

MANUEL.

Impossible; il veut être seul, et personne n'entrera.

L'ABBÉ DE SAINT-MAURICE.

Je prends tout le mal sur moi, s'il y a mal. — Il faut absolument que je le voie.

HERMAN.

Tu l'as déjà vu ce soir.

L'ABBÉ DE SAINT-MAURICE.

Herman, je te l'ordonne; frappe, et dis au comte que je suis ici.

HERMAN.

Nous n'oserons jamais.

L'ABBÉ DE SAINT-MAURICE.

En ce cas, je vais donc m'annoncer moi-même.

MANUEL.

Révérend père, arrête. — Au nom du ciel, attends un moment.

L'ABBÉ DE SAINT-MAURICE.

Qu'as-tu donc?

MANUEL.

Sortons. — Je te l'expliquerai bientôt. (Ils sortent.)

SCÈNE IV.

(Intérieur de la tour.)

MANFRED, seul.

Chaque étoile est à son poste; la lune resplendit sur les cimes neigeuses des montagnes. — Que tout cela est beau!..Toujours je reviens à la nature; car l'aspect de la nuit m'a été plus familier que l'aspect des hommes; dans son ombre étoilée, dans sa sombre et solitaire beauté, le langage d'un autre monde m'a été révélé. Je me rappelle que dans ma jeunesse,— alors que j'errais par le monde,— pendant une nuit semblable à celle-ci, je m'arrêtai dans l'enceinte du Colysée, au milieu des plus nobles ruines de l'antique et puissante Rome. Les arbres qui croissent entre les arches brisées se balançaient mollement dans l'ombre bleue de la nuit, et les étoiles se montraient à travers les fentes des ruines. De l'autre rive du Tibre, l'on entendait les aboiemens du chien de garde; tandis qu'à mes côtés, du sein du palais des Césars, sortait le cri plaintif du hibou, que venait interrompre, de tems à autre, la joyeuse chanson des sentinelles éloignées portée par la brise légère. Quelques cyprès plantés au-delà de la brèche qu'a faite le tems semblaient borner l'horizon, bien qu'ils ne fussent qu'à une portée de trait, — à l'endroit où habitèrent les Césars, et où habitent aujourd'hui les oiseaux nocturnes au chant monotone. Des arbres s'élèvent du milieu des remparts détruits, enlaçant leurs racines dans les tombeaux des empereurs; le lierre rampe où croissait le laurier; mais le Cirque, teint du sang du gladiateur, est encore debout, — noble débris, ruine imposante, — alors que les demeures des Césars, les palais des Augustes gisent sur la terre, triste amas de décombres. — Et toi, lune errante, tu éclairais ce tableau de tes rayons ; ta pâle et tendre lueur adoucissait la sauvage austérité d'une scène de désolation ; il semblait que, de nouveau, comblant le vide des siècles, tu rendisses à ces lieux un ancien éclat perdu, sans effacer toutefois la beauté nouvelle qu'ils ont acquise. Peu à peu, je surpris dans mon cœur une adoration silencieuse de ces grands débris de l'antiquité, et je me voyais en présence des rois du monde qui, en dépit de l'impitoyable mort, dominent encore si puissamment nos esprits, du fond de leurs tombeaux. — C'était une nuit comme celle-ci ! Il est étrange que je me la rappelle à ce moment ; — mais j'ai souvent remarqué que nos pensées s'envolent loin de nous, alors même que nous nous efforçons de les rassembler et de leur imprimer une direction quelconque.

(Entre l'abbé de Saint-Maurice.)

L'ABBÉ DE SAINT-MAURICE.

Comte Manfred ! pardonne qu'une seconde fois je vienne à toi. Que mon humble zèle ne t'offense pas par cette brusque visite ; et s'il y a mal, que le mal retombe sur moi seul. Peut-être, néanmoins, sera-t-elle d'un salutaire effet pour ton esprit, — et que ne puis-je dire pour ton cœur ! — car si mes paroles et mes prières parvenaient à te toucher, je rappellerais à lui un noble esprit qui s'est égaré, mais qui n'est pas perdu sans retour.

MANFRED.

Tu ne me connais pas; mes jours sont comptés, mes actions jugées. Retire-toi, ce lieu te serait dangereux. — Retire-toi!

L'ABBÉ DE SAINT-MAURICE.

Prétends-tu me menacer?

MANFRED.

Non pas moi; j'ai simplement dit qu'il y avait péril ici, et je voulais t'en éloigner.

L'ABBÉ DE SAINT-MAURICE.

Que veux-tu dire?

MANFRED.

Regarde, là! Vois-tu quelque chose?

L'ABBÉ DE SAINT-MAURICE.

Rien.

MANFRED.

Regarde, là, te dis-je; regarde avec assurance. Maintenant, dis-moi ce que tu vois.

L'ABBÉ DE SAINT-MAURICE.

Ce qui serait vraiment capable de me faire trembler; — mais je ne tremble pas. — Je vois, du sein de la terre, s'élever un noir et terrible fantôme, semblable à un dieu infernal. Il dérobe sa figure sous un manteau, et des nuages épais entourent son corps. Il s'arrête entre toi et moi; — non, je ne crains rien.

MANFRED.

Aussi, n'as-tu rien à redouter. — Il ne s'attaquera point à toi ; — mais son aspect peut glacer tes vieux membres. Encore une fois — retire-toi.

L'ABBÉ DE SAINT-MAURICE.

Et moi, pour la dernière fois, — non. — Je vaincrai cet ennemi d'enfer. — Que vient-il demander ici ?

MANFRED.

Ce qu'il — oui, — que vient-il demander ici ? Je ne l'ai point appelé ; — il est venu sans ordre.

L'ABBÉ DE SAINT-MAURICE.

Hélas ! infortuné mortel ! Qu'as-tu donc à démêler avec de pareils hôtes ? Je tremble pour ton salut. Pourquoi fixe-t-il ainsi ses regards sur toi, et toi tes regards sur lui ? Ah ! le voilà qui découvre ses traits ; sur son front est gravée l'empreinte de la foudre ; de son œil s'échappe l'affreuse immortalité de l'enfer : — fuis, maudit !

MANFRED.

Parle. — Quelle est ta mission ?

L'ESPRIT.

Partons !

L'ABBÉ DE SAINT-MAURICE.

Qui es-tu, être inconnu ? Réponds — réponds !

L'ESPRIT.

Le génie de cet homme. — Partons, il est tems.

MANFRED.

Je suis préparé à tout; mais je nie que tu aies aucun pouvoir sur moi. Qui t'a envoyé?

L'ESPRIT.

Tu l'apprendras un jour. — Partons! partons!

MANFRED.

J'ai commandé à des êtres d'une essence plus élevée que la tienne; j'ai lutté avec tes maîtres. Disparais!

L'ESPRIT.

Mortel! ton heure a sonné. — Partons, te dis-je!

MANFRED.

Je sais, je savais depuis long-tems que mon heure était arrivée; mais non pour rendre mon ame à un être tel que toi. Va-t'en : je mourrai comme j'ai vécu, — seul.

L'ESPRIT.

J'appellerai donc mes frères. — Levez-vous!

(D'autres esprits paraissent.)

L'ABBÉ DE SAINT-MAURICE.

Hors d'ici! méchans! hors d'ici! — Je vous le dis, vous n'avez aucune puissance là où la religion a puissance. Je vous somme, au nom —

L'ESPRIT.

Vieillard! nous savons qui nous sommes, et nous connaissons notre devoir et ton ministère. N'use pas en vain tes saintes paroles. Tout effort est inutile :

cet homme est condamné. Pour la dernière fois, qu'il m'écoute! — Partons! partons!

MANFRED.

Tous, je vous brave. — Oui, bien que je sente mon ame se séparer de moi, je vous défie tous. Tant qu'il me restera un souffle terrestre, ce sera pour verser le mépris sur vous. — Mes forces terrestres lutteront avec des esprits; et ce que vous emporterez de moi, vous l'emporterez lambeaux par lambeaux.

L'ESPRIT.

Orgueilleux rebelle! Est-ce donc là ce magicien qui voulait pénétrer dans le monde invisible et s'égaler à nous? — Se peut-il que tu sois si amoureux de la vie, de la vie qui n'a été pour toi que désolation?

MANFRED.

Tu mens, toi, faux ennemi! Ma vie est à sa dernière heure, je le sais, et ne voudrais pas racheter une minute de cette heure. Aussi, n'est-ce pas contre la mort que je lutte, mais contre toi et ces anges déchus qui t'entourent. Ce n'est pas de vos mains que j'ai reçu mon ancien pouvoir, mais d'une science supérieure à la vôtre : — du travail, — de l'audace, — de la longueur des veilles, — de la force de mon esprit, et de ces mystérieuses connaissances découvertes par nos pères, — en ce tems où la terre voyait les hommes et les esprits marcher de compagnie, et que vous n'aviez sur nous aucune prééminence. Je m'appuie sur ma propre force pour vous défier. — Retournez aux lieux d'où vous êtes venus : — je me ris de vous et vous méprise ! —

L'ESPRIT.

Tu oublies que tous tes crimes t'ont rendu —

MANFRED.

Qu'ont à faire mes crimes avec toi ? mes crimes punis par d'autres crimes et par de plus grands criminels ! — Retourne à ton enfer ! tu n'as, je le sens, aucune puissance sur moi. Jamais je ne deviendrai ta proie, c'est là ce que je sais. Ce qui est fait est fait. Je porte au-dedans de moi une torture à laquelle tu n'as rien à ajouter. L'ame immortelle se juge d'après ses bonnes ou ses mauvaises pensées ; elle est elle-même sa propre source du bien ou du mal. Elle est sa place et son tems, — et lorsqu'une fois ce sens intime est dépouillé de son enveloppe mortelle, il ne reçoit plus aucune sensation des objets qui flottent à l'entour de lui ; mais il s'absorbe tout entier dans la souffrance ou dans la joie que lui inflige ou lui accorde la conscience de son propre mérite. Quant à toi, tu ne m'as pu tenter, et tu ne saurais me tenter ; je n'ai point été ta dupe, je ne serai point ta proie. Je fus et je serai mon propre destructeur. — Fuyez, misérables ennemis ! La main de la mort pèse sur moi, — mais non votre main !

(Les démons disparaissent.)

L'ABBÉ DE SAINT-MAURICE.

Hélas! comme tu es pâle; — tes lèvres blanchissent, — ta poitrine est oppressée, — des râlemens étouffés s'échappent de ta gorge. — Donne une prière au ciel. — Prie, — ne fût-ce qu'en pensée; — mais ne meurs pas ainsi!

MANFRED.

Il est trop tard. — Mon œil obscurci peut à peine t'entrevoir; tout nage autour de moi, et la terre semble me soulever. Adieu! — Donne-moi ta main.

L'ABBÉ DE SAINT-MAURICE.

Froide, — froide, — son cœur aussi. — Au moins une prière! — Hélas! que vas-tu devenir?

MANFRED.

Vieillard! il n'est pas si difficile de mourir!

(Manfred expire.)

L'ABBÉ DE SAINT-MAURICE.

Il est parti; — son âme a pris son vol loin de notre terre, — vers quels lieux? — Je frémis d'y songer; — mais il n'est plus.

FIN DU TROISIÈME ET DERNIER ACTE.

NOTES DE MANFRED.

NOTE 1, PAGE 25.

Les rayons de l'arc-en-ciel se courbent en arceaux, etc. Cet effet est produit par les rayons du soleil sur la partie inférieure des torrens des Alpes. On dirait absolument un arc-en-ciel, et si rapproché de la terre, que l'on pourrait se promener sous sa voûte. Il se dissipe ordinairement vers midi.

NOTE 2, PAGE 29.

Celui qui, à Gadara, évoqua, de leurs retraites humides, Éros et Antéros. Le philosophe Jamblicus. L'histoire de l'évocation d'Éros et d'Antéros se peut lire dans la vie écrite par Eunapius. Cette histoire est très-bien racontée.

NOTE 3, PAGE 34.

Il n'obtint qu'une réponse vague et obscure, mais qui bientôt s'expliqua pour lui. L'histoire de Pausanias, roi de Sparte (qui commandait les Grecs à la bataille de Platée, et qui fut mis à mort plus tard, pour avoir voulu trahir les Lacédémoniens), et de Cléonice, est rapportée par Plutarque dans la vie de Cimon. Pausanias le sophiste en parle aussi dans sa description de la Grèce.

NOTE 4, PAGE 56.

De cette race vigoureuse de géans, nés des embrassemens des anges. « Les fils de Dieu virent les filles des hommes et les trouvèrent belles. »

« Il y avait, en ces jours-là, des géans sur la terre; et

par la suite, quand les *fils de Dieu* se furent rapprochés des filles des hommes, et que celles-ci eurent eu des enfans d'eux, ces mêmes enfans devinrent des hommes puissans, des hommes qui jouirent autrefois d'un grand renom. »

(*Genèse*, chap. vi, versets 2 et 4.)

FIN DES NOTES DE MANFRED.

MARINO FALIERO,

DOGE DE VENISE,

TRAGÉDIE HISTORIQUE.

PRÉFACE.

La conspiration du doge Marino Faliero est l'un des événemens les plus remarquables que renferment les annales du gouvernement, de la ville et du peuple les plus singuliers de nos tems modernes. Elle eut lieu en 1355. Tout, dans Venise, est ou a été extraordinaire; son aspect a l'air d'un rêve, son histoire a l'air d'un roman. On peut voir dans toutes les chroniques l'histoire de Faliero; les plus longs détails se retrouvent dans le livre de *la Vie des Doges*, par Marin Sanuto : nous les avons transcrits dans l'appendice. Ce récit est simple et clair ; peut-être même est-il plus dramatique que tous les drames que l'on pourrait être tenté de faire sur le même sujet.

On doit présumer que Marino Faliero fut un homme de talent et de cœur. On le voit au siége de Zara, commandant en chef les forces de terre, mettant en fuite le roi de Hongrie et ses quatre-vingt mille hommes, lui tuant huit mille soldats, et n'en tenant pas moins, durant ce tems, les assiégés en échec. Je ne vois, dans l'histoire, de comparable à cet exploit, que ceux de César à Alisia [1], et du prince Eugène à Belgrade. Faliero fut, dans la même guerre encore, choisi pour commander la flotte, et il prit Capo-d'Istria. Puis, nommé plus tard ambassadeur à Gênes et à Rome, c'est dans cette dernière ville qu'il reçut la nouvelle de son élection à la dignité de doge. Son éloignement prouve assez que l'intrigue n'avait eu, dans cette promotion, aucune part, puisqu'il apprit en même tems la mort de son prédécesseur et le choix qu'on venait de faire de sa personne pour le remplacer. Mais il paraît que son caractère était intraitable. Sanuto raconte que, plusieurs années auparavant, étant podestat et capitaine de Trévise, il avait *frotté les oreilles* d'un évêque, qui avait mis une certaine lenteur à lui porter le Saint-Sacrement. Le bon Sanuto le tance, il est vrai, de cet emportement, mais il ne nous apprend pas si le sénat songea à l'en punir, ou même à le lui reprocher pendant la durée de son office. Quant à l'église, on doit présumer qu'elle n'en conserva pas de ressentiment, puisque nous voyons qu'il fut ensuite ambassadeur à Rome, et investi, par Lorenzo, comte-évêque de Ceneda, du fief de Val di Marino, dans la Marche

---

[1] Byron écrit *Élésia*; mais c'est évidemment une faute d'impression. L'exploit que rappelle ici notre poète est longuement et admirablement décrit dans le septième livre des *Commentaires*. (*N. du Tr.*)

PRÉFACE.

de Trévise, avec le titre de comte. J'ai puisé ces faits dans Sanuto, Vettor Sandi, Andrea Navagero, et la relation du siége de Zara, publiée pour la première fois par l'infatigable abbé Morelli, dans ses *Monumenti Veneziani di varia litteratura*, imprimés en 1796 : j'ai lu tous ces ouvrages dans leur langue originale. Quant aux modernes, Daru, Sismondi et Laugier, ils se sont bornés presqu'en tout à suivre les chroniques les plus anciennes. Sismondi, cependant, attribue à la *jalousie* du doge cette conspiration; mais cette assertion n'est pas garantie par les écrivains nationaux. Vettor Sandi dit bien : *Altri scrissero che... della gelosa suspicion di esso Doge siasi fatto* (Michel Steno) *staccar con violenza*, etc., etc.; mais il ne paraît avoir nullement suivi l'opinion générale, et l'on ne trouve aucune trace de cette prétendue jalousie dans Sanuto ni dans Navagero. Sandi lui-même ajoute l'instant d'après que : *Per altre Veneziane memorie traspiri, che non il solo desiderio di vendetta lo dispose alla conjiura, ma anche la innata abituale ambizion sua, per cui anelava a farsi principe independente.* Il semble que ce désir de vengeance fut excité par la grossière injure que Michel Steno avait tracée sur le fauteuil ducal, et par la trop légère punition que les Quarante avaient infligée au calomniateur, l'un de leur *tre capi*. Quant à la *dogaressa*, on n'a jamais songé à porter la plus légère atteinte à sa réputation de vertu, tandis qu'on a vanté sa beauté et remarqué sa jeunesse. Les attentions de Steno n'étaient pas même dirigées vers elle, mais sur l'une de ses suivantes. Ainsi, nulle part (à moins qu'on ne prenne pour une assertion l'*on dit* de Sandi), je ne trouve que le doge ait été entraîné par la jalousie qu'il concevait de sa femme; on doit plutôt conjecturer qu'il le fut par son respect pour elle, et le sentiment de son honneur compromis, tandis que ses services passés et la dignité dont alors il était revêtu semblaient devoir en être la sauvegarde.

Je ne connais chez les écrivains anglais aucune allusion à cet événement, si ce n'est dans les *Vues d'Italie* du docteur Moore. Son récit est mensonger et séduisant, plein de plaisanteries usées sur les vieux maris et les jeunes femmes. L'auteur s'étonne qu'une si petite cause ait produit un aussi grand effet, et il est inconcevable qu'un observateur aussi judicieux, aussi sévère que l'auteur de *Zéluco* ait pu trouver en cela quelque chose de surprenant. Oublie-t-il donc qu'une jatte d'eau répandue sur la robe de Mrs. Marsham fit ôter le commandement au duc de Marlborough, et conduisit à la honteuse paix d'Utrecht; que Louis XIV fut plongé dans les plus désastreuses guerres, parce que son ministre, l'ayant aperçu d'une fenêtre en flagrant délit, avait souhaité de lui trouver d'autres occupations; qu'Hélène perdit Troie; que Lucrèce chassa les Tarquins de Rome; que la Cava appela les Maures en Espagne; qu'un mari outragé conduisit les Gaulois à Clusium, et de là à Rome; qu'un simple vers de Frédéric II, roi de Prusse, sur l'abbé de Bernis, et une épigramme sur Mme de Pompadour, conduisirent à la bataille de Rosbach; que la conduite scandaleuse de Dearbhorgil avec Mac Murchad poussa l'Angleterre à l'asservissement de l'Irlande; qu'un moment de pique entre Marie-Antoinette et le duc d'Orléans précipita la première expulsion des Bourbons; et, pour ne pas multiplier les exemples, que Commode, Domitien et Caligula moururent victimes, non de leur tyrannie publique, mais d'une vengeance particulière; et qu'une défense faite à Cromwell de s'embarquer pour l'Amérique perdit et le roi et la république? Après ces exemples, et avec la moindre réflexion, il est vraiment singulier de voir le docteur Moore s'étonner qu'un homme habitué au commandement, un homme qui avait été employé dans les charges les plus importantes, ait amèrement ressenti, dans un âge avancé, un affront resté impuni, et le plus vif qu'on puisse faire à un homme, qu'il soit prince ou le dernier des citoyens. L'âge de Faliero ne fait rien ici, si ce n'est qu'il justifie mieux encore le ressentiment.

La rage du jeune homme est comme la paille sur le feu, mais la colère du vieillard est comme un fer rouge [1].

Les jeunes gens commettent et oublient facilement l'outrage; le vieillard est plus circonspect, et a plus de mémoire.

Les réflexions de Laugier sont plus philosophiques :

Tale fù il fine ignominioso di un' uomo, che la sua nascità, la sua età, il suo carattere dovevano tener lontano dalle passioni produttrici de' grandi delitti. I suoi *talenti* per longo tempo esercitati ne' maggiori impieghi, la sua capacità sperimentata ne' governi e nella ambasciate, gli avevano acquistato la stima et la fiduccia de' cittadini, ed avevano uniti i suffragi per collocarlo alla testa della repubblica. Innalzato ad un' grado che terminava gloriosamente la sua vita, il risentimento di un' inguiria leggiera insinua nel suo cuore tal veleno che basta à corrompere le antiche sue qualità e a condurlo al termine de iscellerati ; serio esempio, che prova *non esservi età in qui la prudenza umana sia sicura*, e che nell' uomo restano sempre passioni capaci a disonorarlo quando non invigili sopra stesso.

(LAUGIER, *traduction italienne*, vol. IV, p. 30 et 31.)

Où le docteur Moore a-t-il vu que Marino Faliero ait imploré sa vie? J'ai compulsé les chroniqueurs, et n'y ai rien trouvé de cette espèce;

---

[1] Shakspeare, *Roi Lear.*

il est vrai qu'il avoua tout. On le conduisit devant la torture; mais on ne dit nulle part que les tourmens lui aient fait demander grâce ; et cette circonstance de l'avoir mis en présence de la torture semble prouver tout autre chose qu'un défaut de courage, que d'ailleurs les historiens, peu disposés à le favoriser, n'auraient pas manqué de mentionner. Une pareille prière est aussi contraire à la vérité de l'histoire qu'elle l'eût certainement été à son caractère comme soldat, et à l'âge dans lequel il vivait et auquel il mourut. Je ne sais rien qui puisse justifier celui qui, après un certain intervalle de tems, se permet de calomnier un caractère historique. La vérité doit du moins appartenir aux morts et aux malheureux; et ceux qui perdirent la vie sur un échafaud ont en général assez de leurs fautes, sans qu'on leur attribue une faiblesse que la grande probabilité de la fin violente qu'on leur réservait rend tout-à-fait invraisemblable. Le voile noir peint à la place assignée, dans le rang des doges, à Marino Faliero, et l'escalier du géant, où il fut couronné, découronné et décapité, frappent aussi fortement mon imagination que le font la violence de son caractère et son étrange histoire. Plus d'une fois j'ai cherché, en 1819, sa tombe dans l'église San Giovani e San Paolo. Un jour que j'étais arrêté devant le monument d'une autre famille, un prêtre vint à moi et me dit : *Je pourrais vous montrer des monumens plus beaux que cela.* Je lui appris que j'étais à la recherche de ceux de la famille Faliero, et en particulier du doge Marino. « Oh ! répliqua-t-il, je vais vous y conduire; » et me menant à l'extérieur, il me fit remarquer dans le mur un sarcophage, avec une inscription illisible. Il m'apprit qu'il se trouvait auparavant dans un couvent contigu, mais qu'on l'en avait tiré à l'époque de l'arrivée des Français pour le placer dans cet endroit; qu'on avait ouvert la tombe au moment de son déplacement; que quelques os restaient encore, mais aucune trace positive de la décapitation. La statue équestre dont j'ai fait mention dans le troisième acte, comme étant placée devant cette église, n'est pas d'un Faliero, mais de quelque autre guerrier, maintenant oublié; quoique d'une date postérieure. Il y eut deux autres doges de la même famille avant Marino : Ordelafo, qui fut tué en 1117, dans une bataille à Zara, où plus tard son descendant vainquit les Huns; et Vital Faliero, qui régnait en 1082. La famille, originaire de Fano, était l'une des plus illustres en noblesse et en opulence de la ville, qui réunissait les familles les plus riches et les plus anciennes de l'Europe. L'étendue que j'ai donnée à mon drame prouve assez l'intérêt que j'y avais pris. Je puis avoir fait une mauvaise tragédie, mais du moins aurai-je transporté dans notre langue un événement historique vraiment digne de mémoire.

Il y a maintenant quatre ans que je médite cet ouvrage; et avant d'avoir complètement examiné les auteurs, j'étais disposé à choisir pour mobile de l'action la jalousie de Faliero. Mais je reconnus que cela n'avait aucun fondement historique; et comme d'ailleurs la jalousie est une passion usée sur la scène, j'ai préféré suivre pas à pas la vérité. Je fus d'ailleurs sur ce point parfaitement conseillé par feu Matthew Lewis, auquel je confiai mon plan à Venise, en 1817. « Si vous faites votre héros jaloux, me dit-il, songez qu'il vous faudra lutter avec les écrivains classiques (pour ne rien dire de Shakspeare) et avec un sujet usé; conservez plutôt le naturel violent du doge, il vous suffira, si vous le reproduisez exactement; et tracez votre complot de la manière la plus régulière qu'il vous sera possible. » Sir William Drummond m'a donné à peu près les mêmes conseils. Il ne m'appartient pas de décider si j'ai bien suivi ces avis, et si j'ai bien fait de les suivre. Je n'ai pas le moindre désir de voir mon drame représenté; dans la situation présente du théâtre, peut-être n'est-il pas susceptible de satisfaire une ambition bien haute; et d'ailleurs j'ai trop long-tems été derrière la scène pour avoir jamais conçu l'espoir d'y produire mes ouvrages. Je ne conçois pas qu'un homme d'une sensibilité irritable consente bien à se mettre à la merci d'un auditoire. — Les dédains du lecteur, l'âcreté de la critique, la rudesse des *réviseurs* sont des calamités vagues et lointaines; mais la fureur d'un auditoire intelligent ou inepte, à propos d'une production qui, bonne ou mauvaise, a coûté un travail d'intelligence à celui qui l'a faite, est une peine immédiate et palpable, à laquelle ajoutent encore les doutes que l'on peut former de la compétence des juges, et la conviction de l'imprudence qu'on a faite en les choisissant pour tels. Si j'étais capable de composer un ouvrage qu'on pût croire digne de la scène, le succès ne me ferait pas de plaisir, la chute me causerait beaucoup de peine. C'est pour cette raison que, même durant le tems où je faisais partie de la commission d'un théâtre, je ne l'ai jamais essayé et je ne l'essaierai jamais [1]; mais certainement

[1] Tandis que j'étais membre de la vice-commission du théâtre de Drury-Lane, je puis rendre à mes collègues et à moi-même cette justice que nous fîmes de notre mieux pour ramener le drame à son ancienne régularité. Je fis tout ce je pus pour obtenir la reprise des *Monfort*, et pour appuyer l'*Ivan* de Sottheby, que l'on jugeait alors une pièce intéressante, et que j'essayai d'engager M. Coleridge à écrire une tragédie; mais tout cela en vain. Ceux qui ne sont pas dans le secret des coulisses auront de la peine à croire que l'*École du scandale* est *l'ouvrage qui a fait le moins d'argent*, eu égard au nombre de fois qu'on l'a joué depuis son apparition. Je tiens ce fait du directeur Dibdin. J'ignore ce qui est arrivé depuis le *Bertram* de Maturin; de sorte que par ignorance je puis avoir l'air de faire la satire de certains excellens

il y a des ressources dramatiques partout où se trouvent Joanna Baillie, et Milman et John Wilson. La *City of the plague* et la *Chute de Jérusalem* sont remplies des plus beaux effets tragiques que l'on ait vus depuis Horace Walpole, si l'on en excepte certains passages d'*Ethwald* et de *Monfort*. C'est aujourd'hui la mode de déprécier Horace Walpole; d'abord parce qu'il était noble, ensuite parce qu'il était Anglais. Mais pour

<small>auteurs modernes ; dans ce cas là, je leur en demande bien pardon. Il y a près de cinq ans que j'ai quitté l'Angleterre, et ce n'est que de cette année que j'ai jeté les yeux, depuis mon départ, sur quelque journal anglais ; je ne sais quelque chose des matières de théâtre (et cela depuis seulement un an) que par l'intermédiaire de la gazette anglaise de Galignani qui s'imprime à Paris. Je ne puis donc être soupçonné de vouloir offenser des écrivains tragiques ou comiques, auxquels je souhaite tout le bonheur possible, et desquels je ne connais rien. Au reste, les plaintes que l'on forme de la situation actuelle de l'art dramatique ne doivent pas être attribuées à la faute des acteurs. Je ne puis rien imaginer de plus parfait que Kemble, Cooke et Kean dans leurs rôles divers, ou bien Elliston dans la comédie des *Gentelman* et quelques rôles tragiques. Je n'ai pas vu miss O'Neill, ayant fait étude et tenu le serment de ne rien voir qui pût diviser ou affaiblir l'admiration que m'inspirait le souvenir de Siddons. Siddons et Kemble étaient l'idéal de l'action tragique ; je n'ai jamais vu personne qui leur ressemblât, même pour les traits : et c'est pour cela que jamais nous ne reverrons Coriolan ou Macbeth. Quand on blâme Kean de manquer de dignité, il faut nous rappeler que ce mérite est un don de la nature et non pas de l'art, et que nulle étude ne peut le donner. Il est parfait dans tous les endroits où il n'y a rien de surnaturel ; ses défauts mêmes appartiennent ou semblent appartenir aux rôles eux-mêmes, et semblent mieux reproduire la nature. Mais nous pouvons dire de Kemble, quant à sa manière de jouer, ce que le cardinal de Retz dit du marquis de Monrose : « Que c'était le seul » homme qu'il eût vu qui lui rappelât quelqu'un des héros de Plu- » tarque. »</small>

ne rien dire de ses incomparables *Lettres* et du *Château de Trente*, il faut regarder comme l'*ultimus Romanorum* l'auteur de *la Mère mystérieuse*, qui, loin d'être une méprisable pièce d'amour, est une tragédie de l'ordre le plus élevé. Walpole est le père de notre premier roman et de notre dernière tragédie, et sans doute, à ce double titre, il est digne de plus d'estime qu'aucun écrivain vivant, quel qu'il soit.

En parlant du drame de *Marino Faliero*, j'oubliais de rappeler que le désir (trop faible encore) de respecter la règle des unités, qu'on accuse le théâtre anglais de trop fouler aux pieds, m'a décidé à représenter la conspiration comme déjà formée, et le doge y accédant long-tems après. Dans le fait, elle fut son propre ouvrage, et celui d'Israël Bertuccio. Quant au reste des personnages (à l'exception de la duchesse), aux incidens et à la durée de l'action, qui fut merveilleusement rapide, tout est strictement historique dans ma pièce, si ce n'est que toutes les délibérations eurent lieu, non pas dans une maison particulière, mais dans le palais ducal. Si je m'étais en cela conformé à la vérité, l'unité aurait été mieux gardée; mais j'ai préféré faire apparaître le doge dans la grande assemblée des conspirateurs, au lieu de le placer toujours en conversation monotone avec les mêmes individus. Je renvoie pour les faits aux extraits italiens de l'appendice.

MARINO FALIERO,

DOGE DE VENISE,

TRAGÉDIE HISTORIQUE.

PERSONNAGES.

HOMMES.

MARINO FALIERO, Doge de Venise.
BERTUCCIO FALIERO, neveu du Doge.
LIONI, noble et sénateur.
BENINTENDE, président du Conseil des Dix.
MICHEL STENO, l'un des trois chefs des Quarante.
ISRAEL BERTUCCIO, gouverneur de l'arsenal.
PHILIPPE CALENDARO, \
DAGOLINO,   } conspirateurs.
BERTRAM,   /
SEIGNEUR DE LA NUIT (*Signore di Notte*), l'un des officiers de la République.
PREMIER CITOYEN.
SECOND CITOYEN.
TROISIÈME CITOYEN.
VINCENZO, \
PIETRO,   } officiers du palais ducal.
BATTISTA, /
LE SECRÉTAIRE DU CONSEIL DES DIX.
GARDES, CONSPIRATEURS, CITOYENS.
LE CONSEIL DES DIX, LA JUNTE, etc., etc.

FEMMES.

ANGIOLINA, femme du Doge.
MARIANNE, son amie.
SUIVANTES, etc.

La scène est à Venise, année 1355.

MARINO FALIERO.

ACTE PREMIER.

SCÈNE PREMIÈRE.

(Une antichambre dans le palais du Doge.)

PIETRO entre, en s'adressant à BATTISTA.

PIETRO.

Le messager n'est pas revenu?

BATTISTA.

Pas encore: comme vous me l'aviez ordonné, j'ai envoyé plusieurs fois, mais la seigneurie est réunie en conseil secret, et discute longuement l'affaire de Steno.

PIETRO.

Trop longuement; tel est du moins l'avis du Doge.

BATTISTA.

Mais de quel air supporte-t-il ces instans d'attente?

PIETRO.

Avec une patience admirable : placé à la table du

cale dans toute la pompe qui appartient à son rang, il examine avec l'apparence d'une attention rigoureuse, pétitions, actes, rapports, plaintes, dépêches; mais si par hasard il entend le mouvement d'une porte éloignée, ou le bruit de quelqu'un qui semble approcher, ou le murmure d'une voix, ses yeux alors se relèvent avec vivacité, il s'élance de son fauteuil, puis s'arrête, se rasseoit encore, et laisse retomber ses yeux sur les papiers : mais je l'ai bien observé, et, pendant la dernière heure, il n'a pas tourné un feuillet.

BATTISTA.

On dit qu'il est fort ému, et sans doute il est, pour Steno, bien honteux de l'avoir offensé si durement.

PIETRO.

Oui, si c'était un pauvre diable; mais Steno est un noble, il est jeune, fier, brillant et d'humeur hardie.

BATTISTA.

Ainsi, vous pensez qu'on ne le jugera pas avec sévérité?

PIETRO.

Eh! mon Dieu, qu'on le juge avec justice; mais ce n'est pas à nous à prévenir la sentence des Quarante.

BATTISTA.

D'ailleurs on vient. — Quelles nouvelles, Vincenzo?

VINCENZO.

Tout est décidé, mais on ignore encore quel est le jugement; j'ai vu le président occupé à sceller le parchemin qui doit porter au Doge la décision des Quarante, et je cours l'en informer.

(Ils sortent.)

SCÈNE II.

(Appartement du Doge.)

MARINO FALIERO et son neveu BERTUCCIO FALIERO.

BERTUCCIO FALIERO.

Ils ne peuvent vous refuser justice.

LE DOGE.

Oui, comme les Avogadori, qui renvoyèrent mon accusation aux Quarante, pour le faire juger par ses pairs, par le tribunal dont il fait lui-même partie.

BERTUCCIO FALIERO.

Ses pairs se garderont de le protéger; un tel acte ferait tomber en mépris toute espèce d'autorité.

LE DOGE.

Ne connaissez-vous donc pas Venise? Ne connaissez-vous pas les Quarante? mais nous allons bien voir.

BERTUCCIO FALIERO, s'adressant à Vincenzo qui entre.

Eh bien! quelles nouvelles?

VINCENZO.

Je suis chargé de dire à son altesse que la cour a rendu ses décisions, et qu'aussitôt l'expédition du jugement, la sentence sera présentée au Doge. En attendant, les Quarante saluent le prince de la république, et le prient d'agréer leurs marques de dévouement.

LE DOGE.

Fort bien, ils sont trop respectueux, ils ont une déférence excessive. La sentence, dites-vous, est rendue?

VINCENZO.

Je le répète à votre altesse, le président imprimait le sceau quand je fus appelé, afin d'en informer, sans perdre un instant, et le chef de la république, et le plaignant, qui ne font aujourd'hui qu'un seul.

BERTUCCIO FALIERO.

N'avez-vous pu deviner quelque chose de leur arrêt?

VINCENZO.

Non, monseigneur; vous connaissez la discrétion habituelle des cours de Venise.

BERTUCCIO FALIERO.

Mais il est toujours quelque indice pour un esprit

vigilant, pour un œil exercé ; un chuchottement, un murmure, l'aspect du tribunal plus ou moins solennel. Les Quarante ne sont que des hommes — les plus respectables, les plus sages, les plus justes, les plus prudens du monde — je le garantis : ils sont discrets comme la tombe à laquelle ils condamnent les criminels ; mais avec tout cela, Vincenzo,— des yeux perçans comme les vôtres auraient dû lire dans leur contenance, — du moins dans celle des plus jeunes, l'arrêt qu'ils viennent de prononcer.

VINCENZO.

Je ne les vis qu'un moment, et je n'eus pas le tems d'approfondir ce qui se passait dans l'esprit ni même dans la contenance des juges; l'attention que je donnais à l'accusé, Michel Steno, m'empêchait —

LE DOGE, l'interrompant.

Et quel était son air, à lui, répondez ?

VINCENZO.

Calme, sans être abattu, il semblait résigné au décret, quel qu'il fût ; — mais on vient instruire son altesse.

(Entre le secrétaire des Quarante.)

LE SECRÉTAIRE.

Le haut tribunal des Quarante offre ses vœux et son respect au premier magistrat de Venise, le Doge

Faliero; il invite son altesse à prendre connaissance et à approuver la sentence rendue contre Michel. Steno, d'une naissance noble, convaincu des charges à lui intentées, et détaillées avec le jugement, dans l'expédition que je vous présente.

LE DOGE.

Retirez-vous et attendez dehors ma réponse. (Le secrétaire et Vincenzo sortent.) Toi, prends ce papier : les caractères se confondent devant mes yeux, je ne puis les fixer.

BERTUCCIO FALIERO.

Patience, mon cher oncle; pourquoi tremblez-vous ainsi?

LE DOGE.

Lis donc.

BERTUCCIO FALIERO, lisant.

« Le conseil déclare, à l'unanimité, Michel Steno coupable, de son propre aveu, d'avoir, la dernière nuit du Carnaval, gravé sur le trône ducal les mots suivans... »

LE DOGE.

Voudrais-tu les répéter? Le voudrais-tu bien?— toi, un Faliero, revenir sur le sanglant déshonneur de notre famille déshonorée dans son chef? — Ce chef, le prince de Venise, la reine des cités! — La sentence.

BERTUCCIO FALIERO.

Pardon, mon noble seigneur, j'obéis. (Il lit.) « Que

Michel Steno sera détenu sévèrement, au secret, pendant un mois... »

LE DOGE.

Continue.

BERTUCCIO FALIERO.

Voilà tout, monseigneur.

LE DOGE.

Comment! tout, dites-vous? Est-ce un songe?— Impossible.—Donne-moi ce papier. (Il arrache le papier et lit.) « Il est arrêté dans le conseil que Michel Steno... » Ah! mon neveu, ton bras.

BERTUCCIO FALIERO.

Remettez-vous; calmez ce transport. Je vais chercher du secours.

LE DOGE.

Restez, monsieur. — Ne faites pas un pas. — Je suis remis.

BERTUCCIO FALIERO.

Je ne puis m'empêcher de reconnaître avec vous que la punition est au-dessous de l'offense.—Il est honteux pour les Quarante d'avoir infligé une peine aussi légère à celui qui vous avait aussi hautement outragé, vous et eux, puisqu'ils sont vos sujets; mais il ne faut désespérer de rien, vous pouvez en appeler à eux-mêmes qui, voyant un semblable déni, reviendront sans doute sur la cause qu'ils avaient déclinée, et feront justice de l'insolent coupable.

N'est-ce pas là votre avis, mon cher oncle? Vous ne m'écoutez pas : pourquoi demeurer ainsi immobile? au nom du ciel, répondez-moi.

LE DOGE, jetant à terre son bonnet ducal et le foulant aux pieds.

Oh! que les Sarrasins ne sont-ils dans Saint-Marc! comme je m'empresserais de leur faire hommage.

BERTUCCIO FALIERO.

Par le ciel, au nom de tous les saints! monseigneur —

LE DOGE.

Laisse-moi! Ah! que les Génois ne sont-ils dans le port! Pourquoi, autour de ce palais, ne vois-je pas les Huns que je défis à Zara!

BERTUCCIO FALIERO.

Appartient-il au doge de Venise de parler ainsi!

LE DOGE.

Doge de Venise! Quel est maintenant le doge de Venise? qu'on me conduise à lui pour qu'il me rende justice.

BERTUCCIO FALIERO.

Si vous oubliez votre rang et les devoirs qu'il vous impose, rappelez-vous du moins celui d'homme, et triomphez de cet emportement; le doge de Venise—

LE DOGE, l'interrompant.

Il n'y en a pas — c'est un mot — quelque chose de pire, une expression dépourvue de sens. Quand le plus chétif, le plus vil, le dernier des misérables demande son pain, il peut, quand on le lui refuse, trouver quelque pitié dans un autre homme; mais celui qui demande en vain justice à ceux qui sont au-dessus des lois, celui-là est plus pauvre que le mendiant que l'on repousse — c'est un esclave — ce que je suis enfin, et toi et toute notre famille. Et quand le plus vil artisan nous montre au doigt, quand le noble nous accable de ses dédains, qui se chargera de notre vengeance?

BERTUCCIO FALIERO.

La loi, mon prince —

LE DOGE, *l'interrompant.*

Vous voyez ce qu'elle vient de faire : je n'ai recherché de réparation que dans la loi — je ne voulais pas de vengeance, mais justice. — Je ne choisis pour mes juges que ceux désignés par la loi. — Souverain, j'en appelai à mes sujets, ceux-là même qui m'avaient confié la souveraineté, et qu'ils avaient ainsi rendu doublement légitime. Eh bien! les droits de mon rang, de leur choix, de ma naissance et de mes services; mes honneurs, mes années, mes rides, mes courses, mes fatigues, mon sang enfin répandu pendant près de quatre-vingts années, tout cela fut mesuré dans la balance contre la plus odieuse insulte, l'affront le plus brutal, le crime le plus lâche d'un insolent patricien. — Tout cela fut trouvé plus léger! et voilà ce qu'il faut supporter!

BERTUCCIO FALIERO.

Je ne dis pas cela.—Mais si l'on rejette votre second appel, nous retrouverons d'autres moyens d'y suppléer.

LE DOGE.

En appeler encore! Es-tu bien le fils de mon frère, un rejeton de la race des Faliero? Es-tu le neveu d'un Doge et d'un sang qui donna trois princes à Venise? Mais tu parles bien — oui, désormais, il nous faut de la résignation.

BERTUCCIO FALIERO.

Oh! mon noble oncle, votre emportement va trop loin : — oui, je l'avoue, l'offense était grossière; la punition est mille fois trop douce; mais votre ressentiment est au-dessus de l'insulte. Si l'on nous outrage, nous demandons justice; si on nous la refuse, nous la prenons; pour cela il faut du calme : — une profonde vengeance est fille d'un silence profond. J'ai tout au plus le tiers de vos années; j'aime notre maison; je vous honore, vous qui en êtes le chef, vous le tuteur, le guide de ma jeunesse; — mais bien que je comprenne votre douleur, et que je ressente votre injure, je frémis en voyant votre colère, semblable aux vagues de l'Adriatique, franchir toutes les bornes et se dissiper dans les airs.

LE DOGE.

Je te le dis — faut-il te le dire — ce que ton père aurait compris sans avoir besoin de paroles? N'as-tu de sensibilité que pour les tortures du corps ? n'as-tu pas d'ame — pas d'orgueil — de passions — de sentimens d'honneur ?

BERTUCCIO FALIERO.

C'est la première fois qu'on a mis en doute mon honneur, et de tout autre ce serait la dernière [1].

LE DOGE.

Vous n'ignorez pas quel fut l'affront dont je me plains ; un lâche reptile osa déposer son venin dans un infâme libelle et fit planer des soupçons — ah ! ciel — sur ma femme, la plus délicate portion de notre honneur. Ses calomnies passèrent de bouche en bouche, grossies des commentaires injurieux et des jeux de mots obscènes d'une vile populace ; et cependant d'orgueilleux patriciens avaient les premiers semé la calomnie, ils souriaient d'une imposture qui me transformait non-seulement en époux trompé, mais heureux et peut-être fier de sa honte.

BERTUCCIO FALIERO.

Mais, enfin, c'était un mensonge — vous le savez, et personne ne l'ignore.

LE DOGE.

Mon neveu ! l'illustre Romain a dit : la femme de César ne doit pas être soupçonnée, et il renvoya sa femme.

---

[1] Voilà une imitation évidente du célèbre mot de Corneille :

Tout autre que mon père
L'éprouverait sur l'heure !

BERTUCCIO FALIERO.

Cela est vrai — mais aujourd'hui —

LE DOGE.

Eh quoi! ce qu'un Romain ne pouvait souffrir, un souverain de Venise doit-il le supporter? Le diadème des Césars? Mais le vieux Dandolo l'avait refusé, et il accepta le bonnet ducal, qu'aujourd'hui je foule aux pieds, parce qu'il est dégradé.

BERTUCCIO FALIERO.

Cela est vrai —

LE DOGE.

Cela est — cela est! — loin de moi l'idée de punir une créature innocente, indignement calomniée parce qu'elle a pris pour époux un vieillard, autrefois l'ami de son père et le protecteur de sa famille; comme si l'éclat de la jeunesse et des traits imberbes pouvaient seuls captiver le cœur des femmes. — Je ne voulais pas venger sur elle l'infamie d'un autre, mais je demandais justice à mon pays, justice due au plus humble des hommes qui ayant une femme, dont la foi lui est douce; une maison dont les foyers lui sont chers, un nom dont l'honneur est tout pour lui, se voit atteint dans ces trois biens par le souffle odieux d'un calomniateur.

BERTUCCIO FALIERO.

Et quelle digne réparation pouvez-vous attendre?

LE DOGE.

Ô rage! N'étais-je pas le chef de l'état! — ne m'avait-on pas insulté sur mon trône, et rendu le jouet des hommes faits pour m'obéir? N'avais-je pas été outragé comme mari, insulté comme citoyen, avili, dégradé comme prince? — Une telle offense n'était-elle pas une complication de trahison? Et cependant il vit! S'il avait conduit le même stylet, non sur le trône d'un Doge mais, sur l'escabeau d'un paysan, il eût payé de son sang une telle audace ; le poignard l'aurait au même instant frappé.

BERTUCCIO FALIERO.

Écoutez, il ne vivra pas jusqu'au soleil couchant.— Rapportez-vous du tout à moi, et calmez-vous.

LE DOGE.

Vois-tu, mon neveu, c'était bon hier : à présent je n'ai plus de fiel contre cet homme.

BERTUCCIO FALIERO.

Que voulez-vous dire? l'offense n'est-elle pas redoublée par cet inique; je ne dirai pas acquittement, car ils ont fait pis que de l'acquitter, en reconnaissant le crime, et ne le punissant pas.

LE DOGE.

Le crime est en effet redoublé, mais ce n'est plus par lui. Les Quarante ont conclu à un mois d'arrêt — il faut obéir aux Quarante.

BERTUCCIO FALIERO.

Leur obéir! à eux, qui ont oublié ce qu'ils doivent à leur souverain?

LE DOGE.

Comment, oui — vous le comprenez donc, enfin, jeune homme? oui, soit comme citoyen qui réclame justice, soit comme souverain de qui elle émane : ils m'ont également dépouillé de mes droits ; et cependant garde-toi d'arracher un cheveu de la tête de Steno : il ne la portera pas long-tems.

BERTUCCIO FALIERO.

Pas douze heures, si vous m'en laissiez la permission. Si vous m'aviez entendu froidement, vous auriez compris que mon intention ne fut jamais qu'il s'échappât; seulement je voulais modérer ces excès de violence qui ne nous permettaient pas de méditer sur cette affaire.

LE DOGE.

Non, mon neveu, il faut qu'il vive, pour le moment, du moins. — Qu'est-ce aujourd'hui qu'une vie telle que la sienne? Dans les tems anciens, on se contentait d'une seule victime, pour les sacrifices ordinaires; mais pour les grandes expiations, il fallait une hécatombe.

BERTUCCIO FALIERO.

Vos vœux seront ma loi; et cependant je brûle

de vous prouver combien l'honneur de notre maison m'est cher.

LE DOGE.

Ne craignez rien, l'occasion de le prouver ne vous manquera pas ; mais ne soyez pas violent comme je le fus. Maintenant, je ne puis concevoir ma propre colère : — pardonnez-la moi, je vous prie.

BERTUCCIO FALIERO.

Oh! mon oncle! vous, guerrier et homme d'état ; vous, le maître de la république, vous l'êtes donc aussi de vous-même! J'étais réellement surpris de vous voir, dans cette fureur et à votre âge, oublier ainsi toute modération, toute prudence : il est vrai que la cause —

LE DOGE.

Oui, pensez à la cause — ne l'oubliez pas. — Quand vous irez prendre du repos, que le souvenir en perce dans vos songes ; et quand le jour renaîtra, qu'il se place entre le soleil et vous ; qu'il ternisse d'un sinistre nuage vos plus beaux jours d'été : c'est ainsi qu'il me suivra. — Mais pas un mot, pas un signe. — Laissez-moi tout conduire. — Nous aurons beaucoup à faire, et vous aurez votre tâche. Maintenant, éloignez-vous ; j'ai besoin d'être seul.

BERTUCCIO FALIERO.

(Il relève le bonnet ducal et le pose sur la table.)

Avant que je ne parte, reprenez, je vous prie,

ce que vous aviez répudié; jusqu'à ce que vous puissiez le changer en diadême. Je vous quitte, en vous priant, en toute chose, de compter sur moi, comme sur votre plus proche et plus fidèle parent, non moins que sur le citoyen et le sujet le plus loyal.

(Il sort.)

LE DOGE, seul.

Adieu, mon digne neveu. (Prenant le bonnet ducal.) Misérable hochet, entouré de toutes les épines d'une couronne, mais incapable d'investir le front qui le porte de cette royale majesté au-dessus de l'insulte; vil et dégradé colifichet, je te reprends comme je ferais un masque. (Il le met sur sa tête.) Oh! comme ma tête souffre sous ton poids, comme mes tempes se soulèvent sous ton honteux fardeau! Ne pourrai-je donc te transformer en diadême? N'étoufferai-je pas ce Briarée despotique, dont les cent bras disposent du sénat, réduisent à rien le peuple, et font du prince un esclave? Dans ma vie, j'ai mis à fin des travaux non moins difficiles. — Ce fut à son profit, et voilà comme il m'en récompense. — Ne puis-je donc en demander le prix? Ah! que n'ai-je encore une seule année, un seul jour de ma forte jeunesse; alors que mon corps obéissait à mon ame comme le coursier à son maître : comme je foulerais aux pieds, sans avoir besoin de nombreux amis, tous ces confians patriciens. Maintenant, il faut que d'autres bras viennent servir les projets de mes cheveux blancs; mais, du moins, je saurai diriger cette tâche difficile : bien que je ne puisse encore enfanter qu'un chaos de pensées confuses, mon imagination est dans sa première opération; c'est à la réflexion qu'il appartient de les modifier. — L'armée est peu nombreuse dans —

VINCENZO, entrant.

Quelqu'un demande une audience de son altesse.

LE DOGE.

Je ne le puis. — Je ne veux voir personne, pas même un patricien. — Qu'il porte son affaire au conseil.

VINCENZO.

Seigneur, je lui porterai votre réponse : sa présence ne peut vous intéresser. — C'est un plébéien, et, si je ne me trompe, le commandant d'une galère.

LE DOGE.

Comment! le patron d'une galère, dites-vous? c'est-à-dire, un officier de l'état. Introduisez-le, il s'agit peut-être du service public.

(Vincenzo sort.)

LE DOGE, seul.

On peut sonder ce patron; je vais l'essayer. Je sais que les citoyens sont mécontens; ils en ont sujet depuis la fatale journée de Sapienza, où la victoire resta aux Génois. Une autre cause encore, c'est que, dans l'état, ils ne sont plus rien, et moins que rien dans la ville, — de pures machines soumises au bon plaisir des nobles. Les troupes ont un long arriéré dans leur paie ; on leur a fait souvent de vaines promesses ; ils murmurent hautement ; ils peuvent sourire à quelque espoir de changement : on pourrait les acquitter avec le pillage. — Mais les prêtres ? — ou je me trompe fort, ou le clergé ne sera pas des nôtres ; il me hait depuis cet instant d'emportement où, pour presser sa marche, je frappai l'évêque de Trévise, dont la lenteur m'était insupportable. Cependant, on peut les gagner, du moins le pontife romain leur chef, au moyen de quelques concessions opportunes. Mais, sur toute chose, il faut de la promptitude ; au crépuscule de mes jours, je n'ai plus à moi que quelques lueurs. Si j'affranchis Venise, si je venge mes injures, j'aurai vécu assez long-tems, et je m'endormirai volontiers près de mes pères. Mais, si je ne le puis, mieux eût valu n'avoir vu que vingt printems ; et, depuis soixante années, être descendu — où ? — peu m'importe, où je serai bientôt — où tout doit finir. — Ne valait-il pas mieux ne jamais être, que de vivre courbé sous le joug de ces infâmes tyrans ? Mais je réfléchis — il y a, de troupes réelles, trois mille hommes postés à —

(Vincenzo et Israël Bertuccio entrent.)

VINCENZO.

Si son altesse le permet, le patron dont je lui ai parlé va solliciter son attention.

ACTE PREMIER.

LE DOGE.

Laissez-nous, Vincenzo. (Vincenzo sort.) Avancez, monsieur. — Que voulez-vous ?

ISRAEL BERTUCCIO.

Justice.

LE DOGE.

De qui ?

ISRAEL BERTUCCIO.

De Dieu, et du Doge.

LE DOGE.

Hélas ! mon ami, vous la demandez au moins respecté, au moins puissant des Vénitiens. Adressez-vous au conseil.

ISRAEL BERTUCCIO.

Je le ferais en vain ; celui qui m'a offensé en fait partie.

LE DOGE.

Il y a du sang sur ton visage, d'où vient-il ?

ISRAEL BERTUCCIO.

C'est le mien, et ce n'est pas la première fois qu'il coule pour Venise ; mais c'est la première fois qu'un Vénitien le fait répandre. Un noble m'a frappé.

LE DOGE.

Il a vécu ?

ISRAEL BERTUCCIO.

Il existe encore. — Car j'avais et je conserve encore l'espoir que vous, mon prince ; vous, soldat comme moi, vous vengerez celui auquel les règles de la discipline et les lois de Venise interdisent le droit de se défendre lui-même; autrement — je n'en dis pas davantage.

LE DOGE.

Vous agiriez vous-même. — N'est-ce pas cela?

ISRAEL BERTUCCIO.

Je suis un homme, mon seigneur.

LE DOGE.

Eh bien! celui qui vous frappa l'est également.

ISRAEL BERTUCCIO.

On le dit; et même il passe pour noble dans Venise; mais depuis qu'il a oublié que j'en étais un, et qu'il m'a traité comme une brute, la brute reviendra sur lui.

LE DOGE.

Mais, dites-moi, quel est son nom, sa famille?

ISRAEL BERTUCCIO.

Il se nomme Barbaro.

LE DOGE.

Et quelle fut la cause? le prétexte, du moins?

ISRAEL BERTUCCIO.

Je suis le commandant de l'arsenal, et c'est à moi qu'est confié le soin de faire restaurer ceux de nos bâtimens que la flotte génoise a le plus maltraités l'année dernière. Ce matin, le noble Barbaro vint me trouver; il était furieux de ce que nos ouvriers avaient, pour exécuter les ordres de la république, négligé ceux de ses gens. Je me hasardai à les justifier. — Il leva la main — et vous voyez mon sang; c'est la première fois qu'il coule à ma honte.

LE DOGE.

Dites-moi, servez-vous depuis long-tems?

ISRAEL BERTUCCIO.

Depuis assez long-tems pour me rappeler le siége de Zara; je combattis sous le chef qui mit en fuite les Huns : d'abord mon général, maintenant le Doge Faliero.

LE DOGE.

Comment, nous sommes donc camarades! Le manteau ducal vient de m'être donné, et vous étiez nommé, avant mon retour de Rome, commandant de l'arsenal : voilà pourquoi je ne vous reconnaissais pas. A qui devez-vous votre office?

ISRAEL BERTUCCIO.

Au dernier Doge. J'avais encore auparavant mon vieil emploi de patron d'une galère : on m'accorda l'arsenal comme la récompense de certaines cicatrices (c'est ainsi que voulait bien dire votre prédécesseur). Hélas! devais-je penser que sa bonté me conduirait un jour devant son successeur comme un pauvre plaignant sans espoir; et dans une pareille cause encore!

LE DOGE.

Vous êtes donc bien vivement blessé?

ISRAEL BERTUCCIO.

A jamais, à mes yeux.

LE DOGE.

Expliquez-vous, ne craignez rien; frappé au cœur comme vous l'êtes, quelle serait la vengeance qui vous plairait?

ISRAEL BERTUCCIO.

Celle que je n'ose dire, et que cependant je tirerai.

LE DOGE.

Alors que venez-vous me demander?

ISRAEL BERTUCCIO.

Je viens réclamer justice, parce que mon général est le Doge, et qu'il ne verra pas insulter impunément son vieux soldat. Si tout autre que Faliero occupait le trône ducal, ce sang se serait déjà confondu dans un autre sang.

LE DOGE.

Vous venez me demander justice! —à moi, *moi*, le Doge de Venise! Eh, mon ami, je ne puis vous la donner; je ne puis même l'obtenir. — Il n'y a qu'une heure, on me l'a solennellement déniée.

ISRAEL BERTUCCIO.

Que dit votre altesse!

LE DOGE.

On a condamné Steno à un mois d'arrêt.

ISRAEL BERTUCCIO.

Quoi! Steno, qui osa salir le trône ducal de ces mots insultans qui crient vengeance aux yeux de tous les Vénitiens!

LE DOGE.

Oui, et, je n'en doute pas, ces mots ont trouvé des échos dans l'arsenal : se mariant à chaque coup de marteau, ils réveillaient la grosse joie des artisans; ou, servant de chorus aux mouvemens des rames, ils s'échappaient des lèvres des vils esclaves de nos galères : et tous, en les chantant, se félicitaient de ne pas être un radoteur déshonoré comme le Doge.

ISRAEL BERTUCCIO.

Est-il possible? pour Steno un mois d'emprisonnement!

LE DOGE.

Vous connaissiez l'offense, vous en savez la punition; puis vous demanderez justice de *moi*! Adressez-vous aux Quarante, qui jugèrent Michel Steno; ils ne feront pas moins pour Barbaro,— n'en doutez pas.

ISRAEL BERTUCCIO.

Ah! si j'osais dire mes sentimens!

LE DOGE.

Parlez : il n'y a plus pour moi d'outrages à craindre.

ISRAEL BERTUCCIO.

Eh bien ! d'un mot, d'un seul mot, vous pouvez vous venger.—Je ne parle plus de ma petite offense : qu'est-ce, en effet, qu'un coup, un soufflet même reçu par un être comme moi ? — mais de l'infâme insulte faite à votre rang, à votre personne.

LE DOGE.

Vous oubliez mon pouvoir, qui est celui d'un paysan ; ce bonnet n'est pas la couronne d'un monarque ; ce manteau peut exciter la pitié bien plus que les guenilles d'un mendiant : car celles du mendiant lui appartiennent, mais ce costume on le prête seulement à cette pauvre marionnette, forcée de jouer le rôle de souverain.

ISRAEL BERTUCCIO.

Voulez-vous être roi ?

LE DOGE.

Oui — roi d'un peuple heureux.

ISRAEL BERTUCCIO.

Voulez-vous être le prince souverain de Venise ?

LE DOGE.

Oui, si mon peuple partageait la souveraineté ;

oui, si lui et moi nous cessions d'être les esclaves de cette immense hydre aristocratique dont les têtes venimeuses ont empoisonné l'air de ces lieux.

ISRAEL BERTUCCIO.

Cependant vous êtes né, et vous vivez encore parmi les nobles.

LE DOGE.

Maudit l'instant où je naquis dans leur rang! c'est à ma naissance que je dois d'avoir été fait Doge pour ma honte; mais j'ai vécu, j'ai agi en soldat, en sujet de Venise et de son peuple, et non pas du sénat. Je fus récompensé par la gloire qui m'entoura, par le bien-être de mes concitoyens. J'ai combattu, j'ai été blessé; j'ai remporté des victoires; maintes fois j'ai, dans mes ambassades, fait la paix quand elle était utile à ma patrie : pendant près de soixante ans, j'ai servi l'état dans des contrées et sur des mers lointaines, et toujours pour Venise. Contempler au loin ses chères tourelles, fendant les flots azurés du Lago, telle était alors la seule récompense que j'ambitionnasse; mais je ne m'offrais pas au danger pour une poignée d'hommes, pour une secte ou pour une faction, et si vous voulez savoir quel était le mobile de ma conduite, demandez au pélican pourquoi il entr'ouvre ses flancs? uniquement pour ses petits, vous répondrait-il, si les oiseaux parlaient.

ISRAEL BERTUCCIO.

Les nobles pourtant vous ont fait Doge.

LE DOGE.

En effet. Je ne recherchais pas cet honneur. J'en reçus la nouvelle flatteuse, en revenant de mon ambassade à Rome : et n'ayant jamais jusqu'alors refusé peines, charges, ou offices pour le service de l'état, je ne crus pas, dans ma vieillesse, pouvoir décliner de tous les emplois, le plus haut en apparence, mais le plus humble de tous, par ce qu'il force d'endurer : toi, mon sujet insulté, ne m'en offres-tu pas la preuve, quand je ne puis faire aujourd'hui la moindre chose pour toi?

ISRAEL BERTUCCIO.

Vous nous vengerez tous deux, si vous en avez la volonté; tous deux et plusieurs milliers d'hommes non moins oppressés que nous. Ils n'attendent qu'un signal — voulez-vous le donner?

LE DOGE.

Votre langage est pour moi une énigme.

ISRAEL BERTUCCIO.

Que je vais expliquer au risque de ma vie, si vous voulez me prêter une oreille attentive.

LE DOGE.

Parlez donc.

ISRAEL BERTUCCIO.

Ce n'est pas vous, ce n'est pas moi qui sommes les seuls injuriés et trahis, les seuls méprisés et foulés aux pieds; le peuple entier murmure hautement et nourrit le vif ressentiment de ses outrages. Les soldats étrangers que le sénat devait payer se plaignent de ne pas l'être encore; les marins de Venise et les troupes de la république sont unis de cœur avec les citoyens. En est-il, en effet, parmi eux, un seul dont les frères, le père, les enfans, les femmes, les sœurs n'aient pas subi l'oppression ou le déshonneur de quelque noble? Et d'ailleurs, la guerre désespérée contre les Génois est alimentée avec le sang des plébéiens et les trésors, fruit d'une longue industrie. Voilà le sujet qui les enflamme : et maintenant encore — mais j'oublie, en parlant ainsi, que je trace peut-être la sentence de ma mort.

LE DOGE.

La mort! la craindrais-tu après l'affront que tu as souffert? Tais-toi donc, vis pour être encore frappé par ceux qui ont déjà ensanglanté ton visage.

ISRAEL BERTUCCIO.

Non; quoi qu'il arrive, je parlerai, et si le Doge de Venise est mon délateur, honte à jamais sur lui ; et de plus, malheur, car il perdra bien plus que moi.

LE DOGE.

Ne crains rien de ma part; poursuis.

ISRAEL BERTUCCIO.

Sachez donc que, dans cette ville, sont réunis sous

la foi du serment, une troupe d'amis au cœur vaillant et sincère, guerriers à l'épreuve de toutes les fortunes. Depuis long-tems, ils pleuraient sur Venise. Était-ce avec raison ? eux qui l'avaient servie par toute la terre, qui l'avaient affranchie du joug des étrangers, pouvaient-ils ne pas embrasser la cause de leurs frères ? Ils ne sont pas nombreux, mais pourtant ils suffiront à leur grand projet ; ils ont des armes, des moyens, de l'espérance, et le courage qui sait attendre.

LE DOGE.

Et qu'attendent-ils donc ?

ISRAEL BERTUCCIO.

Un moment pour frapper.

LE DOGE, à part.

Quand Saint-Marc sonnera-t-il cette heure ?

ISRAEL BERTUCCIO.

Aujourd'hui je mets entre vos mains ma vie, mon honneur, toutes mes espérances terrestres, mais dans la ferme confiance que des injures comme les nôtres, nées de la même source, engendreront la même vengeance. Si je ne me suis pas trompé, vous serez notre chef d'abord — notre souverain dans la suite.

LE DOGE.

Combien êtes-vous ?

ISRAEL BERTUCCIO.

Avant de vous répondre, il me faut votre réponse.

LE DOGE.

Comment, s'il vous plaît? des menaces!

ISRAEL BERTUCCIO.

Non, sur mon ame! J'ai pu me trahir moi-même : mais dans ces antres mystérieux qui environnent votre palais, dans ces cachots *aux toits de plomb* non moins horribles, il n'est pas de torture capable de m'arracher le nom d'un seul complice : les *pozzi*, les *piombi* seraient inutiles ; ils peuvent me tirer du sang, mais non quelque secret ; je passerai le redoutable Pont des Soupirs satisfait en songeant que les miens seront peut-être les derniers qui retentiront sur les flots qui séparent l'assassin de sa victime. Il en est d'autres qui vivront pour me plaindre et me venger.

LE DOGE.

Mais pourquoi, si tels sont vos projets et vos forces, venez-vous ici demander justice, quand vous vous disposez ainsi à vous la faire vous-même?

ISRAEL BERTUCCIO.

C'est parce que l'homme qui vient réclamer protection auprès de l'autorité, échappe, par ce témoignage de soumission et de confiance, aux soupçons de conspirer contre elle; mais si j'avais reçu un soufflet avec humilité, mon front hypocrite, mes menaces comprimées, m'eussent de suite signalé à l'inquisition des Quarante. Une réclamation, au contraire, quelque furieuse qu'elle soit, quel que soit l'emportement de son expression, est peu à craindre, et ne peut exciter de défiance. J'avais d'ailleurs un autre motif.

LE DOGE.

Et lequel?

ISRAEL BERTUCCIO.

Le bruit courait que le Doge était fort irrité de ce que les *Avogadori* avaient renvoyé Michel Steno devant les Quarante. Je vous avais servi, je vous honorais; je compris votre offense : car vous êtes, je le sais, de ces esprits qui ressentent dix fois le bien et le mal qu'on leur fait. Mon but était de vous décider à la vengeance. Vous savez tout maintenant, et le danger que je cours peut vous garantir ma sincérité.

LE DOGE.

Vous risquez beaucoup, mais c'est ainsi que l'on obtient de grands résultats. Tout ce que je puis vous dire en ce moment, c'est que votre secret ne sera pas violé.

ISRAEL BERTUCCIO.

Et, est-ce tout?

LE DOGE.

Tant que vous ne m'avez pas tout confié, quelle autre réponse puis-je vous faire?

ISRAEL BERTUCCIO.

Mais n'est-ce pas assez de vous avoir confié ma vie ?

LE DOGE.

Je dois savoir votre plan, vos noms, votre nombre ; celui-ci, pour chercher à l'augmenter, ceux-là pour les mûrir et les encourager.

ISRAEL BERTUCCIO.

Nous sommes déjà en assez grand nombre, nous ne désirons plus d'autre allié que vous.

LE DOGE.

Mais, du moins, nommez-moi vos chefs.

ISRAEL BERTUCCIO.

Vous les connaîtrez, mais quand nous aurons l'assurance formelle que vous ne cherchez pas à nous perdre.

LE DOGE.

Quand, dans quel lieu ?

ISRAEL BERTUCCIO.

Cette nuit je conduirai dans votre appartement deux des principaux chefs ; la prudence nous défend d'en introduire un plus grand nombre.

LE DOGE.

Arrêtez — je pense !... si je quittais ce palais ? si moi-même je venais me confier à vous ?

ISRAEL BERTUCCIO.

Seul, vous pouvez venir.

LE DOGE.

Je ne conduirai que mon neveu.

ISRAEL BERTUCCIO.

Non pas, serait-il votre fils.

LE DOGE.

Malheureux! oses-tu nommer mon fils? il mourut les armes à la main à Sapienza en défendant cette ingrate patrie. Ah! que n'est-il vivant, et son père dans le tombeau! ou, s'il vivait encore auprès de moi, je n'aurais pas besoin du douteux secours des étrangers.

ISRAEL BERTUCCIO.

De tous ces étrangers que tu soupçonnes, il n'en est pas un seul qui n'ait pour toi une tendresse filiale, si tu veux leur montrer la sincérité d'un père.

LE DOGE.

Le jour tombe, quelle est la place de réunion?

ISRAEL BERTUCCIO.

A minuit je viendrai seul et masqué à l'endroit que votre altesse voudra me désigner. Je vous y attendrai, et sous ma conduite vous viendrez recevoir nos hommages et prononcer sur notre sort.

LE DOGE.

A quelle heure se lève la lune ?

ISRAEL BERTUCCIO.

Tard ; mais l'atmosphère est épaisse et sombre, on entend le sirocco.

LE DOGE.

A minuit donc ; près de l'église, tombeau de mes ancêtres, placée sous la double invocation des apôtres Paul et Jean. Une gondole conduite par un seul rameur me fera franchir l'étroit canal qui l'entoure ; trouvez-vous là.

ISRAEL BERTUCCIO.

Je n'y manquerai pas.

LE DOGE.

Pour le moment il faut vous retirer.

ISRAEL BERTUCCIO.

Oui, dans la ferme espérance que votre altesse ne faiblira pas dans ses grandes résolutions. Prince, je me retire.

(Israel Bertuccio sort.)

LE DOGE, seul.

A minuit, près de l'église Saint-Jean et Paul, où dorment mes nobles aïeux. Je me présenterai. — Pourquoi ? pour tenir conseil dans l'obscurité avec de vulgaires bandits réunis par l'espoir de ruiner l'état ; mais l'un de mes pères ne soulevera-t-il pas la voûte qui recèle deux Doges mes prédécesseurs ; ne m'entraînera-t-il pas avec lui ? Je voudrais qu'ils le pussent, car je pourrais encore jouir auprès d'eux d'une tombe glorieuse. Hélas ! rejetons ces pensées pour songer seulement à ceux qui m'ont rendu indigne du grand et noble nom qui rappelait la dignité des antiques patriciens de Rome. Je le releverai ; je rehausserai dans nos annales son premier lustre en me vengeant avec délices de tout ce qu'il y a de bas dans Venise, et en affranchissant mes concitoyens. Ou bien, je succomberai, en proie aux calomnies toujours croissantes de la postérité ; car elle ne sait pas épargner le nom des vaincus, et pour César et Catilina, la véritable pierre de touche de la vertu, à ses yeux, c'est le succès.

FIN DU PREMIER ACTE.

ACTE II.

SCÈNE PREMIÈRE.

ANGIOLINA, MARIANNA.

ANGIOLINA.
Qu'a répondu le Doge ?

MARIANNA.
Il a dit que, pour le moment, il était invité à une conférence ; mais elle doit être terminée maintenant. Je viens d'apercevoir les sénateurs qui s'éloignaient dans leur barque, et l'on peut voir encore la dernière gondole dont le reflet paraît sur les ondes tranquilles.

ANGIOLINA.
Je voudrais le voir de retour : il a été vivement tourmenté ces jours-ci ; et le tems qui ne lui a rien ôté de son ame fière, et qui n'a pas même affaibli son enveloppe mortelle, comme s'il lui suffisait d'être alimenté par un esprit vaste et sans cesse agité — le tems, dis-je, n'a qu'un faible pouvoir sur ses maux et ses ressentimens ; différent en cela des autres caractères de la même trempe, dont la violence n'a qu'un instant de durée. Tout offre chez lui un aspect d'immortalité ; pensées, sentimens, mouve-

mens passionnés, le bien et le mal, tout porte chez lui le sceau de la jeunesse, et son front n'est chargé que des cicatrices de l'esprit, de la trace des idées profondes et de leur décrépitude : encore a-t-il été plus agité ces jours-ci que de coutume. Quand reviendra-t-il? car j'ai seule quelque puissance sur son esprit troublé.

MARIANNA.

En effet, son altesse a ressenti vivement l'affront de Steno; mais sans doute en ce moment le coupable subit, en expiation de sa lâche insulte, un châtiment qui ne peut qu'accroître le respect dû à la vertu des dames, et au rang des patriciens.

ANGIOLINA.

L'insulte fut grossière, mais elle ne m'atteignit pas; la calomnie dénotait une ame trop méprisable : quant aux effets, quant à l'impression profonde qu'elle a faite sur Faliero, sur cette ame fière, indomptable et austère — pour tout autre que moi; hélas! en songeant à ce qu'elle peut entraîner, je ne puis m'empêcher de frémir.

MARIANNA.

Il est bien clair que le Doge ne vous soupçonnera pas.

ANGIOLINA.

Me soupçonner! quand Steno lui-même ne l'eût pas osé! quand, pour tracer sa diffamation, il ravissait à la dérobée un rayon fugitif de la lune! Sa propre conscience ne s'élevait-elle pas contre son action, et chaque ombre, en arrêtant sa main [1], ne lui rappelait-elle pas toute la lâcheté de sa conduite?

MARIANNA.

Il serait bien à désirer qu'on le punît sévèrement.

ANGIOLINA.

C'est ce qui est arrivé.

MARIANNA.

Comment! l'arrêt serait-il rendu? serait-il condamné?

ANGIOLINA.

Tout ce que je sais, c'est qu'il a été convaincu.

MARIANNA.

Le croiriez-vous assez puni par-là de sa lâche conduite?

ANGIOLINA.

Je crains d'être juge dans ma propre cause; et puis j'ignore quelle sorte de punition pouvait atteindre une ame corrompue comme celle de Steno. Si son insulte n'affectait pas plus l'esprit des juges qu'elle n'affecte le mien, il aura été pour toute peine laissé à sa honte, ou plutôt à son impudeur.

---

[1] M. A. P. donne ici des yeux perçans aux ombres. *Chaque ombre sur les murs*, traduit-il, *le regardait d'un air menaçant.*

MARIANNA.

Il faut une vengeance à la vertu diffamée.

ANGIOLINA.

Pourquoi ? Quelle est cette vertu à laquelle il faut une victime ? quelle est-elle, si elle doit dépendre des paroles d'un homme ? Le Romain, en mourant, s'écriait : *Tu n'es qu'un nom*. Elle ne serait en effet rien de plus, si le souffle humain pouvait la relever ou la flétrir.

MARIANNA.

Bien des femmes, pourtant, également fidèles et irréprochables, sentiraient toute la gravité d'un pareil scandale; et des dames moins rigides, comme il s'en trouve beaucoup à Venise, se montreraient, en pareil cas, inexorables dans leur vengeance.

ANGIOLINA.

Toutes prouveraient également qu'elles prisent le nom de vertu plus que la vertu même. Les premières, en faisant montre de leur honneur, regardent donc comme pénible le soin qu'elles mettent à le conserver : pour celles qui, sans l'avoir gardé, en gardent les dehors, elles s'en parent comme d'un ornement; non pas qu'elles le jugent tel, mais parce qu'elles sentent qu'il leur manque. Elles vivent dans la pensée des autres, et voudraient qu'on crût à leur sagesse aussi bien qu'à leur beauté.

MARIANNA.

Pour une dame noble, vous avez d'étranges idées.

ANGIOLINA.

C'était celles de mon père : c'est, avec son nom, le seul héritage qu'il m'ait laissé.

MARIANNA.

Que voudriez-vous de plus : femme d'un prince, du souverain de la république?

ANGIOLINA.

Femme d'un paysan, je n'en chercherais pas d'autre; mais je n'en sens pas moins la tendresse et la gratitude que mérite mon père, pour avoir confié ma main à son vieux, éprouvé et fidèle ami, le comte Val di Marino, aujourd'hui notre Doge.

MARIANNA.

Mais, avec cette main, n'engagea-t-il pas votre cœur?

ANGIOLINA.

Oui, sans doute, ou jamais il ne le fut.

MARIANNA.

Cependant cette étrange disproportion d'âge, et, permettez-moi de le dire, cette disparité de goûts laissaient au monde le droit de douter qu'une telle union fût toujours favorable à votre sagesse et à votre beauté.

ANGIOLINA.

Le monde parle d'après lui-même : pour moi, mon cœur m'a jusqu'à présent dicté mes devoirs ; ils sont nombreux, mais bien faciles.

MARIANNA.

Réellement, l'aimeriez-vous ?

ANGIOLINA.

J'aime toutes les nobles qualités qui sont dignes de l'être. C'est ainsi que j'aimais mon père, qui le premier m'apprit à distinguer ce qu'il fallait chérir dans les autres, et à toujours subordonner les passions ignobles aux plus purs sentimens de notre nature. Il confia mon sort à Faliero : car il l'avait connu noble et brave, généreux, doué de toutes les qualités du soldat, du citoyen, de l'ami, tel enfin que moi-même je l'ai trouvé. Ses défauts sont ceux que donnent aux grandes ames l'habitude du commandement, trop d'orgueil et des passions profondément impétueuses, nourries par le commerce de patriciens et par une vie livrée aux orages de la politique et de la guerre. Il a de plus ce vif sentiment de l'honneur qui devient un devoir, retenu dans de certaines bornes, mais qui n'est plus qu'un vice quand on vient à les franchir : et c'est là ce que je crains pour lui en ce moment. Depuis sa naissance, il a montré un caractère impétueux, mais ce défaut était racheté chez lui par tant de grandeur d'ame, que la plus altière des républiques n'avait pas craint de le revêtir alternativement de toutes ses dignités, depuis ses premiers exploits jusqu'au retour de sa dernière ambassade, alors qu'elle le choisit pour Doge.

MARIANNA.

Mais, avant ce mariage, votre cœur n'avait-il jamais battu pour un seul patricien, dont l'âge se rapprochât de vous, dont la beauté pût se comparer à la vôtre? ou depuis, ne vîtes-vous jamais personne qui, si votre main eût encore été libre, vous semblât digne de prétendre à la fille de Lorédan?

ANGIOLINA.

J'ai répondu à votre première question, en vous disant que je consentis à me marier.

MARIANNA.

Et à la seconde?

ANGIOLINA.

Elle ne mérite pas de réponse.

MARIANNA.

Je vous demande pardon si j'ai eu le malheur de vous offenser.

ANGIOLINA.

Je n'ai pas de courroux; mais j'éprouve quelque surprise : j'ignorais que des cœurs à jamais liés pussent songer à revenir sur ce que *maintenant* ils choisiraient s'ils étaient encore libres.

MARIANNA.

C'est leur ancien choix qui souvent les porte à supposer que dans un nouveau ils montreraient plus de sagesse.

ANGIOLINA.

Cela peut être, je n'ai jamais pensé à de pareilles choses.

MARIANNA.

Madame, voici le Doge, — dois-je me retirer ?

ANGIOLINA.

Je pense qu'il vaut mieux que vous me quittiez ; il semble oppressé de tristes idées, voyez comme il s'avance d'un air pensif !

(Marianna sort.)

(Entrent le Doge et Pietro.)

LE DOGE, venant.

Il y a un certain Philippe Calendaro à l'arsenal qui commande à quatre-vingts hommes, et qui jouit d'une grande influence, même sur l'esprit de ses camarades. Cet homme, ai-je entendu dire, est fier, entreprenant, d'un esprit prompt et populaire, d'ailleurs il a de la discrétion, il serait à désirer qu'il fût des nôtres. Je pense bien qu'Israël Bertuccio s'est assuré de lui, mais j'imagine qu'on pourrait.—

PIETRO.

Seigneur, daignez me pardonner si j'interromps vos méditations, mais le sénateur Bertuccio, votre parent, m'a chargé de m'informer auprès de vous de l'heure à laquelle il pourrait obtenir de vous parler.

LE DOGE.

A la chute du jour.—Un moment—je réfléchis—à la dernière heure de la nuit.

(Pietro sort.)

ANGIOLINA.

Monseigneur !

LE DOGE.

Pardonnez-moi, ma chère enfant. — Pourquoi tardiez-vous si long-tems à m'approcher ? — je ne vous voyais pas.

ANGIOLINA.

Vous étiez absorbé dans vos pensées, et celui qui vient de s'éloigner pouvait avoir à vous transmettre quelques paroles graves de la part du sénat.

LE DOGE.

Du sénat !

ANGIOLINA.

Je craignais de l'interrompre dans les devoirs qu'il vous rendait sans doute en son nom.

LE DOGE.

Au nom du sénat ! erreur, c'est nous qui devons toute sorte de respect au sénat.

ANGIOLINA.

Je croyais que le Doge avait le commandement suprême à Venise.

LE DOGE.

Il le devrait! mais brisons-là, et reprenons notre sérénité. Comment vous portez-vous? avez-vous pris l'air aujourd'hui? le tems est sombre, mais le calme des vagues favorise le léger mouvement de la rame du gondolier. Avez-vous présidé à quelques réunions d'amies, ou vos chants ont-ils charmé votre solitude? Est-il, dites-moi, quelque chose qui flatte vos désirs, et qui reste dans le cercle étroit de la puissance laissée au Doge? Souhaitez-vous quelque brillante distraction, ou bien quelques innocens plaisirs de solitude ou de société satisferont-ils votre cœur, et compenseront-ils tant d'instans pénibles passés auprès d'un vieillard toujours chargé de soucis? Dites un mot : vos vœux seront accomplis.

ANGIOLINA.

Vous avez toujours été bon pour moi. — Que pourrais-je désirer ou solliciter, si ce n'est de vous voir plus souvent, et surtout plus tranquille?

LE DOGE.

Plus tranquille!

ANGIOLINA.

Oui, plus tranquille, monseigneur! — Ah! pourquoi vous tenir à part et vous promener ainsi seul? Pourquoi votre front trahit-il tant de profondes émotions, sans pourtant révéler de quelle nature elles peuvent être?

LE DOGE.

Tant d'émotions!—Quoi donc? que pourraient-elles révéler?

ANGIOLINA.

Hélas! un cœur peut-être brisé.

LE DOGE.

Ce n'est rien, mon enfant. — Mais vous savez quels soins continuels oppressent tous ceux qui gouvernent cette république précaire, toujours redoutant au dehors les Génois, à l'intérieur les mécontens. — Voilà ce qui m'occupe et peut me troubler plus qu'à l'ordinaire.

ANGIOLINA.

Ces motifs, cependant, existaient depuis longtems, et c'est depuis peu de jours que je vous vois ainsi. Pardonnez-moi, vous avez sur le cœur quelque chose de plus que le fardeau des devoirs publics; vous le supportez depuis long-tems; et un génie comme le vôtre a dû le rendre léger, je dirais même nécessaire pour nourrir l'activité de votre esprit. Ce ne sont pas des inquiétudes ou des dangers qui pouvaient vous ébranler; vous, qui avez vu tant de tempêtes sans succomber dans aucune; vous, qui, parvenu au faîte du pouvoir, n'avez jamais senti vos pas chanceler en y montant; et qui, de ce sommet éblouissant pour tout autre, pouvez étendre un regard ferme et calme sur l'abîme qui vous entoure de toutes parts. La guerre civile embrasât-elle Saint-Marc, votre vertu n'en serait pas accablée ; comme vous vous êtes élevé, vous tomberiez avec un front serein. Telle n'est donc pas la source de ce que vous éprouvez ; c'est votre orgueil qui murmure aujourd'hui, et non pas votre patriotisme.

LE DOGE.

Mon orgueil, Angiolina, hélas! il n'en est plus pour moi.

ANGIOLINA.

Oui, c'est le péché qui perdit les anges, celui de tous auquel succombent plus facilement les mortels les plus rapprochés d'une nature angélique. Les hommes vils n'ont que de la vanité, les grandes ames ont de l'orgueil.

LE DOGE.

Oui, j'avais le sentiment élevé de l'honneur, de votre honneur surtout. — Mais changeons de sujet.

ANGIOLINA.

Oh! non! — Jusqu'ici j'ai partagé en toute chose votre satisfaction, ne me cachez pas, je vous en conjure, vos ennuis. Si les affaires publiques en étaient la cause, vous le savez, je ne chercherais pas à les pénétrer ; mais je sens que vos chagrins ont un motif particulier, et c'est à moi de les adoucir ou de les partager. Depuis le jour que l'insolence du misérable Steno troubla votre repos, vous êtes devenu méconnaissable, et je voudrais vous ramener à ce que vous étiez.

LE DOGE.

A ce que j'étais ! Connaissez-vous l'arrêt de Steno?

ANGIOLINA.

Non.

LE DOGE.

Un mois de prison.

ANGIOLINA.

N'est-ce pas assez ?

LE DOGE.

Assez ! — Oui, pour un ivrogne galérien, qui, fouetté de verges, murmure contre son maître; mais ce n'est pas assez pour un lâche, qui, d'un trait mensonger et froidement médité, vient graver la honte d'une dame et d'un prince jusque sur le trône souverain.

ANGIOLINA.

Pour moi, je trouve un noble assez puni quand on l'a convaincu de mensonge. Quelle autre punition ne serait pas légère, comparée à la perte de l'honneur ?

LE DOGE.

De pareils hommes n'ont pas d'honneur; ils n'ont que leur vile existence, — et c'est là ce qu'on épargne.

ANGIOLINA.

Vous ne voudriez pas, pour cette offense, qu'on le fît mourir?

LE DOGE.

En ce *moment*, non. — Puisqu'il vit, qu'il reste vivant *encore* aussi long-tems que possible; il a cessé de mériter la mort. Le coupable que l'on épargne a condamné ses juges : il est purifié; son crime retombe sur eux.

ANGIOLINA.

Mon Dieu! si ce méprisable libertin avait répandu son sang pour une aussi absurde calomnie, mon cœur n'aurait plus connu une heure de plaisir, le sommeil aurait à jamais fui de mes yeux.

LE DOGE.

La loi divine ne demande-t-elle pas sang pour sang? et celui qui flétrit, tue bien plus encore que celui qui assassine. Qui affecte le plus l'homme que l'on frappe, ou la douleur ou la honte des coups? Les lois humaines ne demandent-elles pas sang pour honneur? moins que pour l'honneur, même pour un peu d'or. Les lois des nations ne demandent-elles pas sang pour trahison? Et ce ne serait rien d'avoir fait couler dans mes veines le plus corrosif des poisons? ce ne serait rien d'avoir souillé les noms les plus beaux, le vôtre et le mien? ce ne serait rien d'avoir livré un prince au mépris de son peuple? d'avoir manqué au respect unanimement accordé par le genre humain, à la jeunesse dans les femmes, aux cheveux blancs dans les hommes, à la vertu de votre sexe, à la dignité du nôtre? — Mais, laissons ces réflexions à ceux qui l'ont accusé.

ANGIOLINA.

Le ciel vous fait une loi de pardonner à vos ennemis.

LE DOGE.

Le ciel pardonne-t-il aux siens? Pourquoi ne sauve-t-il pas Satan des flammes éternelles?

ANGIOLINA.

Oh! ne parlez pas ainsi; — le ciel vous pardonnera à vous et à vos ennemis.

LE DOGE.

Ainsi soit-il, puisse le ciel leur pardonner!

ANGIOLINA.

Le ciel, mais vous?

LE DOGE.

Oui, quand ils seront dans le ciel.

ANGIOLINA.

Et jamais auparavant?

LE DOGE.

Qu'importe mon pardon? vieillard outragé, méprisé, trompé, qu'importe mon pardon ou mon ressentiment? tous les deux ne sont-ils pas également frivoles et impuissans? J'ai trop long-tems vécu. Mais, je vous prie, changeons de sujet.—Mon enfant, ma femme insultée, la fille de Lorédan ! Qu'il était loin de penser, ton brave, ton loyal père, en te mariant à son vieil ami, qu'il te vouait à l'ignominie ! — Hélas ! ignominie sans péché, car tu es pure. Que n'avais-tu un autre époux, tout autre époux dans Venise que le Doge, et jamais cette tache, cette infamie, ce blasphême ne serait tombé sur toi. Si jeune, si belle, si bonne et si chaste, subir un pareil affront et ne pas être vengée !

ANGIOLINA.

Que dites-vous ? je le sais trop bien, car vous m'aimez encore, vous me croyez, vous m'honorez ; et tout le monde sait que vous êtes juste et que je suis sincère. Dites-moi, que me reste-t-il à demander ? que pouvons-nous, moi désirer, vous ordonner encore ?

LE DOGE.

C'est bien, trop bien peut-être : mais quoi qu'il arrive, chère enfant ! que ma mémoire te soit chère.

ANGIOLINA.

Mon Dieu ! que me dites-vous ?

LE DOGE.

N'importe, mais encore je voudrais, quel que soit le jugement des autres, que vous me respectiez aujourd'hui, et dans ma tombe.

ANGIOLINA.

En pouviez-vous douter, et vous ai-je jamais donné lieu de soupçonner ma foi ?

LE DOGE.

Approchez, chère enfant, je dois vous dire quelques mots. Votre père fut mon ami, la fortune variable le rendit mon débiteur pour quelques-uns de ces services qui touchent toujours vivement les gens de bien : quand il éprouva l'oppression de sa dernière maladie il souhaita notre union : non qu'il voulût s'acquitter envers moi, depuis long-tems sa tendre amitié ne lui laissait plus rien à acquitter : son espoir était de mettre votre beauté orpheline à l'honorable abri des dangers qui, dans cet asile empesté du vice, entourent les vierges pauvres et sans soutien. Il ne me consulta pas, et je ne voulus pas m'opposer à l'idée qui charmait ses derniers momens.

ANGIOLINA.

Je n'ai pas oublié avec quelle noblesse vous m'ordonnâtes de déclarer si je ne sentais aucune préférence qui pût me rendre plus heureuse ; votre offre du douaire le plus beau de Venise, enfin votre intention de ne pas vous prévaloir des dernières intentions de mon père sur vous.

LE DOGE.

Ainsi ce n'était pas une sotte et capricieuse extravagance de vieillard ; ce n'était pas l'aiguillon impur de quelque passion surannée qui me décidèrent à demander la main d'une jeune et virginale beauté : car, dans ma bouillante jeunesse, je savais m'élever au-dessus des passions de ce genre : ce n'était pas ma vieillesse elle-même infectée de la lèpre du libertinage qui s'attache aux cheveux blancs de certains hommes pervers, et leur fait prendre, jusqu'à leur dernier jour, la lie des plaisirs pour le plaisir lui-même. Je ne traînais pas au sacrifice d'un hymen intéressé une victime innocente, trop délaissée pour refuser un sort honorable, trop sensible pour ne pas entrevoir son malheur. Notre union ne s'était pas formée sous de tels auspices ; vous étiez libre de me choisir, et d'un mot vous pouviez rendre inutile le choix de votre père.

ANGIOLINA.

J'y souscrirais, je le ferais encore à la face du ciel et de la terre ; car je ne m'en suis jamais repentie pour mon bonheur ; mais, je l'avouerai, quelquefois pour le vôtre, en songeant à vos derniers ennuis.

LE DOGE, poursuivant.

Mais je savais que vous n'auriez jamais à accuser mon cœur ; je savais que mes jours n'avaient plus long-tems à vous être à charge : et alors je me représentais la fille de mon vieil ami, sa noble fille libre d'un nouveau choix plus sage et plus convenable, entrant alors dans tout l'éclat de sa beauté, et devenue par ces premières années d'épreuve plus capable de bien choisir ; je la voyais héritière du nom et de l'opulence d'un prince, et, par les courts ennuis inséparables de son union de quelques étés avec un vieillard, garantie de tous les obstacles que la chicane légale ou des parens envieux pouvaient élever contre ses droits. Sans doute, quant aux années, l'enfant de mon meilleur ami pouvait mieux choisir, mais il n'aurait jamais trouvé dans un autre un dévouement plus tendre.

ANGIOLINA.

Monseigneur, je n'ai vu que le désir de mon père sanctifié par ses derniers mots; je n'ai, pour y satisfaire, consulté que mon cœur; et pour donner ma foi à celui auquel il me confiait, d'ambitieuses espérances ne se mêlèrent jamais à mes songes, et l'heure de notre union serait encore à venir, qu'elle sonnerait encore.

LE DOGE.

Je vous crois; je sais que vous êtes sincère : quant à l'amour, à cet amour romanesque que, dès mon jeune âge, je regardais comme une illusion, que j'avais toujours vue passagère, et souvent malheureuse, il ne m'avait pas abusé autrefois; le pourrait-il donc aujourd'hui? Non : j'espérais de vous un respect sincère et une affectueuse bienveillance, comme le prix de ma sollicitude pour votre bonheur, de mon empressement à satisfaire tous vos honnêtes désirs, de ma sécurité dans vos vertus, de ma vigilance inaperçue, mais continuelle, pour vous soustraire à une foule d'écueils auxquels vous exposait votre jeunesse; ne vous en éloignant pas brusquement, mais vous déterminant à les éviter avant de vous être aperçue que je le désirais pour vous. J'étais fier, non pas de votre beauté, Angiolina, mais de votre conduite. — Je vous accordais une confiance — une tendresse toute patriarchale, non pas un délirant hommage, mais l'amitié la plus douce et la plus pénétrante ; et j'espérais de vous, en retour, tout ce que pouvaient mériter de pareils sentimens.

ANGIOLINA.

Et vous l'avez toujours obtenu, monseigneur.

LE DOGE.

Je le pense ; car en me choisissant, vous connaissiez la différence de nos années, et vous m'avez choisi : je n'avais pas de confiance dans mes qualités personnelles, je n'en aurais pas eu non plus dans les dons les plus séduisans de la nature, si j'eusse encore été dans mon vingt-cinquième printems : mais j'eus foi dans le sang de Lorédan, qui coulait pur dans vos veines ; j'eus foi dans l'ame que le ciel vous donna, dans la candeur que votre père avait su vous inspirer, dans votre piété confiante, dans vos douces vertus ; en un mot, dans votre foi et dans votre honneur eux-mêmes, comme la plus sûre garantie de mon honneur et de ma foi.

ANGIOLINA.

Vous avez bien fait. — Je vous rends grâce d'avoir toujours cru qu'il m'eût été impossible de vous respecter plus que je ne l'ai fait jusqu'à présent.

LE DOGE.

Dans les ames où l'honneur est inné et fortifié par l'exemple, la foi conjugale est défendue par un roc imprenable ; dans celles où il n'est pas né, et qu'assiégent sans cesse les pensées frivoles, dans les cœurs où viennent lutter les vanités mondaines, où fermentent les agitations sensuelles, je le sais, dans des veines ainsi infectées, il y aurait une grande déception à rêver quelques traits de sang pur et chaste. Fût-elle unie à l'être qu'elle désirait le plus au monde, au dieu de la poésie lui-même, tel que nous le révèlent les plus parfaites sculptures ; ou bien à Alcide, revêtu de toute la majestueuse réunion de son enveloppe humaine et céleste, l'ame où ne réside pas la vertu violerait bientôt la foi qu'elle leur aurait promise. La vertu ! c'est la constance qui la prouve seule ; le vice est toujours mobile, la vertu ne change jamais. La femme, une fois coupable, chancellera toujours ; car la nature du vice est de varier, tandis que, semblable à l'astre du jour, la vertu demeure immobile, et verse sur tout ce qui l'entoure des torrens de vie, de lumière et de gloire.

ANGIOLINA.

Mais quand vous savez aussi bien reconnaître la source de la vertu chez les autres, comment pouvez-vous, pardonnez ma franchise, céder vous-même à la plus violente de ces passions ? pourquoi laissez-vous troubler votre grande, ame d'une haine inquiète, pour un être de l'espèce de Steno ?

LE DOGE.

Vous me jugez mal; ce n'est pas Steno qui pouvait ainsi m'émouvoir : s'il en eût été capable, il serait aujourd'hui — mais laissons ce qui est passé.

ANGIOLINA.

Mais alors quelles sont donc les pensées qui vous agitent, même dans ce moment-ci ?

LE DOGE.

C'est la majesté de Venise aujourd'hui violée, et d'un seul coup outragée dans son prince et dans ses lois.

ANGIOLINA.

Hélas ! pourquoi en prenez-vous cette opinion ?

LE DOGE.

J'y ai pensé depuis. — Mais revenons au sujet dont je vous entretenais tout-à-l'heure : tous ces motifs bien pesés, je vous épousai. Le monde rendit justice à mes intentions ; ma conduite et votre vertu irréprochable prouvèrent assez qu'il avait bien jugé de moi : vous aviez toute liberté; — la confiance, les respects sans bornes de mes proches et de moi-même : née d'une famille accoutumée à donner à Venise des princes ; à renverser les rois de leurs trônes par les ravages de l'étranger ; vous paraissiez en tout digne du premier rang que vous occupiez parmi les nobles Vénitiennes.

ANGIOLINA.

Pourquoi revenir sur cela, monseigneur?

LE DOGE.

Il le fallait afin de prouver qu'il suffisait pour vous flétrir de l'haleine empestée d'un misérable : — un lâche, qu'en punition de son indécente effronterie je fis sortir de l'une de nos réunions solennelles, afin de lui apprendre à mieux se conduire dans les appartemens du Doge ; un être de cette espèce, s'il dépose sur les murailles le venin de son cœur ulcéré, verra bientôt le poison qu'il a exhalé s'étendre de lieux en lieux, et l'innocence de l'épouse et l'honneur du mari deviendront victimes d'un quolibet; et l'infâme qui, d'abord insultant à la pudeur virginale de vos suivantes, s'était ensuite vengé du juste châtiment de son effronterie en calomniant l'épouse de son souverain, l'infâme obtiendra son absolution de la connivence de ses pairs!

ANGIOLINA.

Mais on l'a condamné à la réclusion.

LE DOGE.

C'était un acquittement qu'une prison pour un être comme lui ; et ces courts instans d'arrêt, il les passera dans un palais ; mais j'ai fini avec lui, il s'agit maintenant de vous.

ANGIOLINA.

De moi, monseigneur!

LE DOGE.

Oui, Angiolina, ne vous en étonnez pas : j'ai gardé cette source de tourmens jusqu'au moment où j'ai reconnu que ma vie ne pouvait plus être de longue durée ; et j'imagine que vous aurez égard aux injonctions que renferme cet écrit. (Il lui donne un papier.) Ne craignez rien, il n'a rien qui vous puisse affliger : lisez-le plus tard, et dans un moment opportun.

ANGIOLINA.

Pendant ou après votre vie, monseigneur, vous aurez toujours de moi les mêmes respects : mais puissent vos jours être longs encore — et plus heureux que celui-ci ! Cette exaltation s'adoucira, vous reviendrez au calme que vous devriez avoir — et que vous aviez.

LE DOGE.

Je serai ce que je devrais être ou je ne serai rien ; mais jamais — oh ! non, jamais à l'avenir l'heureux calme qui protégeait les cheveux blancs de Faliero ne se répandra sur le petit nombre de jours ou d'heures qui peuvent encore lui rester ! Jamais à l'avenir les souvenirs d'une vie qui ne fut pas perdue pour la gloire ne viendront, semblables aux ombres qui s'abaissent sur une belle journée d'été, adoucir pour moi l'instant d'un repos éternel. Je ne demandais, je n'espérais plus rien, si ce n'est les égards dûs à mes sueurs et au sang que j'ai versé ; aux peines de l'ame qu'il m'a fallu braver pour augmenter la gloire de mon pays. Satisfait de le servir, le servir bien que son chef, je ne voulais que rejoindre mes ancêtres, avec un nom pur et sans tache comme les leurs; et voilà ce qu'on m'a refusé! — Oh! que ne suis-je mort à Zara!

ANGIOLINA.

Vous avez mieux fait. Ce jour-là vous avez sauvé la république; vivez pour la sauver encore. Un jour, un autre jour comme celui-là serait pour eux le plus sanglant reproche et la seule vengeance digne de vous.

LE DOGE.

Vous oubliez qu'une pareille journée ne se représente pas deux fois dans un siècle; ma vie n'est guère moins longue, et la fortune s'est acquittée envers moi en m'accordant une fois l'occasion qu'elle a si rarement offerte dans la suite des tems et dans maintes contrées à ses plus chers favoris. Mais pourquoi parler ainsi? Venise a oublié cette journée. — Pourquoi donc la rappellerais-je? Adieu, chère Angiolina, j'ai besoin d'être seul; il me reste à faire beaucoup — et l'heure se passe.

ANGIOLINA.

Souvenez-vous du moins de ce que vous fûtes.

LE DOGE.

Ce serait en vain, les souvenirs de bonheur cessent de le procurer quand celui de la peine est encore cuisant.

ANGIOLINA.

Au moins, quelles que soient les affaires qui vous pressent, laissez-moi vous conjurer de prendre un instant de repos : voilà plusieurs nuits que votre sommeil est tellement agité que j'aurais cru devoir vous réveiller si je n'eusse espéré que bientôt la nature allait dompter les cruelles pensées qui semblaient vous troubler. Une seule heure de repos vous rendra à vos travaux avec de nouvelles pensées plus vigoureuses et plus fraîches.

LE DOGE.

Je ne le puis, — et je le pourrais que je devrais résister encore ; jamais le besoin de veiller ne fut plus impérieux. Encore quelques jours, oui, quelques jours, quelques nuits d'insomnie et je reposerai bien. — Mais où ? — N'y pensons pas. Adieu, mon Angiolina.

ANGIOLINA.

Un instant encore, — laissez-moi un instant de plus près de vous ; je ne puis me décider à vous quitter ainsi.

LE DOGE.

Approche donc, ma chère enfant : — pardonne ; tu méritais un meilleur sort que le partage du mien, à l'instant où mes yeux plongent dans la sombre vallée qu'enveloppe l'immense manteau de la mort. Quand je ne serai plus — et peut-être sera-ce plus tôt que mes années ne semblent l'annoncer, car il y a dans ces murs, au dehors et partout autour de nous, un mouvement qui doit bientôt peupler les cimetières de cette ville, bien autrement que ne le firent jamais la peste ou la guerre, — quand je ne serai rien, oh! permets-moi d'espérer que ce que je fus sera quelquefois encore un nom sur tes lèvres si pures, une ombre dans ton imagination, celle d'un objet qui ne voudrait pas obtenir des pleurs, mais un souvenir. — Chère enfant! laisse-moi m'éloigner, — le tems presse. (Ils sortent.)

SCÈNE II.

(Un endroit isolé près de l'arsenal.)

ISRAEL BERTUCCIO et PHILIPPE CALENDARO.

CALENDARO.

Quel accueil a-t-on fait, Israël, à votre dernière plainte?

ISRAEL BERTUCCIO.

Un favorable, et pourquoi?

CALENDARO.

Est-il possible! quoi! on le punira?

ISRAEL BERTUCCIO.

Oui.

CALENDARO.

Par quoi? une amende ou la prison?

ISRAEL BERTUCCIO.

Par la mort! —

CALENDARO.

Alors, vous rêvez, ou vous pensez suivre mon conseil, en tirant la vengeance de votre propre main.

ISRAEL BERTUCCIO.

Sans doute! et pour n'assouvir que ma haine, j'oublierai la grande justice que nous méditions de rendre à Venise! et changeant une vie d'espérance contre une vie d'exil, je penserai à n'écraser qu'un scorpion, tandis que mille autres continueront à déchirer mes amis, mes parens, mes compatriotes! Non pas, Calendaro; les gouttes de sang qu'on a fait jaillir de mon visage auront pour expiation tout le leur, — et non-seulement le leur, car nous ne voulons pas seulement venger nos injures privées : de tels soins conviennent aux hommes violens, aux passions égoïstes; mais ils sont indignes d'un tyrannicide.

CALENDARO.

Je n'oserais, je l'avoue, me vanter d'une patience comme la vôtre. Si j'avais été là quand vous fûtes insulté, je l'aurais poignardé, ou je serais mort moi-même en voulant inutilement contenir ma rage.

ISRAEL BERTUCCIO.

Grâce au ciel, vous n'y étiez pas, car vous auriez tout perdu, et telle qu'elle est, notre cause est encore dans une situation prospère.

CALENDARO.

Mais vous avez vu le Doge? que vous a-t-il répondu?

ISRAEL BERTUCCIO.

Qu'il n'y avait pas de punition à espérer contre un homme comme Barbaro.

CALENDARO.

Je vous l'avais bien dit, qu'il était ridicule d'attendre quelque justice de ces gens-là.

ISRAEL BERTUCCIO.

Du moins cette confiance dans leur équité a-t-elle endormi leurs soupçons; si j'avais gardé le silence, il n'est pas un sbire qui n'eût tenu l'œil sur moi, comme méditant une secrète et vigoureuse vengeance.

CALENDARO.

Mais alors que ne vous adressiez-vous au conseil? Le Doge est un automate, à peine s'il peut obtenir justice pour lui-même. Pourquoi vous réclamer de *lui*?

ISRAEL BERTUCCIO.

C'est là ce que vous saurez plus tard.

CALENDARO.

Et pourquoi pas maintenant?

ISRAEL BERTUCCIO.

Patientez jusqu'à minuit. Consultez vos *montres*, et recommandez à vos amis de disposer leurs hommes;— faites que tout soit prêt pour frapper le grand coup, peut-être dans quelques heures; depuis longtems nous attendions le moment favorable; le cadran peut le marquer dans le cercle commencé, peut-être le soleil de demain l'éclairera-t-il : un plus long délai doublerait nos dangers. Voyez donc à ce que tous soient exacts au lieu de nos rendez-vous, tous armés, excepté les gens qui approchent les Seize, et qui resteront parmi les troupes pour attendre le signal.

CALENDARO.

Voilà des paroles qui répandent dans mes veines une nouvelle vie; vos hésitations continuelles m'avaient rendu malade; les jours succédaient aux jours, et ne faisaient qu'ajouter de nouveaux anneaux à nos chaînes. De fraîches offenses infligées à nos frères, à nous-mêmes, redoublent encore à chaque instant l'arrogance et la force de nos tyrans. Laissez-nous courir sur eux, peu m'importent les conséquences qui seront après tout la mort ou la liberté; mais mon cœur saigne d'attendre toujours vainement l'une ou l'autre.

ISRAEL BERTUCCIO.

Calendaro, morts ou vivans, nous serons libres, le tombeau n'a pas de chaînes. Vos *montres* sont-elles en règle? et les seize compagnies sont-elles complétées à soixante?

CALENDARO.

Toutes, à l'exception de deux dans lesquelles manquent vingt-cinq hommes.

ISRAEL BERTUCCIO.

Nous pouvons nous en passer. Quelles sont ces deux compagnies ?

CALENDARO.

Celles de Bertram et du vieux Soranzo ; ils montrent pour notre cause moins d'ardeur que les autres.

ISRAEL BERTUCCIO.

Votre bouillant caractère accuse de froideur tous ceux qui ne partagent point votre impatience ; mais ; croyez-moi, dans les esprits les plus concentrés comme dans les plus emportés, on peut rencontrer un courage également intrépide ; ne redoutez rien d'eux.

CALENDARO.

Je ne crains rien du vieillard, mais il y a dans Bertram une disposition compatissante qui peut devenir fatale à une entreprise comme la nôtre. J'ai vu cet homme insensible à sa propre misère, bien que la plus grande, pleurer sur celle des autres comme un enfant ; et dernièrement encore j'ai remarqué que, dans une querelle, la vue du sang l'avait fait trouver mal ; c'était pourtant celui d'un misérable.

ISRAEL BERTUCCIO.

Les vrais braves ont les yeux et le cœur tendres, ils gémissent souvent de ce que le devoir leur ordonne. Je connais de long-tems Bertram, jamais sur la terre il ne fut d'ame plus loyale.

CALENDARO.

Cela peut être, je crains moins la trahison que la faiblesse ; après tout, comme il n'a ni maîtresses, ni femmes pour profiter de sa mollesse d'esprit, on peut le mettre à l'épreuve. C'est par bonheur un orphelin sans autres amis que nous ; mais une femme, un enfant l'auraient trouvé moins résolu qu'eux-mêmes.

ISRAEL BERTUCCIO.

De pareils liens n'ont plus de force sur les ames appelées à la haute destinée d'extirper de leur patrie le germe de la corruption. Il nous faut oublier tous nos sentimens, à l'exception d'un seul.—Il nous faut déposer toutes les passions qui ne serviraient pas notre grand projet ; il ne faut plus voir qu'une chose, notre patrie, et regarder la mort comme un objet d'envie, si le sacrifice de nos jours est accueilli par le ciel et sanctionne à jamais la liberté de nos concitoyens.

CALENDARO.

Mais si nous échouons ?

ISRAEL BERTUCCIO.

Mourir pour une belle cause, ce n'est pas échouer : le sang des victimes peut arroser l'échafaud ; leurs têtes peuvent se dessécher au soleil ; leurs membres être exposés aux portes des villes, aux créneaux des citadelles, mais leur ame planera toujours au-dessus victorieuse. Que les années se pressent et que d'autres infortunés partagent leur sort, tout cependant contribuera à les grandir dans la pensée et dans les profonds regrets de la postérité, et c'est encore à leurs voix que le monde s'élancera plus tard vers la liberté. Que serions-nous aujourd'hui, si Brutus n'avait pas existé ? Il mourut en voulant affranchir Rome; mais il laissa une leçon qui ne mourra jamais, — un nom devenu un talisman, une ame qui se multipliera à l'infini au travers des siècles, tant que les hommes pervers jouiront du pouvoir, tant que les peuples pencheront vers la servitude. On les surnomma, lui et son digne ami, les derniers des Romains. Reconnaissons-les pour nos dignes pères, et soyons les premiers des nobles Vénitiens.

CALENDARO.

Nos pères n'auront pas échappé au joug d'Attila, en se réfugiant dans ces îles où des palais se sont élevés à leurs voix sur des sables ravis aux inondations de l'Océan, pour reconnaître, à la place du roi des Huns, la tyrannie de mille despotes. Mieux eût valu mille fois fléchir devant lui; mieux eût valu prendre pour souverain un Tartare que ces hommes, mélange odieux de bassesse et d'orgueil! Le premier, du moins, était un homme : il avait pour sceptre son épée. Ces êtres, sans autre force que leurs lâches artifices, commandent à nos glaives, et nous gouvernent d'un mot comme par l'effet d'un charme.

ISRAEL BERTUCCIO.

Il sera bientôt rompu. Vous dites que tout est prêt ; je n'ai pas fait aujourd'hui ma ronde accoutumée, et tu sais bien pourquoi ; mais ta vigilance aura suppléé parfaitement la mienne : grâce à l'ordre que nous a donné le dernier Conseil de redoubler d'efforts pour réparer la flotte, nous avons pu, sans éveiller des soupçons, introduire dans l'arsenal un grand nombre de nos affidés, soit comme autant d'ouvriers nécessaires à l'équipement, soit comme des recrues faites à la hâte pour compléter l'armement projeté. — Tous ont-ils reçu des armes ?

CALENDARO.

Oui ; ceux du moins dont nous étions sûrs ; il en est quelques-uns qu'il serait bon de tenir dans l'ignorance jusqu'au moment de frapper, et d'avoir seulement alors recours à eux ; quand, dans la chaleur et la confusion générales, ils n'auront aucun prétexte de ne pas agir, et suivront aveuglément ceux qui sauront les conduire.

ISRAEL BERTUCCIO.

Fort bien dit ; — et avez-vous remarqué tous ceux de cette espèce ?

CALENDARO.

La plupart du moins : j'ai d'ailleurs averti les autres capitaines d'avoir les mêmes précautions avec ceux de leurs compagnies. Autant que j'ai pu voir, nous sommes assez nombreux pour assurer le succès de l'entreprise, si nous commençons demain ; mais chaque heure de retard nous expose à un millier de périls.

ISRAEL BERTUCCIO.

Il faut que les Seize se réunissent à l'heure habituelle, excepté Soranzo, Nicoletto Blondo, et Marco Giuda, qui feront la garde dans l'arsenal, et prépareront tout en attendant le signal dont nous conviendrons.

CALENDARO.

Nous n'y manquerons pas.

ISRAEL BERTUCCIO.

Les autres se réuniront ici ; j'ai à leur présenter un étranger.

CALENDARO.

Un étranger ? — Est-il dans le secret ?

ISRAEL BERTUCCIO.

Oui.

CALENDARO.

Et vous n'avez pas craint d'exposer la vie de vos amis en vous confiant imprudemment à quelqu'un que vous ne connaissiez pas ?

ISRAEL BERTUCCIO.

Je n'ai risqué d'autre vie que la mienne — quant à cela, vous pouvez en être sûrs. C'est un homme qui peut doubler nos chances de réussite en se joignant à nous, et qui, s'il s'y refuse, n'en est pas moins à notre merci. Il viendra seul avec moi, il ne peut nous échapper, mais il ne voudra pas s'esquiver.

CALENDARO.

Avant de l'avoir vu, je ne veux pas le juger. — Est-il de notre condition ?

ISRAËL BERTUCCIO.

Oui ; du moins par ses sentimens ; bien qu'il soit né de parens nobles ; c'est un homme fait pour relever ou renverser un trône. — Un homme qui a fait de grandes choses, et vu bien des catastrophes ; ennemi des tyrans, bien qu'élevé à l'ombre de la tyrannie ; intrépide à la guerre et sage au conseil ; noble de cœur, bien qu'il le soit de race ; emporté sans être imprudent, et avec tout cela doué d'une ame énergique et passionnée, que l'on a blessée dans ses affections les plus délicates ; et une fois aigri et insulté, il n'est pas de furie dans les fastes de la Grèce semblable à celle qui, de ses mains brûlantes, lui dévore les entrailles, et le rend capable de tout pour obtenir vengeance. Ajoutez qu'il porte un cœur généreux, qu'il voit et comprend l'oppression du peuple, qu'il partage ses souffrances. A tout prendre, en un mot, nous aurons besoin de tels gens, et de tels gens ont besoin de nous.

CALENDARO.

Et quel sera le rôle que vous prétendez lui faire jouer parmi nous ?

ISRAEL BERTUCCIO.

Peüt-être celui de chef.

CALENDARO.

Quoi ! vous déposeriez entre ses mains le commandement !

ISRAEL BERTUCCIO.

Vous l'avez dit. Mon but est de faire triompher notre cause, et non de me pousser au pouvoir. Mon expérience, votre propre choix, quelque habileté peut-être, m'avaient désigné pour occuper le poste de commandant jusqu'à ce qu'il s'en présentât un plus digne : et ce dernier, si je l'ai trouvé comme vous-mêmes vous pourrez le décider, pensez-vous que l'égoïsme puisse me faire hésiter un instant, et qu'ambitieux d'une autorité passagère, je sacrifie à de misérables vues nos graves intérêts, plutôt que de la céder à quelqu'un que des qualités mille fois supérieures appellent à l'honneur de nous conduire ? Non, non, Calendaro, connaissez mieux votre ami, mais tous vous pourrez en juger. — Séparons-nous, et songeons à nous trouver réunis pour l'heure indiquée. De l'activité, et tout ira bien.

CALENDARO.

Généreux Bertuccio, je vous ai toujours connu loyal et intrépide, et toujours vous m'avez vu prompt à exécuter les plans que votre tête et votre cœur avaient combinés. Je ne demande donc pas d'autre chef; quant à ce que décideront les autres, je l'ignore, mais dans tout ce que vous résoudrez je suis à vous comme je l'ai toujours été. Adieu, nous nous reverrons à minuit.

(Ils sortent.)

FIN DU DEUXIÈME ACTE.

ACTE III.

SCÈNE PREMIÈRE.

(Une place entre le canal et l'église de Saint-Jean et Saint-Paul : au-devant une statue équestre. — Dans le canal on aperçoit, à quelque distance, une gondole.)

LE DOGE. Il entre seul et déguisé.

Je vais donc entendre l'heure — l'heure, dont le son, en se prolongeant dans le silence de la nuit, devrait frapper ces palais d'un ébranlement sinistre, et, faisant tout-à-coup tressaillir leurs marbres, arracher ceux qui dorment encore à quelque hideux songe, présage avant-coureur de tout ce qui les menace. Oui, ville orgueilleuse, il faut te délivrer du sang impur, qui fait de ton enceinte le refuge de la tyrannie. C'est à moi que ce devoir est imposé, je ne l'ai pas demandé : je fus même puni de l'insouciance avec laquelle j'ai vu cette contagion patricienne se répandre en tous lieux jusqu'au moment où elle troubla mon sommeil ; moi aussi, je suis infecté, et il faut effacer mes taches pestilentielles dans une onde salutaire. — Voilà le temple colossal où reposent mes pères ! Leurs sombres statues répandent leur ombre sur les dalles qui seules séparent les vivans d'avec les morts ; là, tous les grands cœurs de notre fière maison sont réunis dans une urne, et après avoir animé de nombreux héros, forment aujourd'hui dans des caveaux souterrains une pincée de poussière. — O toi, temple des saints gardiens tutélaires de notre maison ! voûtes où dorment deux Doges mes aïeux, morts, l'un de ses travaux, l'autre sur les champs de bataille; et près d'eux, une longue suite de nobles ancêtres, grands hommes de guerre et d'état, dont j'ai reçu en héritage les grands soucis, les blessures et le haut rang, — entr'ouvre en ce moment leurs tombes, et peuplant tes ailes de leurs ombres illustres, laisse-les sortir de leur retraite pour me contempler. Je les prends tous à témoin des motifs qui m'ont fait accepter une pareille tâche. J'en appelle au sang généreux qui les animait, à la gloire de leur blason, à leur grand nom enfin, déshonoré *en* moi, et non *par* moi, mais par d'ingrats patriciens que nous avons protégés pour les conserver nos égaux et non pour en faire nos maîtres. — J'en appelle à toi surtout, brave Ordélafo, qui mourus en combattant dans les plaines de Zara : réponds, l'hécatombe que ton descendant y dressa avec le sang de tes ennemis et de ceux de Venise, méritait-elle une pareille récompense ? Ames sublimes, abaissez sur moi vos bienveillans regards; ma cause est la vôtre autant que la vie présente peut encore se rattacher à vous. — Votre gloire, votre nom m'a été transmis; tout se rattache au sort futur de notre commune race. Favorisez mes desseins, je rendrai cette cité immortelle et libre, et le renom de notre famille, digne, plus digne aujourd'hui et pour jamais de ce que vous fûtes autrefois.

(Entre Israël Bertuccio.)

ISRAEL BERTUCCIO.

Qui va là?

LE DOGE.

Ami de Venise.

ISRAEL BERTUCCIO.

C'est lui. Salut, monseigneur; vous êtes en avance.

LE DOGE.

Je suis prêt à me rendre à votre réunion.

ISRAEL BERTUCCIO.

Deux mots, auparavant — certes je suis fier et ravi de votre confiant empressement. Ainsi vos doutes sont dissipés depuis notre dernière entrevue?

LE DOGE.

Non pas — mais j'ai mis sur cette chance le peu de vie qui me reste : le dé était déjà jeté quand j'ai pour la première fois prêté l'oreille à vos projets de trahison. — Ne frémissez pas, c'est le mot, et je ne puis façonner ma langue à donner de beaux noms à des actions repoussantes, tout en étant déterminé à les commettre. Dès l'instant où je vous permis de tenter votre souverain sans vous faire aussitôt charger de chaînes, je devins le plus coupable de vos complices: maintenant faites, si cela vous convient, pour moi, ce que j'aurais pu faire pour vous.

ISRAEL BERTUCCIO.

Voilà, monseigneur, des paroles étranges et bien peu méritées; je ne suis pas un espion, et ni vous ni nous ne sommes des traîtres

LE DOGE.

Nous! — nous! — Peu importe, vous avez acquis le droit de me confondre avec vous. — Mais, au point important — si cette tentative réussit, et que Venise, plus heureuse, conduise dans la suite sur nos tombes respectées ses générations affranchies; si ses enfans, de leurs petites mains, viennent jeter des fleurs sur la cendre de ses libérateurs, sans doute alors les effets auront sanctifié notre cause, et nous serons inscrits tels que les deux Brutus dans les annales de l'avenir! Mais s'il en est autrement, si nous échouons, après avoir tramé de secrets complots et recouru au glaive homicide, alors, malgré nos intentions généreuses, nous serons encore des traîtres, honnête Israël — toi, non moins que celui qui était ton souverain il n'y a pas six heures, et qui maintenant partage en frère votre rébellion.

ISRAEL BERTUCCIO.

Je pourrais vous répondre; mais ce n'est pas le moment de nous arrêter à cela. Allons au rendez-vous, on pourrait nous observer si nous nous arrêtions ici.

ACTE TROISIÈME.

LE DOGE.

Nous le *sommes*, et nous l'avons été.

ISRAEL BERTUCCIO.

Observés! et par qui ? — ce fer —

LE DOGE.

Remettez-le; il n'y a pas ici de témoin mortel : regardez là — que voyez-vous ?

ISRAEL BERTUCCIO.

Seulement la statue d'un grand homme d'armes sur un fier coursier, qui se détache dans la faible lumière de la lune.

LE DOGE.

Eh bien ! cet homme d'armes, c'était le père des ancêtres de mon père : cette statue lui fut érigée par Venise, qu'il avait deux fois sauvée. — Pouvez-vous distinguer s'il nous regarde ou non?

ISRAEL BERTUCCIO.

Pure imagination, monseigneur ; les yeux sont refusés au marbre.

LE DOGE.

Mais non pas aux morts. Je te le répète, il y a dans ces objets un esprit qui agit et voit encore; qu'on ne voit pas, mais que l'on sent ; et, s'il existe un charme capable de réveiller les morts, il n'en peut exister de plus forts que les motifs qui nous réunissent. Te semble-t-il que des ames comme celles de ma race puissent reposer, quand moi, leur dernier descendant, je viens comploter sur le seuil de leurs sépulcres avec des plébéiens ?

ISRAEL BERTUCCIO.

Mais vous auriez aussi bien fait de peser tout cela avant de vous engager dans notre grande entreprise. — Vous en repentiriez-vous ?

LE DOGE.

Non — mais je sens l'étendue de ma résolution ; je ne l'oublierai jamais ; je ne puis renoncer tout d'un coup à une vie de gloire, ni me ravaler à ce que nous allons faire ; en un mot, je ne puis commander le massacre sans un instant de pose. Ne craignez rien, cependant; ces réflexions elles-mêmes et le souvenir de ce qui m'a conduit au milieu de vous doit vous servir de garantie. Il n'est pas, dans votre troupe, d'ouvriers aussi impatiens que je le suis, aussi avides d'une justice implacable, et les moyens auxquels ces odieux tyrans m'ont forcé à recourir me les font abhorrer mille fois plus encore, augmentent encore ma soif de vengeance.

ISRAEL BERTUCCIO.

Avançons — écoutez — l'heure sonne.

LE DOGE.

Allons, c'est le signal de notre mort ou de celle de Venise. — Marchons.

ISRAEL BERTUCCIO.

Dites plutôt que c'est le signal triomphant de sa

liberté naissante.—De ce côté.—Nous touchons au lieu de la réunion. (Ils sortent.)

SCÈNE II.

(La maison où se réunissent les conspirateurs.)

DAGOLINO, DORO, BERTRAM, FEDELE TREVISANO, CALENDARO, ANTONIO delle **BENDE**, etc., etc.

CALENDARO, entrant.

Sommes-nous tous réunis?

DAGOLINO.

Tous, puisque vous voilà; il ne manque que les trois qui sont à leur poste, et notre chef Israël qu'on attend d'un instant à l'autre.

CALENDARO.

Et Bertram, où est-il?

BERTRAM.

Ici.

CALENDARO.

Il vous a donc été impossible de mettre au complet votre compagnie?

BERTRAM.

J'ai bien en vue quelques-uns, mais je n'ai pas voulu leur confier notre secret avant d'être assuré qu'ils fussent dignes de le connaître.

CALENDARO.

Nous n'avons pas besoin de nous confier à leur discrétion. *Qui*, d'ailleurs, sauf nous-mêmes et nos plus intimes affidés, connaît bien l'étendue de nos projets? La plupart croient recevoir l'impulsion secrète de la seigneurie [1] afin de punir quelques jeunes nobles des plus dissolus, et dont les excès semblent défier les lois; mais une fois le glaive tiré, et bien enfoncé dans le vil cœur des sénateurs les plus odieux, ils n'hésiteront pas à continuer de frapper sur les autres, encouragés comme ils le seront par l'exemple de leurs chefs; et quant à moi je leur montrerai ce qu'ils ont à faire, de manière à ne leur permettre pour leur salut et pour leur honneur de ne s'arrêter que quand tous auront péri.

BERTRAM.

Comment dites-vous? *tous!*

CALENDARO.

Qui voudrais-tu donc épargner?

BERTRAM.

Épargner! je n'en ai pas le pouvoir; je voulais seulement demander si, parmi cette odieuse réunion d'hommes, vous ne pensiez pas qu'il pût s'en trouver dont l'âge, dont les qualités enfin, pussent appeler notre pitié?

CALENDARO.

Oui, la pitié que mérite et qu'obtient la vipère,

---

[1] Ceci est un fait historique. (*Note de Lord Byron.*)

quand, étant coupée en morceaux, ses tronçons séparés viennent au soleil exhaler leur venin le plus âcre et le plus virulent. J'aimerais tout autant épargner l'une des dents qui se trouvent dans la gueule du redoutable reptile que d'épargner un de nos tyrans : chacun d'eux forme l'anneau d'une longue chaîne.—C'est une seule masse, le même souffle, le même corps ; ils mangent, boivent, vivent et s'allient ensemble ; ils se réjouissent, ils oppriment, ils tuent de concert — il faut qu'ils meurent de concert.

DAGOLINO.

Un seul qu'on laisserait vivre serait aussi redoutable que tous ensemble ; qu'ils soient dix, ou qu'ils soient mille, leur nombre n'est pas ce qui nous effraie, c'est l'esprit de l'aristocratie qu'il s'agit d'anéantir ; et si nous laissions debout une seule racine de ce vieil arbre il couvrirait bientôt le sol, et ranimerait sa verdure malfaisante et ses fruits empoisonnés. Bertram, il nous faut du courage.

CALENDARO.

Songes-y bien, Bertram, j'ai les yeux sur toi.

BERTRAM.

Qui pourrait me soupçonner ?

CALENDARO.

Ce n'est pas moi ; si je le faisais, tu ne serais plus maintenant ici à parler de ta foi, mais nous redoutons ta douceur naturelle et non pas ta perfidie.

BERTRAM.

Vous devriez savoir, vous tous qui m'entendez, qui je suis; un homme soulevé, comme vous-mêmes, pour renverser la tyrannie; un homme, je l'avoue, naturellement bon, comme il l'a prouvé à plusieurs d'entre vous; et quant à sa bravoure vous pouvez en parler, vous, Calendaro, qui l'avez vue mise à l'épreuve; ou si vous en doutiez encore, je pourrais vous apprendre à la connaître.

CALENDARO.

A votre aise ; quand nous aurons mis à fin notre entreprise ; mais en ce moment il ne faut pas qu'une querelle particulière vienne la troubler.

BERTRAM.

Je ne suis pas querelleur ; mais je puis frapper l'ennemi avec autant d'intrépidité qu'aucun de vous ; pourquoi, d'ailleurs, m'avez-vous choisi pour être l'un des chefs de nos camarades ? Toutefois j'avoue ma faiblesse, je n'ai pas encore appris à envisager un massacre général sans quelque sentiment d'effroi; la vue du sang ruisselant, inondant des têtes blanchies par l'âge, ne me présente aucune idée de gloire, et je n'appelle pas un triomphe la mort d'hommes surpris sans défense. Je sais pourtant bien, et trop bien, que nous devons en agir ainsi avec ceux dont la conduite justifie de telles représailles ; mais s'il en était quelques-uns que l'on pût sauver de ce destin déplorable, j'en conviens, pour nous et pour notre honneur, pour nous garantir de cette souillure qui s'attache d'ailleurs à l'idée de massacre, j'en eusse été enchanté, et en cela je ne crois pas offrir le moindre prétexte au dédain ni à la défiance.

DAGOLINO.

Calme-toi, Bertram, et reprends courage, nous ne te soupçonnons pas ; ce n'est pas nous qui exigeons de pareilles actions ; c'est la cause que nous défendons. Nous saurons bien laver toutes nos souillures dans la fontaine de la liberté.

(Entrent Israël Bertuccio et le Doge déguisé.)

DAGOLINO.

Salut, Israël.

CONSPIRATEURS.

Ah ! mille fois salut — brave Bertuccio ! tu es en retard. — Quel est cet étranger ?

CALENDARO.

Il est tems de le nommer. J'ai fait connaître à nos camarades que tu voulais ajouter un frère à notre cause ; ils sont disposés à l'accueillir parmi eux ; et telle est notre confiance en tout ce que tu fais, qu'approuvé par toi, il est aussitôt approuvé de tout le monde. Maintenant, laisse-le se découvrir lui-même.

ISRAEL BERTUCCIO.

Étranger, approchez-vous !   (Le Doge se découvre.)

CONSPIRATEURS.

Aux armes! — Nous sommes trahis! c'est le Doge! Meurent tous les deux! notre traître capitaine et le tyran auquel il nous a vendus!

CALENDARO, tirant son épée.

Arrêtez, arrêtez! Celui qui avance sur eux, d'un pas, est mort. Écoutez du moins Bertuccio. — Comment! vous pâlissez à la vue d'un vieillard qui se trouve au milieu de vous, seul, sans gardes et sans armes? Parle, Israël, que veut dire ce mystère?

ISRAEL BERTUCCIO.

Laisse-les, laisse-les avancer; ingrats suicides, qu'ils frappent leurs propres cœurs; car c'est de nos vies que dépendent la leur, leur fortune et leurs espérances.

LE DOGE.

Frappez! — Si je craignais la mort, et une mort plus terrible que ne pourrait me l'infliger aucun de vos vils poignards, je ne serais pas venu ici. — Oh! le noble mouvement, en effet, qui vous porte à montrer tant de bravoure contre une pauvre tête chenue! Les chefs généreux, qui, voulant réformer leur pays et détruire le sénat, frémissent de rage et de terreur à la vue d'un seul patricien! — Massacrez-moi, vous le pouvez; je ne m'en soucie pas. — Israël, voilà les hommes, les cœurs généreux dont vous me parliez? Regardez-les donc!

CALENDARO.

Vraiment, il nous a fait rougir, et avec raison. Comment, avec votre dévouement dans Bertuccio, votre chef dévoué, avez-vous pu tourner vos épées contre lui et son compagnon? Remettez-les dans le fourreau, et entendez-le.

ISRAEL BERTUCCIO.

Je dédaigne de parler; ils peuvent, ils doivent savoir, qu'une ame comme la mienne est incapable de trahison. Jamais je n'ai abusé du pouvoir qu'ils m'ont donné d'adopter tous les moyens qui pouvaient servir leur cause. Ils peuvent être sûrs que quiconque sera jamais introduit ici par moi, n'aura plus qu'à choisir d'être, ou notre frère, ou notre victime.

LE DOGE.

Et que serai-je, moi? L'accueil que vous me faites me permet de douter de la liberté du choix.

ISRAEL BERTUCCIO.

Monseigneur, si ces furieux avaient levé sur vous leurs armes, ils m'auraient immolé avec vous; mais, voyez, ils rougissent déjà de cet instant de délire: ils courbent devant vous leurs têtes, et croyez-moi, ils sont encore tels que je vous les ai dépeints. — Veuillez leur parler.

CALENDARO.

Oui, parlez, nous sommes tous disposés à vous écouter avec respect.

ISRAEL BERTUCCIO, aux conspirateurs.

Vous n'avez rien à craindre; tout, au contraire, à espérer. — Écoutez donc, et jugez de la vérité de mes paroles.

LE DOGE.

Vous voyez devant vous, comme on vient de le dire, un vieillard sans armes et sans défense ; hier je paraissais à vos yeux revêtu de la dignité de Doge, souverain apparent de nos cent îles, couvert de la pourpre et sanctionnant les édits d'une puissance qui n'est ni la vôtre ni la mienne, mais celle de nos maîtres — les patriciens. Pourquoi étais-je maître du palais ducal? vous le savez, ou du moins je pense que vous le savez; pourquoi suis-je ici en ce lieu? c'est à celui qui a été le plus outragé, à celui d'entre vous qu'on a le plus avili, qu'on a foulé aux pieds au point de lui laisser à douter s'il était quelque chose de plus qu'un ver de terre, c'est à lui à répondre pour moi. Demandez-lui qui l'a conduit parmi vous? Vous connaissez mon dernier affront; tout le monde le connaît, tout le monde l'a vu d'un autre œil que les juges qui en profitèrent pour m'abreuver de nouveaux outrages. Épargnez m'en le récit. — C'est là, c'est au cœur que l'on m'a frappé! — Mais des paroles, déjà peut-être trop inutilement prodiguées, ne feraient que mieux témoigner de ma faiblesse, et je suis venu ici pour fortifier les forts, pour les presser d'agir, et non pour faire parade des armes d'une femme. Mais qu'ai-je besoin de vous presser ? Nos injures personnelles prennent leur source dans les abus d'un ordre de choses — je ne l'appellerai pas république ou royauté, puisqu'il ne comporte ni peuple ni souverain, puisqu'il a tous les vices de l'ancien gouvernement de Sparte, sans en avoir les vertus — la valeur et la tempérance. Les maîtres de Lacédémone étaient de braves soldats ; mais les nôtres sont des Sybarites, et nous des Ilotes ; moi, je suis le plus humble et le plus asservi. Cependant ils m'ont revêtu d'une robe triomphale, mais c'est ainsi qu'autrefois les Grecs enivraient leurs esclaves pour amuser les loisirs de leurs enfans. Eh bien ! ce monstre politique, cette parodie de gouvernement, ce spectre qu'il faut exorciser avec du sang, c'est pour l'anéantir que vous vous êtes réunis. Quand nous y serons parvenus, nous ramènerons les anciens jours de justice et de loyauté, nous constituerons une chose publique, dont une sage liberté deviendra la base : non pas un partage aveugle d'autorité, mais des droits également répartis et proportionnés entre eux comme les colonnes d'un temple, avec le temple lui-même, contribuant séparément à la beauté de l'ensemble; nous lui prêterons et nous en recevrons une force réciproque, au point que nul citoyen ne puisse être sacrifié sans que l'harmonie générale n'en soit troublée. Dans cette généreuse entreprise que vous allez exécuter, je viens réclamer l'honneur de vous seconder — si vous avez en moi quelque confiance : autrement n'hésitez pas à me frapper,—ma vie est à votre disposition, et j'aime mieux mille fois expirer sous les coups d'hommes vraiment libres, que de vivre un jour de plus pour exercer la tyrannie que font peser sur nous d'autres tyrans ; car, pour moi, ô mes compatriotes, je ne le suis, ni ne le fus jamais. — Relisez nos annales : j'ai commandé dans maintes cités, dans maintes contrées étrangères ; qu'elles disent si j'étais un oppresseur, ou bien un citoyen plein de bienveillance et de sollicitude pour mes semblables. Ah ! si j'avais été ce que le sénat voulait que je fusse, un porteur de robe pompeuse et de paroles dictées, un mannequin posé sur un trône pour figurer la puissance souveraine, un fléau du peuple placé dans leurs mains ; un empressé *signeur* de sentences ; l'ame damnée des Quarante et du sénat, toujours prêt à souscrire aux mesures sanctionnées par les Dix, toujours sans avis arrêté sur celles qu'ils n'avaient pas encore ratifiées ; le vil flatteur des patriciens, un chétif instrument, un sot, une marionnette. — Jamais il ne se fût rencontré parmi eux un infâme qui m'insultât comme on vient de le faire. Mes propres affronts sont venus joindre leur voix à celle de la pitié que les malheurs publics m'inspiraient depuis longtems, comme beaucoup le savent, et comme ceux qui l'ignorent pourront bientôt s'en convaincre. Quoi qu'il en soit, et sans calculer les résultats, je dévoue à la patrie les derniers jours de ma vie, ma puissance actuelle telle qu'elle est, celle, non pas d'un Doge, mais d'un homme qui avait quelque grandeur en lui-même avant d'être dégradé par ce titre, celle d'un homme auquel il reste encore une ame forte et quelques talens personnels. Je place sur cette chance et ma gloire (car j'avais acquis quelque gloire) et mon existence (faible don, puisqu'elle est sur le point de s'éteindre), et mon cœur, et mon ame, et toutes mes espérances. Accueillez ou repoussez-moi : je m'offre à vous tel que je suis, prince qui veut être citoyen ou rien au monde, et qui, pour le redevenir, a fait le sacrifice de son trône.

CALENDARO.

Longue vie à Faliero! —Venise enfin sera libre!

CONSPIRATEURS.

Longue vie à Faliero!

ISRAEL BERTUCCIO.

Camarades, dites maintenant : ai-je bien fait ? cet homme-là ne vaut-il pas une armée pour notre cause?

LE DOGE.

Ce n'est pas ici le moment des félicitations ou des transports d'allégresse.—Suis-je admis parmi vous ?

CALENDARO.

Oui, et le premier, parmi nous, comme tu l'étais à Venise. — Sois notre commandant, notre général.

LE DOGE.

Commandant! général! — Je fus général à Zara; commandant à Rhodes et à Cypre; prince à Venise. — Je ne puis rétrograder — c'est-à-dire, je ne suis pas propre à conduire une bande de patriotes; en déposant les dignités dont j'étais revêtu, ce n'a pas été dans le dessein d'en accepter d'autres, mais seulement de redevenir l'égal de mes semblables. — Maintenant, au fait : Israël m'a développé tout votre plan : il est hardi, mais il peut réussir, avec mon aide. Il faut le mettre de suite à exécution.

CALENDARO.

Dès que tu le voudras — n'est-il pas vrai, mes amis? J'ai tout préparé pour un coup soudain : quand donc faudra-t-il le frapper ?

LE DOGE.

Au lever du soleil.

BERTRAM.

Quoi, sitôt!

LE DOGE.

Sitôt ? — dites, si tard. Chaque heure augmente le danger, surtout à compter de l'instant où je suis venu vous rejoindre. Ne connaissez-vous donc pas le Conseil et les Dix? leurs espions, l'œil des patriciens toujours inquiet de la fidélité de leurs esclaves, et surtout maintenant de celle de leur prince? Frappez, je vous le répète, et sans retard, frappez l'hydre au cœur, — ses têtes suivront bientôt sa destinée.

CALENDARO.

J'y consens de l'ame et de l'épée : nos compagnies sont prêtes, soixante hommes dans chacune, et toutes sous les armes, par l'ordre d'Israël. Tous sont à leur poste respectif, tous veillent dans l'attente de quelque mouvement ; c'est à chacun de nous maintenant à nous tenir prêts à agir. Le signal, monseigneur?

LE DOGE.

Quand vous entendrez la grosse cloche de Saint-Marc, que l'ordre du Doge peut seul ébranler (dernier et misérable privilége qu'ils ont laissé à leur prince), vous marcherez sur Saint-Marc.

ISRAEL BERTUCCIO.

Et alors?

LE DOGE.

Vous vous avancerez dans différentes directions ; chaque compagnie prendra une route particulière ; vous ferez tout en marchant retentir les cris : « Aux armes! Voici la flotte des Génois, que le point du jour a fait distinguer devant le port! » Vous entourerez le palais, et dans la cour vous trouverez mon neveu et un nombre considérable de cliens de nos familles, armés et disposés à se joindre à vous ; tandis que la cloche retentira, vous crierez : « Saint-Marc, l'ennemi est sur nos rivages. »

CALENDARO.

Je comprends, maintenant; mais, monseigneur, poursuivez.

LE DOGE.

Tous les sénateurs accourront au conseil (ils n'oseraient tarder au terrible signal qui partira de la tour de leur saint patron). Nous les trouverons alors réunis comme dans les champs la moisson jaunie; et, pour les faire tomber, l'épée sera notre faucille. Que si quelques-uns faisaient remarquer leur absence ou leur lenteur, ils gagneraient à cela d'être saisis dans l'isolement et l'épouvante, puisque déjà tous les autres auraient vécu.

CALENDARO.

Ah! que cette heure n'est-elle venue! nous ne les ferons pas languir; nous les tuerons de suite.

BERTRAM.

Un mot encore, avec votre permission. Je répéterai la question que j'avais déjà faite avant que Bertuccio ne fortifiât notre cause de cet illustre allié qui la rend beaucoup plus sûre : en conséquence, elle semble devoir permettre quelques lueurs de merci pour une partie de nos victimes. — Tous périront-ils dans le massacre?

CALENDARO.

Tous ceux que je rencontrerai, moi et les miens, je te le garantis; ils auront la merci que nous pouvions attendre d'eux.

CONSPIRATEURS.

Tous! oui, tous! Est-ce le moment de parler de pitié ? Quand donc en ont-ils montré ? Quand seulement ont-ils feint d'en éprouver ?

ISRAEL BERTUCCIO.

Bertram, cette fausse compassion est déplacée, elle fait injure à tes camarades et à ta cause elle-même. Ne vois-tu pas que, si nous épargnons un seul noble, il ne vivra que pour venger les victimes ? Comment d'ailleurs distinguer l'innocent des coupables ? Leur conduite est *une*. — C'est l'expression d'un système commun, la source de l'oppression générale. C'est beaucoup que nous permettions de vivre à leurs enfans, et je ne sais même s'il serait prudent de les épargner tous. Le chasseur peut bien réserver un seul petit dans l'antre du tigre, mais qui songerait à sauver le père ou la mère sans s'exposer à périr lui-même sous leurs dents ? Quoi qu'il en soit, je me soumets à l'avis du Doge Faliero ; c'est à lui de prononcer si l'on en peut sauver un seul.

LE DOGE.

Ne m'interrogez pas, — ne me tentez pas par une telle question. — Vous-mêmes décidez.

ISRAEL BERTUCCIO.

Vous êtes le seul qui connaissiez bien leurs vertus privées. Pour nous, nous n'avons connaissance que de leurs vices publics, que de leur infâme tyrannie, qui nous les a fait mortellement haïr. Dites s'il en est un seul parmi eux qui mérite miséricorde ?

LE DOGE.

Le père de Dolfino était mon ami, Lando combattit à mes côtés, Marc Cornaro partageait à Gênes mon titre d'ambassadeur, je sauvai la vie à Veniero, que ne puis-je le faire une seconde fois ! Que ne puis-je les sauver eux et Venise ! Tous ces hommes ou bien leurs pères étaient mes amis, avant de devenir mes sujets ; mais dès ce moment ils m'abandonnèrent comme les feuilles qui cessent de protéger la fleur dès qu'elle vient à se flétrir ; ils m'ont laissé frapper, je ne les empêcherai pas de l'être.

CALENDARO.

Eux et la liberté vénitienne ne peuvent exister ensemble.

LE DOGE.

Oui, mes amis, vous connaissez, vous avez mesuré l'étendue des maux de la république ; mais vous ignorez quel venin fatal le gouvernement qui nous opprime verse sur les sources de la vie, sur les liens sacrés de l'humanité, sur tout ce que nous avons de meilleur et de plus cher. Tous ces nobles étaient mes amis ; je les chérissais, et long-tems ils répondirent à mes sentimens affectueux ; nous avons servi et combattu, nous avons ri et pleuré tous ensemble; nos chagrins, nos plaisirs, tout était commun entre nous ; des alliances resserraient encore chaque jour les nœuds qui nous unissaient ; enfin nous nous voyions chargés des mêmes années et des mêmes honneurs, jusqu'au moment où leurs vœux, plutôt que les miens, m'appelèrent au trône ducal. Adieu, dès-lors, adieu à tous les souvenirs de notre vie ; à cette communauté de pensées, à ces doux épanchemens d'une vieille amitié; alors que les hommes, surchargés d'années et de travaux dont l'histoire s'est désemparée, adoucissent l'amertume des jours qui leur restent en recueillant avidement leurs souvenirs, et croient retrouver sur le front de leurs anciens compagnons le miroir d'un demi-siècle ! Aussi long-tems qu'il reste sur la terre deux de ceux qui jadis y faisaient briller leur bravoure, leur enjouement et leur esprit, nous revoyons en eux plus de cent autres personnages qui n'existent plus ; ils les font renaître pour nous, ou du moins ils nous offrent l'occasion de soupirer sur eux, et de reparler des événemens dont rien n'évoque plus le glorieux souvenir, rien que le marbre !... Mais hélas ! que fais-je ! et où me laissé-je entraîner !

ISRAEL BERTUCCIO.

Monseigneur, vous êtes fort ému : ce n'est pas le moment de s'arrêter sur de pareilles choses.

LE DOGE.

Un moment encore, — je ne m'en défends pas : mais considérez les vices honteux de ce gouvernement. Dès l'instant qu'ils m'eurent fait Doge, adieu tout le passé, adieu tout ce que j'avais été ou plutôt ce qu'ils étaient pour moi : plus d'amis, plus d'affection, plus d'intimité de commerce : ils n'osaient m'approcher, leur visite eût donné de l'ombrage ; ils ne pouvaient m'aimer, la loi le leur interdisait ; ils m'entourèrent de difficultés, c'était la politique de l'état ; ils me manquèrent d'égards, c'était leur droit de sénateur ; ils m'offensèrent, il le fallait pour le bien de la chose publique. Ils ne pouvaient diriger ma conduite, cela eût inspiré des soupçons. Ainsi j'étais l'esclave de mes propres sujets ; ainsi j'étais l'adversaire de mes propres amis ; j'avais au lieu de gardes des espions, au lieu d'autorité une robe de pourpre, au lieu de liberté des protestations pompeuses, au lieu de conseil des geoliers, des inquisiteurs au lieu d'amis, et l'enfer au lieu de la vie ! Une seule source de bonheur me restait, et ils l'ont empoisonnée. Mes chastes dieux domestiques furent brisés sur mon cœur, et sur leurs ruines vint grimacer le rire insultant de la débauche.

ISRAEL BERTUCCIO.

Vous avez été profondément outragé, mais la nuit prochaine saura vous faire noblement justice.

LE DOGE.

J'avais tout supporté, — ils me frappaient, je ne répondais pas ; mais cette dernière goutte a fait déborder la coupe d'amertume ; loin de redresser une insulte aussi grossière, ils l'ont sanctionnée ; alors je sentis se ranimer mes autres sentimens — les sentimens qui m'assiégeaient bien long-tems auparavant, même au milieu de mon apparente tranquillité, même à cette première heure où ils renièrent leur ami pour en faire un souverain comme les enfans prennent des hochets pour les amuser, et bientôt après le mettent en pièces. Dès cette heure je ne vis plus que des sénateurs silencieusement soupçonneux dans leurs rapports avec le Doge, luttant avec lui de terreur et de haine mutuelles, redoutant qu'il n'essayât de secouer leur tyrannie, et lui de son côté ayant en horreur ses tyrans. Ces hommes n'ont donc pas pour moi de vie *privée*, ils ne peuvent réclamer les nœuds qu'ils ont brisés chez les autres, je ne vois en eux que des sénateurs coupables d'actes arbitraires, et comme tels je les juge dignes de mort.

CALENDARO.

Et maintenant, à l'action ! A nos postes, camarades, et puisse cette nuit être la dernière de verbiage : que n'y sommes-nous déjà ! Au point du jour, la grosse cloche de Saint-Marc ne me surprendra pas endormi.

ISRAEL BERTUCCIO.

Dispersez-vous donc à vos différentes stations ; de la vigilance et du courage ! songez aux maux que nous supportions, aux droits que nous voulons reconquérir. Encore une nuit, et nos périls toucheront à leur fin ! Soyez attentifs au signal, et marchez aussitôt que vous l'entendrez. Pour moi, je vais rejoindre ma troupe ; il faut que chacun soit prompt à faire son devoir ; le Doge va retourner au palais, afin de tout préparer pour l'action ! nous nous quittons pour nous retrouver libres, et couverts de gloire !

CALENDARO.

Doge, la première fois que je vous saluerai, l'hommage que je prétends vous faire, sera la tête de Steno sur la pointe de mon épée.

LE DOGE.

Non ; laisse-le à des mains plus obscures, et ne t'arrête pas à une aussi misérable proie, avant que la partie ne soit gagnée : son offense, après tout, ne fut que le simple développement de la corruption générale de notre odieuse aristocratie ; il n'aurait pu, — il n'aurait osé la risquer dans un tems moins dépravé ; j'ai dépouillé toute haine personnelle à son égard ; elle s'est évanouie dans la pensée de nos glorieux projets. Un esclave m'insulte-t-il ? c'est à son orgueilleux maître que j'en demande vengeance ; s'il me la refuse, il prend sur lui la responsabilité de l'affront ; et c'est lui qui doit m'en rendre raison.

CALENDARO.

Pourtant, comme c'est à lui que nous devons immédiatement l'alliance qui assure et sanctifie mieux encore notre entreprise ; je lui dois assez de reconnaissance pour souhaiter de le traiter moi-même suivant ses mérites : ne le puis-je pas ?

LE DOGE.

— Vous ne songez qu'à couper la main, moi je vise à la tête. Vous ne voulez punir que le disciple ; c'est le maître que je prétends frapper : vous avez en vue Steno, et moi le sénat. Je n'interromprai pas, par les souvenirs d'une haine partielle, le cours d'une vengeance terrible, qui doit frapper sans distinction, telle que les éclats du feu céleste, alors qu'ils remplacèrent deux villes corrompues par les stagnantes eaux de la *mer Morte*.

ISRAEL BERTUCCIO.

Partez donc à vos postes ! je demeure un moment pour accompagner le Doge jusqu'à notre dernier lieu d'assurance, pour voir si quelque espion ne s'est pas glissé sur nos traces ; de là, je cours rejoindre ma bande sous les armes.

CALENDARO.

Adieu donc jusqu'à l'aurore.

ISRAEL BERTUCCIO.

Puisse tout vous réussir.

CONSPIRATEURS.

Nous ferons notre devoir. — Sortons ! Monseigneur, adieu !

(Les conspirateurs saluent le Doge et Israël Bertuccio ; ils se retirent, conduits par Philippe Calendaro. Le Doge et Israël Bertuccio demeurent.)

ISRAEL BERTUCCIO.

Ils sont dans nos mains. — Ils ne peuvent nous échapper ! C'est à présent que tu es vraiment un souverain, et que ton immortelle renommée va planer au-dessus des plus hautes. Avant nous, des hommes libres avaient déjà frappé des rois, des Césars étaient tombés victimes, et des mains patriciennes avaient déjà touché des dictateurs, de même que des patriciens avaient senti des poignards populaires ; mais quel prince avait jusqu'à présent conjuré pour la liberté de son peuple ? quel prince, pour affranchir ses sujets, avait risqué le salut de ses jours ? toujours et à jamais ils conspirent contre leurs concitoyens ; et, pour mieux charger leurs mains de chaînes, ils occupent contre les nations voisines leur ardeur belliqueuse, de sorte qu'ils savent légitimer la servitude par d'autres servitudes ; et nouveaux Léviathans insatiables, ils se nourrissent partout de désastres et de morts, sans en être jamais gorgés ! Maintenant, monseigneur, à notre entreprise ; elle est grande, mais plus grande est la récompense. Pourquoi demeurez-vous distrait ? il n'y a qu'un moment vous étiez tout de feu.

LE DOGE.

C'en est donc fait, faut-il bien qu'ils meurent ?

ISRAEL BERTUCCIO.

Qui ?

LE DOGE.

Ceux que le sang, les égards, qu'une foule de circonstances et d'années avaient faits mes amis — les sénateurs !

ISRAEL BERTUCCIO.

Vous avez rendu leur sentence, et, sans doute, elle est juste.

LE DOGE.

Oui, elle le semble, et elle est telle à vos yeux. Vous êtes un patriote, un Gracchus plébéien — l'oracle de la révolte — un tribun du peuple; — je ne vous blâme pas, vous suivez votre mission. Ces nobles vous ont prodigué l'insulte, l'esclavage et le mépris; ils m'ont traité de même. Mais *vous*, jamais vous n'aviez conversé avec eux; jamais vous n'avez rompu leur pain, ni partagé leur sel; jamais vous n'avez porté leur coupe remplie à vos lèvres; vous ne fûtes pas élevé, vous n'avez pas ri ni pleuré avec eux; vous ne leur avez pas donné de fêtes; vous n'avez pas souri de les voir sourire, et vous n'avez pas, en échange du vôtre, réclamé maintes fois leur propre sourire; vous ne les avez jamais porté, comme je l'ai fait, dans votre cœur. Mes cheveux sont blancs, comme le sont les leurs, ceux des plus anciens du sénat; je me rappelle le tems où toutes nos boucles étaient noires comme l'aile des corbeaux; ou nous allions au loin saisir notre proie le long des îles envahies par le Musulman impie. Et maintenant, puis-je voir de sang-froid le poignard se faire jour dans leurs seins? il me semble que chaque coup doit être mon suicide.

ISRAEL BERTUCCIO.

Doge! Doge! cette incertitude est au-dessous d'un

enfant; si vous n'êtes pas une seconde fois devenu tel, rappelez votre énergie vers le but que vous vous êtes tracé, et ne nous obligez pas, vous et moi, à rougir de honte. Par le ciel, j'aimerais mieux tout abandonner maintenant, ou bien échouer dans nos desseins, que de voir l'homme que je respecte, descendre d'aussi hautes pensées à d'aussi vulgaires faiblesses! Vous avez vu du sang dans les batailles; vous avez vu couler, tantôt le vôtre, tantôt celui des autres que vous répandiez; comment donc pouvez-vous tressaillir à l'idée de quelques gouttes tirées des veines de pareils vampires, qui ne font, après tout, que rendre ce qu'ils ont arraché du cœur de plusieurs millions de citoyens.

LE DOGE.

Pardonnez! bientôt je vous suivrai pas à pas, et mes coups se régleront sur les vôtres; ne croyez pas que je sois irrésolu; non, c'est même la *certitude* de tout ce qu'il me faut faire, qui me fait, en ce moment, frémir. Mais oublions enfin, pour toujours, ces soucieuses pensées, dont vous seul et la nuit avez reçu la confidence également peu dangereuse pour les deux. Quand l'heure arrivera, c'est moi qui sonnerai le tocsin, et frapperai le coup qui doit dépeupler tant de palais, précipiter à terre les plus hauts arbres généalogiques, écraser leurs fruits parfumés, et flétrir, pour jamais, leurs fleurs radieuses. C'est là *ce que je veux* — ce que je dois — ce que j'ai juré de faire; rien ne peut m'empêcher de suivre mes destinées; mais encore, m'est-il permis de tressaillir à l'idée de ce que j'étais et de ce que je vais être. Pardonnez-moi.

ISRAEL BERTUCCIO.

Redevenez homme ; je n'éprouve pas de semblables remords, je ne les comprends même pas : pourquoi songeriez-vous à changer ? vous vous êtes déterminé, et vous agissez encore en toute liberté.

LE DOGE.

Oui, il est bien vrai, vous n'éprouvez pas de remords, je n'en sens pas non plus; s'il en était autrement, je te poignarderais ici pour sauver un millier de vies, et par ta mort empêcher le meurtre. Vous n'en éprouvez pas — vous courez à cette boucherie comme si ces hommes de hautes classes étaient des bœufs réunis dans un abattoir ! Et quand tout sera fait, vous serez libres et enjoués, vous laverez tranquillement le sang qui vous couvrira les mains. Pour moi qui aurai devancé tes compagnons et toi-même dans ce massacre inouï, que serai-je ? que verrai-je ? qu'éprouverai-je ? oh ciel ! Oui, tu as bien fait de rappeler que ma résolution, ma conduite étaient libres, — mais vous avez eu tort de croire que je voulusse de moi-même agir ainsi. — Ne soupçonnez — ne craignez rien ; je serai votre plus impitoyable complice, et pourtant, je ne suis plus ma volonté libre, ni mes sentimens réels. — Tous deux me retiennent en arrière, mais l'enfer est en moi, autour de moi, et semblable au démon qui croit et redoute, il faut que j'agisse et que j'abhorre. Séparons-nous, va réjoindre tes amis ; de mon côté je vais presser la réunion des cliens de ma famille. Sois sûr que la grosse cloche de Saint-Marc va réveiller tout Venise, à l'exception de ses sénateurs massacrés. Avant que le soleil ne se lève sur l'Adriatique, une voix lamentable, le cri du sang couvrira le mugissement des ondes. Ma résolution est prise, éloignons-nous.

ISRAEL BERTUCCIO.

De toute mon ame! sachez dompter ces emportemens de passion ; rappelez-vous ce que ces hommes vous ont fait : le sacrifice que nous allons consommer sera, n'en doutez pas, suivi par des siècles de bonheur et de liberté pour cette ville, délivrée de ses chaînes. Un véritable tyran aurait ravagé les empires, qu'il n'aurait pas senti l'étrange componction dont vous sembliez oppressé à l'idée seule de punir une poignée de traîtres ! Croyez-moi, votre pitié était plus déplacée que le dernier pardon obtenu par Steno.

LE DOGE.

Homme, tu as touché la corde qui étouffe dans mon cœur la voix de la nature. A l'œuvre !   (Ils sortent.)

FIN DU TROISIÈME ACTE.

ACTE IV.

SCÈNE PREMIÈRE.

(Le palais du sénateur Lioni.)

LIONI dépose le masque et le manteau que les nobles Vénitiens portaient en public; un domestique attend ses ordres.

LIONI.

Je vais essayer de reposer ; je suis fatigué de cette fête la plus gaie que nous ayons donnée de plusieurs mois, et cependant je ne sais pourquoi elle n'a pas eu pour moi de charme ; je sentais sur mon cœur un poids qui l'oppressait au milieu des plus légers mouvemens de la danse ; mes yeux étaient arrêtés sur les yeux de la dame de mes pensées : ses mains étaient serrées dans les miennes, et pourtant mon sang était glacé, et une sueur froide comme la mort couvrait mon front ; vainement je luttais contre le torrent de mes soucieuses pensées, au travers des accens d'une musique joyeuse, un tintement triste, clair et lointain frappait distinctement mon oreille, comme le bruit de la vague adriatique couvre pendant la nuit le murmure de la cité, en frappant contre le rivage du Lido. Aussi j'ai quitté la fête avant qu'elle ne touchât à sa fin, et j'espère trouver sur mon oreiller des pensées plus tranquilles et moins fatigantes. Antonio, prenez ce masque et ce manteau, et remplissez la lampe de ma chambre.

ANTONIO.

Oui, monseigneur; commandez-vous quelque rafraîchissement?

LIONI.

Aucun autre que le sommeil, qui ne veut pas être commandé. Laisse-moi l'espérer, quoique ma tête ne soit pas encore trop reposée. (Antonio sort.) Voyons si l'air calmerait mes sens. Voilà une belle nuit! le vent d'orage, qui soufflait du levant, est rentré dans ses abîmes, le globe de la lune a repris tout son éclat; quel silence! (Il s'avance vers un balcon entr'ouvert.) Et quel contraste avec la scène que je quitte, où brillaient les larges flambeaux, où les lampes d'argent jetaient les plus douces lueurs sur les tapisseries des murailles, et répandaient sur les ténèbres, ordinaires habitans de ces vastes galeries, une masse éblouissante de lumière qui, en éclairant tous les objets, n'en présentait aucun tel qu'il est. Ici la vieillesse, essayant de vaincre le passé, après avoir long-tems redemandé aux prestiges de la toilette les couleurs du jeune âge, après mille regards dans un trop fidèle miroir, s'avance dans tout l'orgueil de la parure, s'oublie elle-même, et se confie dans l'imposture de ces lumières plus indulgentes, qui la font paraître et la dissimulent toujours fort à propos : elle se croit changée, elle n'est devenue que plus folle. Là, la jeunesse, qui n'a pas besoin et ne songe guère à de pareils artifices, vient risquer sa fraîcheur naturelle, sa santé, sa beauté virginale dans la presse contagieuse de convives échauffés ; elle perd ses heures de repos en rêvant qu'elle éprouve quelque plaisir, et elle ne songera pas à s'éloigner avant que l'aurore ne soit venue éclairer ses joues fatiguées, ses yeux flétris que les années devraient seules pouvoir fatiguer et flétrir. Tout a disparu, la musique, le banquet et les coupes remplies, les guirlandes, les parfums et les roses — les yeux étincelans et les éblouissantes parures — les bras blancs et les noires chevelures — les nœuds de rubans et les bracelets ; les seins sans taches, comme celui des cygnes, les colliers réunissant toutes les richesses de l'Inde, et cependant moins ravissans que la peau qu'ils entourent ; les robes légères flottant comme autant de transparens nuages entre les cieux et notre atmosphère ; les pieds si élégans et si petits, indiquant ce que peuvent être les formes secrètes qu'ils terminent avec tant de grâce ; — toutes les illusions de cette scène magique, tous ces enchantemens trompeurs ou réels, tout ce que l'art et la nature réunissaient devant mes yeux éblouis, toutes ces mille beautés qui semblaient vouloir m'enivrer, semblables à ces rivières illusoires qui parfois, dans les sables de l'Arabie, viennent irriter la soif du pélerin épuisé, sans jamais la satisfaire; tout cela n'est plus qu'un songe. — Autour de moi, je ne vois plus que les flots et les astres, mondes reflétés dans l'Océan, et plus délicieux à contempler que les flambeaux répétés par les riches glaces. Le dais céleste, qui est dans l'espace ce que l'Océan est à la terre, jette dans l'étendue son manteau bleuâtre, caressé par les premières émanations du printems. La lune poursuit sa course radieuse, en versant sa douce clarté sur les murs soucieux de ces vastes édifices et sur ces palais maritimes, dont les colonnes de porphyre et dont les fronts superbes présentent la dépouille d'une foule de marbres orientaux : semblables à des autels érigés le long du large réservoir, on les prendrait pour autant de trophées arrachés à l'avidité des ondes, et non moins étonnans que ces mystérieux et massifs géans de l'architecture, qui sont, dans les plaines de l'Égypte, le témoignage de tems qui n'ont pas laissé d'autres traces. Tout est calme; rien ne trouble l'harmonie de l'ensemble, et tout ce qui fait un mouvement semble, par respect pour le règne des nuits, glisser comme un esprit dans l'espace. C'est le pétillement de la guitare de quelque amant aux portes de sa maîtresse impatiente; c'est l'ouverture discrète de la fenêtre, preuve qu'il a été entendu; cependant la main de la jeune fille, belle comme le rayon avec lequel elle se confond, tremble en essayant d'ouvrir le balcon qui lui permet de s'enivrer de musique et d'amour; son cœur bat à la vue de celui qu'elle attend, comme les cordes pressées de la lyre. — De cet autre côté, c'est le mouvement phosphorique de la rame, ou le rapide éclat des lumières lointaines de quelques gondoles; c'est la voix alternative des mariniers faisant retentir les poétiques octaves; quelque ombre croisant de tems en tems le Rialto, quelque faîte de palais orgueilleux, quelque obélisque qui se perd dans les cieux, voilà tout ce que l'on voit, tout ce que l'on entend dans la fille de l'Océan, dans la reine des cités. Que l'heure du calme est douce et suave! O nuit! je te rends grâce, tu as dissipé les horribles mouvemens que la foule ravie n'avait pu vaincre; je vais gagner ma couche sous ton influence bienfaisante, quoique ce soit presque un crime de reposer quand la nuit est si belle. (On entend frapper au dehors.) Holà! qu'est-ce? et qui peut venir à pareille heure?

(Entre Antonio.)

ANTONIO.

Monseigneur, un homme demande à vous parler pour une affaire pressante.

LIONI.

Est-ce un étranger?

ANTONIO.

Son visage est caché dans son manteau, mais sa démarche et sa voix semblent m'être familières; je lui ai demandé son nom; mais il a paru désirer ne le dire qu'à vous-même, et il semble fort impatient de vous être présenté.

LIONI.

Voilà une heure singulière, et matière à de grands soupçons ! Après tout, le péril est léger, et ce n'est pas dans leurs maisons que l'on frappe ordinairement les nobles. Mais, bien que je ne me connaisse pas d'ennemis dans Venise, il est bon d'user de quelques précautions. Fais-le entrer, et retire-toi. Tu appelleras aussitôt quelques-uns de mes gens qui feront la garde dehors. — Quel peut être cet homme ?

(Antonio sort, et revient précédant un homme caché dans son manteau.)

BERTRAM.

Mon bon seigneur Lioni, je n'ai pas de tems à perdre, ni toi. — Éloignez cet homme; je voudrais être seul avec vous.

LIONI.

C'est, je crois, la voix de Bertram.—Sors, Antonio. (Antonio sort.) Maintenant, étranger, que me voulez-vous à une pareille heure ?

BERTRAM, se découvrant.

Un don, mon noble protecteur ; vous en avez déjà accordé plusieurs à votre pauvre protégé, Bertram : ajoutez-en un dernier, et rendez-le par ce moyen heureux.

LIONI.

Tu m'as vu, dès l'enfance, toujours prêt à t'assister dans toutes les circonstances où je pouvais te servir, et toutes les fois que tu voulais atteindre un but convenable à ta situation ; je te promettrai donc volontiers avant d'entendre ce que tu demandes : mais cette heure, ta démarche, ta figure étrange et décomposée, tout me fait soupçonner dans ta visite quelque important mystère. Parle cependant ; t'est-il advenu quelque méchante querelle ? Est-ce la suite d'une débauche, d'une lutte ou d'un coup de poignard ? — Cela se voit tous les jours, et, pourvu que tu n'aies pas versé de sang noble, je garantis ton pardon ; mais cependant il faudra t'éloigner, car, dans le premier feu de la vengeance, les amis et les parens outragés sont, à Venise, plus à redouter que le glaive des lois.

BERTRAM.

Je vous remercie, monseigneur ; mais —.

LIONI.

Mais, quoi ! vous n'avez pas sans doute levé une main insolente sur quelqu'un de notre classe ? S'il en est ainsi, sortez, fuyez, et gardez-vous de l'avouer ; je ne veux pas vous perdre, — mais il m'est impossible de vous sauver. Verser le sang d'un noble ! —

BERTRAM.

Je viens sauver le sang d'un noble, et non pas le répandre ! Et surtout je dois me hâter, car la perte d'une minute peut entraîner celle d'une vie. Le Tems a troqué sa lente faux pour un glaive à deux tranchans, et pour remplir son cylindre, il va prendre, au lieu de sable, la poussière des tombeaux. — Garde-toi de sortir demain.

LIONI.

Et pourquoi? — Que signifie cette menace?

BERTRAM.

N'en cherche pas le sens; mais fais ce que j'implore de toi. — Ne t'avance pas hors de ton palais, quelque appel qu'on te fasse; quand même tu entendrais le murmure de la foule — la voix des femmes, les cris perçans d'enfans — les éclats de voix d'hommes — le froissement des armes, le roulement du tambour, l'éclat des trompettes, le mugissement des cloches, le tocsin et le signal d'alarme! — N'avance pas jusqu'à ce que tout soit redevenu immobile, et même jusqu'à ce que tu m'aies revu!

LIONI.

Mais encore, que signifie tout cela?

BERTRAM.

Mais encore, te dis-je, ne le demande pas; par tout ce que tu chéris le plus sur la terre et dans le ciel — par toutes les ames de tes ancêtres et par les efforts que tu as faits pour les imiter et laisser après toi des enfans dignes de vous — par toutes tes espérances ou tes souvenirs de bonheur — par toutes les craintes qui peuvent t'agiter sur la terre et au delà — au nom de tous les bienfaits que tu m'as prodigués, bienfaits que je veux maintenant reconnaître par un plus grand encore, ne sors pas : confie à tes dieux domestiques le soin de ton salut ; en un mot, suis le conseil que je t'ai donné — autrement tu es perdu.

LIONI.

En verité, je le suis déjà de surprise. Certainement tu es dans le délire ! Qu'ai-je donc à craindre ? Quels sont mes ennemis ? Ou, s'il en existe, comment te trouves-tu ligué avec eux ? — Et si tu es vraiment de leur complot, pourquoi viens-tu me prévenir à cette heure, et non pas avant ?

BERTRAM.

Je ne puis te répondre. Ne veux-tu pas faire cas de l'avis que je te donne ?

LIONI.

Je ne suis pas fait pour frémir de vaines menaces dont je ne puis deviner la cause. Quand l'heure du conseil sonnera, tôt ou tard, je ne manquerai pas à l'appel.

BERTRAM.

Ne dis pas cela ! Encore une fois, es-tu décidé à sortir ?

LIONI.

Oui ; rien ne pourrait m'en détourner !

BERTRAM.

Le ciel ait donc pitié de toi ! — Adieu. (Il sort.)

LIONI.

Arrête. — Ta présence en ce lieu importe à des intérêts plus précieux que le mien ; nous ne pouvons prendre ainsi congé l'un de l'autre, Bertram, depuis long-tems nous nous connaissons.

BERTRAM.

Monseigneur, vous avez été mon protecteur depuis mon enfance. Nous jouions ensemble dans ces tems d'insouciante jeunesse où les rangs sont confondus, où l'on ne songe pas encore à se prévaloir de vaines prérogatives. Plaisirs et peines, larmes et ris, tout était commun entre nous. Votre père était le patron de mon père, et moi-même je n'étais guère moins que le frère de lait de son fils ; nous comptons les mêmes années. — Heures passées, heures délicieuses ! Quelle différence, grand Dieu ! avec celles qui s'écoulent aujourd'hui.

LIONI.

C'est toi, Bertram, qui les as oubliées.

BERTRAM.

Ni maintenant, ni jamais ; quoi qu'il puisse arriver, j'aurai voulu vous sauver. Quand disparut notre adolescence nous nous séparâmes, vous pour remplir les magistratures de l'état, auxquelles vous appelait votre rang ; moi, l'humble Bertram, pour me livrer aux travaux les plus humbles ; vous ne l'avez pas oublié : et si mon sort fut loin d'être toujours fortuné, ce ne fut pas la faute de celui qui tant de fois vint à mon aide, et allégea le poids de mes malheurs. Jamais noble sang ne fit palpiter un plus noble cœur que le tien, et le pauvre plébéien Bertram l'a vingt fois éprouvé. Hélas! pourquoi les autres sénateurs ne te ressemblent-ils pas!

LIONI.

Comment, et qu'as-tu à dire contre le sénat?

BERTRAM.

Rien.

LIONI.

Je sais qu'il existe des esprits indomptables, de turbulens moteurs de sourdes trahisons, qui se réunissent dans des lieux secrets, qui marchent enveloppés pour faire à leur aise retentir la nuit de leurs malédictions; soldats sans aveux, vils scélérats, mécontens de la patrie, libertins perdus qui se consolent en hurlant à la taverne. Mais tu n'as pu te réunir à de pareils êtres. Depuis quelque tems, il est vrai, je t'ai perdu de vue; mais tu avais l'habitude d'une vie régulière, tu partageais la nourriture avec d'honorables compagnons, ton aspect n'avait pas cessé d'être serein et paisible : que t'est-il arrivé? Dans tes yeux hagards, sur tes joues décolorées et dans tes mouvemens inquiets, je crois voir lutter avec violence le chagrin, la honte et le remords.

BERTRAM.

La honte et le chagrin? C'est aux tyrans de Venise à les connaître, eux qui souillent l'air pur de ma patrie, eux qui torturent les hommes comme le délire les pestiférés à l'instant où ils rendent le dernier soupir.

LIONI.

Bertram, tu as reçu les conseils de quelques traîtres; je ne reconnais plus ni ton ancien langage, ni tes propres pensées; des misérables t'ont fait partager leur haine aveugle; mais il ne faut pas que tu te perdes avec eux; tu es né bon citoyen et honnête homme, tu n'es pas fait pour les trames odieuses que le vice et la scélératesse attendent de toi : avoue — confesse-moi tout — tu me connais — que pourriez-vous méditer, toi et les tiens, qui vous obligeât de prévenir un ami, le tien, le fils unique de celui que ton père regardait comme son ami, celui dont l'affection était un héritage que vous deviez transmettre à votre postérité intact ou fortifié; je le répète, que pouviez-vous méditer qui vous forçât à me prévenir de garder la chambre comme un malade?

BERTRAM.

Ne m'interrogez pas davantage : il faut que je sorte. —

LIONI.

Et moi, que je sois massacré! — Dites, honnête Bertram, ne l'entendez-vous pas ainsi?

BERTRAM.

Et qui vous parle de meurtre ou de massacre? — c'est une imposture, je n'en ai pas dit un mot.

LIONI.

Tu ne l'as pas dit ; mais dans tes yeux sombres et ensanglantés, si différens de ce que je les voyais auparavant, j'ai vu briller le regard du gladiateur. Si ma vie t'offusque, prends-la—je suis désarmé—puis éloigne-toi à la hâte, je ne veux pas tenir l'existence de la pitié capricieuse des misérables que tu sers, ou de toi-même.

BERTRAM.

Moi verser ton sang ! plutôt mille fois exposer le mien, et avant de toucher un seul de tes cheveux, je mettrais en danger mille têtes, et mille têtes aussi nobles, que dis-je, plus nobles que la tienne!

LIONI.

Oui, il en est ainsi ! Excuse-moi, Bertram, mais je ne mérite pas des hécatombes aussi illustres.—Et quelles sont donc ces têtes exposées ; d'où part donc le danger ?

BERTRAM.

Venise et tout ce qu'elle renferme sont comme une maison divisée contre elle-même ; elle sera détruite avant les premiers rayons du jour.

LIONI.

Le mystère devient encore pour moi plus impénétrable et plus effrayant ; mais, à ce compte, toi ou moi, tous deux peut-être, nous sommes sur le bord de l'abîme ; explique-toi donc, tu assureras ton salut et ton honneur ; car il est certes plus glorieux de sauver que de massacrer, et de massacrer dans la nuit encore. — Fi! Bertram, ce métier ne te convenait pas. As-tu pu te faire à la vue de la tête de ton ami portée sur une lance, de celui dont le cœur te fut toujours dévoué? As-tu pu songer sans frémir à la montrer de tes propres mains au peuple épouvanté? Et tel est donc mon destin, car, je le jure ici, quel que soit le danger que tu parais m'annoncer, je sortirai, à moins que tu ne m'en confies la cause, et que tu ne m'expliques le motif de ta présence à cette heure ici.

BERTRAM.

Il est donc impossible de te sauver, les minutes s'écoulent, et tu es perdu! — *Toi* mon unique bienfaiteur, le seul être qui ne m'ait pas abandonné dans mes diverses fortunes! et cependant, ne fais pas de moi un traître! laisse-moi te sauver — mais, de grâce, épargne mon honneur.

LIONI.

Ton honneur! en peut-il être dans une trame de meurtre? et qui peut-on appeler traîtres, sinon ceux qui conspirent contre leur pays?

BERTRAM.

Une trame est un compromis d'autant plus sacré pour les âmes généreuses que les lois la punissent avec plus de rigueur ; et pour moi, il n'est pas de traître comme celui dont la perfidie enfonce le poignard dans les cœurs qui se confièrent à sa loyauté.

LIONI.

Et quel est celui qui doit enfoncer le poignard dans le mien ?

BERTRAM.

Ce n'est pas moi; je ferai tout au monde, plutôt que cela; non, tu ne mourras pas, et juge combien ta vie m'est chère puisque j'en risque tant d'autres, que dis-je? bien plus, la vie des vies, la liberté des générations futures, pour ne pas être ton assassin ;— encore une fois, je t'en adjure, ne passe pas demain le seuil de ton palais.

LIONI.

Tes instances sont vaines,—je sors, et à l'instant même.

BERTRAM.

Alors périsse donc Venise plutôt que mon ami! je vais découvrir — révéler — trahir — tout perdre : vois à quelle lâcheté tu me réduis !

LIONI.

Dis plutôt que tu vas devenir le sauveur de la patrie et de ton ami ! — Parle! toutes les récompenses, toutes les garanties te sont données, toutes les richesses que l'état reconnaissant accorde à ses plus dignes citoyens; je te promets la noblesse elle-même, en échange de tes remords et de ta sincérité.

BERTRAM.

J'ai réfléchi, il n'en sera rien. — Je vous aime, Lioni, vous le savez, et ma présence ici en est la meilleure, hélas! et la dernière preuve; mais après avoir rempli mon devoir auprès de toi, je dois le remplir à l'égard de mon pays! Adieu — nous ne nous verrons plus en ce monde — adieu.

LIONI.

Holà! Antonio — Pedro — courez aux portes, ne laissez passer personne — arrêtez cet homme — (Entrent Antonio et d'autres domestiques armés qui saisissent Bertram. — Lioni continuant). Prenez garde de lui faire le moindre mal. — Donnez-moi mon épée et mon manteau; un homme dans la gondole avec quatre rames, — hâtez-vous. — (Antonio sort). Nous irons chez Giovani Gradenigo et nous ferons avertir Marc Cornaro. — Ne crains rien, Bertram; cette violence nécessaire importe à ton salut, non moins qu'à l'intérêt général.

BERTRAM.

A qui veux-tu me livrer prisonnier?

LIONI.

D'abord aux *Dix*, ensuite au Doge.

BERTRAM.

Au Doge?

LIONI.

Sans doute, n'est-il pas le chef de l'état?

BERTRAM.

Au lever du soleil, peut-être?

LIONI.

Que prétendez-vous? — mais nous verrons bien.

BERTRAM.

En êtes-vous sûr ?

LIONI.

Sûr autant que peuvent nous le garantir les prières que nous vous adresserons ; et si votre obstination les rendait vaines, vous connaissez les *Dix* et leur tribunal, et les cachots de Saint-Marc et la torture des cachots..

BERTRAM.

Ayez soin de les disposer avant l'aurore qui va s'élancer dans le ciel. — Encore quelques mots, et vous périrez tous de la mort que vous voulez m'infliger.

(Antonio rentre.)

ANTONIO.

La barque est prête, monseigneur, tout est disposé.

LIONI.

Ayez les yeux sur le prisonnier. Bertram, nous causerons ensemble en nous rendant chez le *Magnifico*, le sage Gradenigo. (Ils sortent.)

SCÈNE II.

(Le palais ducal. — Appartement du Doge.)

LE DOGE et son neveu BERTUCCIO FALIERO.

LE DOGE.

Tous ceux de notre maison sont-ils sous les armes ?

BERTUCCIO FALIERO.

Ils n'attendent plus que le signal, et sont réunis à l'entour de notre palais de Sant-Paul[1] : je viens prendre vos derniers ordres.

LE DOGE.

Il eût été aussi bien, si le tems nous l'avait permis, de rassembler la plupart de mes propres vassaux du fief de Val di Marino, — mais il est trop tard.

BERTUCCIO FALIERO.

Il me semble, monseigneur, qu'il vaut mieux ne pas les avoir prévenus ; le rassemblement subit de tous les gens dont nous pouvons disposer eût éveillé les soupçons, et puis malgré leur dévouement et leur courage, les vassaux de cette terre ont trop de rudesse et d'impétuosité pour avoir pu se soumettre long-tems aux règles secrètes de la discipline qu'exigeait une pareille entreprise, jusqu'au moment de l'exécution.

LE DOGE.

Sans doute; mais une fois le signal donné, voilà les hommes qu'il nous faudrait : ces esclaves citadins ont tous des motifs d'hésitation, tous ont des préjugés contre ou pour tel et tel noble, qui peut les déterminer à des excès inopportuns ou bien à une pitié qui serait alors de la folie. Mais les indomptables paysans, les serfs de ma comté de Val di Marino sui-

---

[1] C'était le palais de la famille du Doge.

vraient les ordres de leur seigneur sans distinction d'amour ou de haine pour ses ennemis ; ils confondraient les Marcello et les Cornaro, les Foscari et les Gradenigo ; ils n'ont pas l'habitude de s'incliner devant ces vains noms, ou de trembler devant un sénat civique ; ils reconnaissent pour leur suzerain un commandant armé et non des robes magistrales.

BERTUCCIO FALIERO.

Nous sommes en assez grand nombre ; et quant aux dispositions de nos amis contre le sénat, je crois pouvoir en répondre.

LE DOGE.

Bien : le sort en est jeté, mais toutes les fois qu'il s'agira d'une bataille en rase campagne fiez-vous à mes paysans ; je les vis autrefois pénétrer dans la tente des Huns tandis que vos bourgeois tremblans rebroussaient chemin et frémissaient au seul bruit de leurs trompettes victorieuses. Si la résistance n'est pas sérieuse, vous trouverez les citadins semblables au lion qui leur sert d'étendard ; mais s'il faut combattre long-tems, vous regretterez alors avec moi une bande de nos rustiques vassaux.

BERTUCCIO FALIERO.

Mais si telle est votre conviction, pourquoi vous êtes-vous décidé à frapper le coup si promptement?

LE DOGE.

C'est que de tels coups doivent être frappés sur-le-champ ou jamais. Quand une fois j'eus étouffé le faible et vain remords qui s'était emparé de mon cœur, alors trop dominé par les souvenirs des anciens jours, je ne songeais plus qu'à l'exécution ; d'abord parce que je pouvais bien alors me laisser entraîner à de telles émotions ; ensuite parce que, de tous ces hommes, je ne comptais entièrement que sur le courage et la fidélité d'Israël et de Philippe Calendaro. Ce jour-ci peut faire sortir de nos rangs un traître : hier tous ne demandaient qu'à frapper le sénat, mais une fois qu'ils auront saisi la poignée de leurs épées, ils avanceront même par prudence ; dès que le premier coup sera frappé, les autres prendront des cœurs de tigre et sentiront se réveiller en eux l'instinct du premier né d'Adam qui, souvent assoupi dans l'homme, n'attend jamais pour se montrer que la plus légère circonstance. La vue du sang ne fait qu'accroître parmi les hommes rassemblés la soif de le répandre, de même que la première coupe vidée est ordinairement le signal d'une longue débauche. Croyez-moi, quand le carnage aura commencé, vous trouverez bien autrement facile de les exciter que de les retenir; mais jusqu'alors une seule voix, le plus léger bruit, une ombre enfin, sont capables de leur ôter toute espèce de résolution. — Où en est la nuit ?

BERTUCCIO FALIERO.

L'aube est sur le point de paraître.

LE DOGE.

Il est donc tems d'ébranler la cloche. Tous les hommes sont à leur poste ?

BERTUCCIO FALIERO.

Oui, dans ce moment; mais ils ont l'ordre de ne pas frapper avant que je ne le leur aie commandé de votre part.

LE DOGE.

C'est bien. — Le matin ne viendra-t-il jamais obliger ces étoiles à quitter le ciel ! Je suis calme et froid : l'effort même qu'il m'a fallu faire pour me décider à porter le feu de la révolte dans ma patrie me laisse en ce moment plus impassible. J'ai pleuré, j'ai frémi à l'idée d'un aussi terrible devoir; mais enfin j'ai déposé toute hésitation, je puis contempler en face la tempête menaçante, semblable au pilote d'un vaisseau-amiral. Cependant, le croirais-tu, mon neveu ? il m'a fallu plus de force dans ce dernier cas qu'au moment où plusieurs nations allaient voir un combat décider de leurs destinées ; qu'au moment où je commandais les armées, où des milliers d'hommes étaient assurés de périr. Oui, pour ouvrir les veines de quelques despotes infâmes, pour me faire entrer dans une conspiration qui doit me rendre immortel, à l'égal de Timoléon, il m'a fallu plus de courage que pour contempler les fatigues et les dangers de toute une vie de combats.

BERTUCCIO FALIERO.

Je me réjouis de voir votre ancienne sagesse surmonter les emportemens auxquels, en dépit de la lutte intérieure de votre raison, vous vous abandonniez.

LE DOGE.

Il en fut toujours ainsi avec moi. L'heure de l'agitation est celle des premiers éclairs d'une grande résolution; alors la passion n'a pas encore été méditée ni vaincue. Mais au moment de l'action, je redeviens aussi calme que les morts dont je me suis vu tant de fois entouré; et ceux qui m'ont fait ce que je suis, le savent bien; ils ont eu confiance dans l'empire que j'eus toujours sur moi-même, une fois le premier moment de violence passé. Mais ils ne savaient pas qu'il est des circonstances où la réflexion fait de la vengeance une vertu héroïque, et non plus une impulsion de coupable colère. Si les lois dorment, le sentiment de la justice n'en veille pas moins; et souvent les cœurs injuriés réparent les malheurs publics par suite d'une vengeance particulière, et dans la seule vue de se faire droit à eux-mêmes. — Mais il me semble que le jour commence — n'est-il pas vrai? regarde, tes yeux ont la pénétration de la jeunesse. — L'air, déjà, répand une fraîcheur matinale, et, du moins pour moi, la mer semble plus verte au travers de la fenêtre.

BERTUCCIO FALIERO.

En effet, le matin s'annonce dans le ciel.

LE DOGE.

Séparons-nous donc! Songe à ce qu'ils frappent sans délai. Au premier signal de Saint-Marc, marchez sur le pavé avec tous les secours de notre maison, vous m'y retrouverez. — Les Seize et leurs compagnies s'ébranleront au même instant en colonnes séparées. — Ayez soin de vous poster à la grande porte ; c'est à nous seuls que je veux réserver les *Dix*. — Le reste, populace de patriciens, sentiront l'épée des gens qui se sont réunis à nous. Souviens-toi que le cri est toujours : *Saint-Marc, les Génois arrivent.* — *Holà! aux armes! Saint-Marc et liberté!* — Maintenant, agissons.

BERTUCCIO FALIERO.

Adieu donc, mon oncle, mon seigneur! Où nous nous retrouverons libres, ou jamais.

LE DOGE.

Approche, mon Bertuccio — embrasse-moi ; encore une fois. — Hâte-toi de fuir, le jour devient plus grand. — Dépêche-moi promptement un messager qui m'instruise de l'état des troupes au moment où tu les rejoindras ; et, sur-le-champ, je sonne la fatale cloche de Saint-Marc.

(Bertuccio Faliero sort.)

LE DOGE, seul.

Il s'en va, et chacun de ses pas met en danger une vie. — C'en est fait ; l'ange destructeur plane maintenant sur Venise ; et, semblable à l'aigle, l'œil fixé sur sa proie, il ne suspend son vol et ne balance un instant encore dans l'air ses fatales ailes, que pour mieux assurer ses coups. — O jour! que les eaux marchent lentement; que le tems est long! Je ne voudrais pas frapper dans les ténèbres; j'aimerais mieux me convaincre par mes yeux que tous les coups entraînent autant de victimes. Et vous, flots azurés de la mer, je vous ai vus, jadis, teints aussi du sang des Génois, des Sarrazins et des Huns. Celui des Vénitiens s'y trouvait confondu, bien que victorieux; mais, aujourd'hui, vous allez recevoir une pourpre sans mélange; nulle veine barbare entr'ouverte ne pourra vous réconcilier avec la vue de cette horrible couleur; amis ou ennemis, toutes les victimes seront nos concitoyens. Et j'ai vécu jusqu'à quatre-vingts ans pour cela? Moi, qui reçus le nom de sauveur de la patrie; moi, dont la présence était le signal de mille chapeaux flottans dans les airs : de mille et mille vœux adressés au ciel pour lui demander le bonheur, la gloire et la prolongation de mes jours; et je vais voir celui qui se prépare? Mais je ne dois pas oublier que ce jour, à jamais sinistre dans le calendrier, sera suivi de plusieurs siècles de bonheur. Le doge Dandolo survécut à quatre-vingt-dix étés pour vaincre encore de puissans empires, et pour refuser leurs couronnes; moi, je résignerai la mienne, je ferai de cet état le temple de la liberté. — Mais hélas! par quels moyens! c'est au but que je me propose à les justifier. Que sont quelques gouttes de sang humain? Je me trompe, le sang des tyrans n'a plus rien d'humain. Tels que les rouges Molochs, ils se repaissent du nôtre jus-

ACTE QUATRIÈME.

qu'à l'heure où ils sont réclamés par la tombe qu'ils ont tant peuplée. — O monde! ô hommes! qu'êtes-vous donc? et quels sont nos plus généreux desseins, puisque c'est au crime seul qu'est réservé le soin de punir le crime? Faut-il massacrer comme si les portes de la mort restaient toujours fermées, tandis que quelques années rendraient inutile le secours du glaive? Et moi, parvenu sur la limite d'un autre monde inconnu, voilà les milliers d'avant-coureurs dont je me fais précéder! Écartons ces idées. (Moment de silence.) Mais, écoutons! N'est-ce pas un murmure comme de voix lointaines, ou le pas mesuré d'une troupe guerrière? Oh! combien nos vœux enfantent de fantômes même pour notre oreille! Cela ne peut être, le signal n'est pas sonné. — Mais pourquoi ce retard? Peut-être le courrier de mon neveu est-il dépêché vers moi; peut-être fait-il en ce moment tourner les gonds de la haute tour d'où part ordinairement l'annonce fatale ou de la mort d'un prince, ou des dangers imminens de l'état. Qu'elle fasse donc son office; qu'elle fasse entendre son plus terrible et son dernier signal, jusqu'à ce que la tour elle-même soit ébranlée sur ses antiques bases. — Quoi! le même silence encore? J'irais bien au-devant, mais mon poste est ici; c'est le centre de réunion de tous les élémens discordans qui composent une semblable ligue. C'est ici que l'on ranimera, en cas d'incertitude, le courage et la résolution des plus chancelans : car si l'on en venait aux mains, ce serait dans ce lieu, c'est dans ce palais que la lutte commencerait ; je dois donc demeurer à cette place pour diriger et conduire le mouvement. — Écoutons, il vient — il vient, mon neveu ; le messager du brave Bertuccio. — Quelles nouvelles ? est-il en marche ? a-t-il réussi ? — *Eux* ici, grand Dieu ! — tout est perdu. — Cependant, faisons un dernier effort.

(Entre un Seigneur de la Nuit [1], avec gardes, etc.)

LE SEIGNEUR DE LA NUIT.

Doge, je t'arrête pour haute trahison.

LE DOGE.

Moi ! ton prince, pour trahison ? — Et qui sont ceux qui osent cacher sous un pareil ordre leur trahison personnelle ?

LE SEIGNEUR DE LA NUIT, montrant son ordre.

Jetez les yeux sur cet ordre ; il vient de l'assemblée des Dix.

LE DOGE.

Et *où* se tient-elle, et pourquoi sont-ils assemblés ? Leur réunion ne peut être régulière tant que le prince ne la préside pas ; et c'est là mon devoir, le tien est de suivre mes ordres, de me laisser libre, ou de me suivre à la chambre du conseil.

LE SEIGNEUR DE LA NUIT.

Prince, cela est impossible ; ils ne siégent pas dans

[1] C'était une charge importante autrefois dans la république de Venise.

la salle ordinaire, mais dans le couvent de Saint-Sauveur.

LE DOGE.

Ainsi, vous osez me désobéir?

LE SEIGNEUR DE LA NUIT.

Je sers la république, et je ne puis craindre de ne pas faire mon devoir; mon mandat part de ceux qui la gouvernent.

LE DOGE.

Mais ce mandat est illégal, tant qu'il n'est pas revêtu de ma signature; et dans le cas actuel, c'est un acte de révolte. As-tu bien pesé l'importance de la vie pour avoir osé assumer ainsi des fonctions contraires à nos lois?

LE SEIGNEUR DE LA NUIT.

Je dois non pas répondre, mais agir. Je fais ici l'office de garde auprès de votre personne; et non de juge pour vous entendre et vous rendre justice.

LE DOGE, à part.

Il faut gagner du tems. Tout est bien encore, pourvu que la cloche donne le signal. — Allons donc, mon neveu! — Hâte-toi, hâte-toi; notre sort est suspendu dans la balance; et malheur aux vaincus, soit le prince et le peuple; soit les esclaves et le sénat. (On entend la grosse cloche de Saint-Marc.) Ah! la voici; je l'entends. (Haut.) Eh bien! Seigneur de la Nuit, l'entends-tu? l'entendez-vous, satellites mercenaires que je vois trembler? c'est le glas de votre mort. —

Sonne encore, airain retentissant! Et vous, misérables, comment rachèterez-vous vos vies?

LE SEIGNEUR DE LA NUIT.

O désespoir! Gardez vos armes, et restez à la porte. — Tout est perdu si la cloche ne rentre pas de suite dans le silence. L'officier qu'on avait envoyé s'est égaré, sans doute, ou bien a rencontré quelques obstacles funestes. Anselmo, hâte-toi de marcher à la tour avec ta compagnie; que les autres restent avec moi. (*Une partie des gardes sort.*)

LE DOGE.

Malheureux, si tu tiens à ta vile existence, implore merci; il ne te reste plus qu'une minute. Fais donc sortir tes lâches satellites : ils ne reviendront pas.

LE SEIGNEUR DE LA NUIT.

Cela peut-être; ils mourront comme je prétends le faire, en accomplissant leur devoir.

LE DOGE.

Insensé! l'aigle fier s'attaque à une proie plus généreuse que tes méprisables mirmidons et toi-même. — Vis donc, mais ne devance pas le danger par la résistance; et si des ames aussi dégradées que la tienne peuvent encore fixer le soleil, apprends enfin à être libre.

LE SEIGNEUR DE LA NUIT.

Et toi, à être captif. — (*La cloche cesse.*) Il s'est arrêté le signal de la trahison, qui devait déchaîner la

meute de la populace sur la proie des patriciens.—
Le signal a retenti, mais ce n'est pas celui de la
mort des sénateurs.

LE DOGE, après une pause.

Tout se tait, tout est perdu!

LE SEIGNEUR DE LA NUIT.

Et maintenant, Doge, dénoncez-moi; je suis l'esclave rebelle d'un conseil séditieux. N'ai-je pas fait mon devoir?

LE DOGE.

Silence, être dégradé! tu as fait une action noble, tu as gagné le prix du sang; c'est à ceux qui t'emploient à te récompenser; mais ton devoir était de garder et non de bavarder, tu viens de le dire toi-même. Fais-le donc ton devoir; mais, comme il te convient : garde le silence, et souviens-toi que, bien que ton prisonnier, je n'ai pas cessé d'être ton prince.

LE SEIGNEUR DE LA NUIT.

Je n'ai pas voulu manquer au respect dû à votre rang, et en cela je vous obéirai—

LE DOGE, à part.

Il n'y a donc plus rien qui puisse me sauver! et pourtant, au moment du succès, au sein du triomphe, je serais mort avec empressement, avec orgueil; mais mourir ainsi!

(Entrent d'autres Seigneurs de la Nuit, avec Bertuccio Faliero prisonnier.)

LE SECOND SEIGNEUR.

Nous l'avons saisi comme il sortait de la tour, où le signal commençait déjà à retentir par son ordre, ou plutôt celui du Doge qui le lui avait transmis.

LE PREMIER SEIGNEUR.

S'est-on assuré de tous les passages qui mènent au palais?

LE SECOND SEIGNEUR.

Oui, mais peu importe; les chefs de la conspiration sont tous dans les fers, on en juge même déjà quelques-uns; — leurs gens sont dispersés ou arrêtés.

BERTUCCIO FALIERO.

Mon oncle, c'est vous!

LE DOGE.

Que sert de lutter contre la fortune? la gloire s'en est allée de notre maison.

BERTUCCIO FALIERO.

Qui l'eût pensé, un moment plus tôt?

LE DOGE.

Oui, un moment plus tôt; et la face des siècles était changée; *celui-ci* nous fait entrer dans l'éternité. Nous nous y retrouverons non comme des hommes dont le succès a fait la gloire, mais comme des ames supérieures à tous les événemens et calmes au milieu des revers comme des triomphes. Ne pleure pas ; va, la vie n'est qu'un court passage.—Je voudrais bien partir seul ; mais s'ils nous envoient tous deux à la mort, comme il est probable, montrons-nous tous deux dignes de nos ancêtres et de nous-mêmes.

BERTUCCIO FALIERO.

Mon oncle, croyez-moi, je ne vous ferai pas d'affront.

LE PREMIER SEIGNEUR DE LA NUIT.

Seigneur, nous avons l'ordre de vous tenir dans des appartemens séparés jusqu'au moment où le conseil instruira votre procès.

LE DOGE.

Notre procès ! pousseront-ils donc jusqu'à la fin leur infâme parodie ? Mais laissons-les nous traiter comme nous les aurions nous-mêmes traités, bien qu'avec moins de solennité : c'est le jeu de mutuels homicides qui auraient tiré au sort au premier assassinat. Seulement, s'ils ont gagné, c'est avec des dés pipés.— Et quel a été notre Judas ?

LE PREMIER SEIGNEUR.

Je ne suis pas chargé de répondre à cette question.

BERTUCCIO FALIERO.

Je vais le faire pour toi ; — c'est un certain Bertram ; dans ce moment même il fait sa déposition devant la junte secrète.

LE DOGE.

Bertram, le Bergamasque! Oh! combien sont misérables les causes de notre perte ou de notre triomphe; souillé d'une double trahison, ce Bertram va recevoir honneurs et récompenses; on le citera dans l'histoire auprès de ces oies du Capitole dont les cris réveillèrent enfin les Romains, et pour lesquelles on institua une fête annuelle; tandis que Manlius, qui avait taillé en pièces les Gaulois, fut précipité de la roche Tarpéienne.

LE PREMIER SEIGNEUR.

Manlius songeait à trahir son pays; il voulait s'emparer du pouvoir.

LE DOGE.

Il voulait sauver l'état; il ne songeait qu'à réformer les lois, auxquelles il rendait ainsi leur force; — mais ce n'est pas de cela qu'il s'agit. Vous faites votre devoir.

LE PREMIER SEIGNEUR.

Noble Bertuccio, nous devons vous surveiller dans une chambre séparée.

BERTUCCIO FALIERO.

Adieu, mon oncle. J'ignore si nous nous reverrons encore en cette vie; mais peut-être consentiront-ils à laisser nos cendres se réunir.

LE DOGE.

Oui, et dis aussi nos ames, qui se retrouveront et

jouiront d'un bien auquel notre triste enveloppe ne nous avait pas permis d'atteindre; du moins nos tyrans ne pourront effacer la mémoire de ceux qui firent chanceler leur trône détesté, et de pareils exemples trouveront, quoique long-tems après, de généreux imitateurs.

FIN DU QUATRIÈME ACTE.

ACTE V.

SCÈNE PREMIÈRE.

(La salle du conseil des Dix. Réunis à plusieurs sénateurs, pour juger la conspiration de Marino Faliero, ils composent ce que l'on appelait la Junte. — Gardes, Officiers, etc., etc.)

ISRAEL BERTUCCIO et PHILIPPE CALENDARO, prisonniers; BERTRAM, LIONI et Témoins, etc.

BENINTENDE, chef des Dix.

Maintenant, après avoir acquis la conviction de leurs nombreuses et palpables offenses, il nous reste à prononcer, sur ces hommes criminels, la sentence des lois. Devoir pénible, et pour ceux qui le remplissent, et pour ceux qui les écoutent. Hélas! pourquoi m'est-il réservé? Faut-il que la durée de ma charge soit flétrie dans tous les siècles à venir, comme se rattachant au souvenir de la trahison la plus détestable et la plus compliquée contre une république sage et libre, connue par toute la terre pour être le boulevart du christianisme, la terreur des Sarrazins, des Grecs, des schismatiques, des Huns sauvages et des Francs non moins barbares;

contre une ville qui ouvrit à l'Europe la richesse de l'Inde; le dernier asile des Romains contre la tyrannie d'Attila; la reine de l'Océan, rivale plus orgueilleuse de l'orgueilleuse Gênes! Et c'est pour renverser le trône d'une telle ville, qu'ils ont exposé et déshonoré leurs vies! Laissons-les donc subir la plus juste mort.

ISRAEL BERTUCCIO.

Nous sommes prêts; vos tortures nous la font attendre avec impatience. Laissez-nous mourir.

BENINTENDE.

Si vous avez à dire quelque chose qui mérite un allégement à votre sentence, la junte vous écoute; parlez, il en est encore tems, si vous avez quelque chose à confesser; peut-être votre salut en dépend-il.

ISRAEL BERTUCCIO.

Nous sommes prêts à entendre, non à parler.

BENINTENDE.

Nous avons la preuve entière, par l'aveu de vos complices, de vos crimes et de toutes les circonstances qui s'y rattachent: toutefois, nous désirerions recueillir de vos lèvres l'aveu complet de votre trahison. Israël, sur le bord de cet abîme mortel, dont nul ne peut revenir; la vérité seule peut vous faire obtenir quelque grâce sur la terre ou dans les cieux.

— Parlez donc, quels étaient vos motifs?

ISRAEL BERTUCCIO.

Justice !

BENINTENDE.

Quel était votre but ?

ISRAEL BERTUCCIO.

Liberté !

BENINTENDE.

Certes, vous êtes bref.

ISRAEL BERTUCCIO.

J'en ai pris l'habitude : je naquis soldat, et non pas sénateur.

BENINTENDE.

Par ce brusque laconisme pensez-vous forcer les juges que vous bravez à différer leur sentence ?

ISRAEL BERTUCCIO.

Croyez-moi, imitez ma brièveté ; je préfère cette grâce à votre pardon.

BENINTENDE.

C'est là votre seule réplique au tribunal ?

ISRAEL BERTUCCIO.

Demandez à vos tortures ce qu'elles ont arraché de nous, ou faites-en une seconde fois l'essai ; il reste encore un peu de sang, quelque sensibilité dans ces membres brisés ; mais vous ne l'oserez pas ; car nous pourrions y mourir ; et si nous laissions dans vos chevalets, déjà gorgés de notre sang, le peu de vie qui nous reste, vous perdriez le profit du spectacle public par lequel vous espérez faire long-tems trembler vos esclaves. Des cris ne sont pas des mots, et l'agonie un aveu; et quand même la nature aux abois pourrait contraindre l'ame à quelques mensonges, dans l'espoir d'un court répit, une pareille affirmation n'est pas la vérité. Faut-il souffrir encore, ou bien mourir?

BENINTENDE.

Dites-nous quels étaient vos complices?

ISRAEL BERTUCCIO.

Demandez-les au peuple déplorable que vos crimes patriciens ont conduit au crime.

BENINTENDE.

Vous connaissez le Doge?

ISRAEL BERTUCCIO.

Je combattis avec lui à Zara, tandis que vous vous disputiez ici pour les charges dont vous êtes revêtus; nous exposions nos vies, tandis que vous hasardiez celle des autres, et par vos accusations, et par vos apologies; et d'ailleurs, il n'est personne dans Venise qui ne connaisse son Doge et ses grandes actions, et l'affront qu'il a reçu du sénat.

BENINTENDE.

Vous avez eu avec lui des conférences?

ISRAEL BERTUCCIO.

Je suis las, plus las même de vos interrogations

que de vos tortures ; je vous en prie, passez à notre jugement.

BENINTENDE.

Dans un instant. — Et vous, Philippe Calendaro, qu'avez-vous à dire qui puisse vous soustraire à la sévérité de vos juges ?

CALENDARO.

Je ne fus jamais un homme à longues phrases ; et, dans ce moment, j'ai peu de chose à dire qui en vaille la peine..

BENINTENDE.

Mais une nouvelle application de torture vous ferait peut-être bien changer de ton ?

CALENDARO.

Il est vrai qu'elle peut le faire ; la première l'a déjà fait ; mais elle ne changera pas mes paroles aussi bien que mon ton, ou si cela arrivait—

BENINTENDE.

Eh bien alors ?

CALENDARO.

Mes dépositions, au milieu des tortures, vaudraient-elles en justice ?

BENINTENDE.

Sans le moindre doute.

CALENDARO.

Quel que fût l'accusé dont je révélasse la trahison ?

BENINTENDE.

Certainement; aussitôt on instruirait son procès.

CALENDARO.

Et mon témoignage entraînerait-il pour lui peine de mort?

BENINTENDE.

Si votre déclaration était claire et complète, sa vie serait certainement en danger.

CALENDARO.

Alors, examine-toi bien, orgueilleux président! car, en présence de l'éternité qui s'entr'ouvrira devant moi, je jure que toi seul es le traître que je prétends dénoncer à la torture si l'on m'y traîne une seconde fois.

UN MEMBRE DE LA JUNTE.

Seigneur président, il est tems de procéder à leur jugement; il n'y a plus rien à tirer de ces hommes.

BENINTENDE.

Malheureux! préparez-vous à une prompte mort. La nature de votre crime, nos lois et le danger qui environne encore l'état, ne vous laissent pas une heure de répit. — Gardes, faites-les sortir, et que sur le balcon où le Doge se place dans notre solennel jeudi [1] pour voir le combat de taureaux, justice soit faite

---

[1] Il s'agit ici du jeudi gras, que je n'ai pu nommer littéralement dans mon texte.

(*Note de Lord Byron.*)

d'eux. Que leurs membres suspendus restent exposés dans la place du jugement à la vue du peuple assemblé, et que le ciel ait pitié de leurs ames.

LA JUNTE.

Amen !

ISRAEL BERTUCCIO.

Adieu, seigneurs, nous ne nous reverrons plus.

BENINTENDE.

Et de crainte qu'ils n'essaient de soulever la multitude, — gardes, qu'on leur bâillonne la bouche, même au moment de l'exécution ; — qu'on les fasse sortir.

CALENDARO.

Comment ! ne nous laissera-t-on pas dire adieu à un seul de nos amis, ne pourrons-nous conférer un dernier instant avec notre confesseur ?

BENINTENDE.

Un prêtre attend dans l'antichambre ; et quant à vos amis, ces sortes d'entrevues ne seraient que pénibles pour eux et entièrement inutiles pour vous.

CALENDARO.

Je savais que nous étions bâillonnés pendant notre vie, ceux du moins qui n'ont pas eu le cœur de risquer leur vie pour conquérir le droit d'ouvrir la bouche ; mais dans ces derniers momens, je m'imaginais qu'on ne nous dénierait pas cette liberté de parole que l'on accorde à tous les moribonds ; enfin puisque —

ISRAEL BERTUCCIO.

Eh bien! laisse-les faire, brave Calendaro! A quoi bon quelques syllabes? sachons mourir sans avoir reçu d'eux le moindre témoignage de faveur; notre sang ne criera que plus vivement vers le ciel contre eux; c'est lui qui saura mieux attester leurs infamies atroces que ne le pourrait un volume écrit ou prononcé de nos dernières paroles. Je sais que notre voix les ferait trembler; — mais ils ont peur de notre silence lui-même. — Qu'ils vivent donc au milieu de transes continuelles! — Laissons-les au démon de leurs pensées; et, quant à nous, élevons les nôtres vers le firmament. Nous emmène-t-on, enfin? nous sommes prêts.

CALENDARO.

Israël, si tu m'avais entendu, il en serait tout autrement, et ce traître trembleur, le lâche Bertram aurait reçu —

BERTRAM.

Hélas! j'espérais qu'en mourant vous me pardonniez; je n'ai pas choisi l'emploi que je remplis, on me l'a imposé; mais au moins quand je sens que rien jamais ne pourra diminuer mes remords, dites que vous me pardonnez, — et ne me regardez plus ainsi!

ISRAEL BERTUCCIO.

Je meurs, et je te pardonne.

CALENDARO.

(Il lui crache au visage.) Je meurs et je te méprise.

(Les gardes emmènent Israël Bertuccio et Philippe Calendaro.)

BENINTENDE.

Maintenant que nous en avons fini avec ces criminels, il est tems de procéder au jugement du plus grand traître dont fassent mention les annales d'aucun peuple; les preuves de l'attentat du Doge Faliero sont complètement acquises; les circonstances et la nature du crime exigent une procédure rapide : il est tems de le mander pour entendre son arrêt.

LA JUNTE.

Oui, oui.

BENINTENDE.

Avogadori, ordonnez que le Doge soit amené en présence du conseil.

UN MEMBRE DE LA JUNTE.

Et les autres, quand les fera-t-on venir?

BENINTENDE.

Quand on aura terminé avec les chefs. Les uns se sont enfuis à Chiozza; mais mille hommes environ sont à leur poursuite, et grâces aux précautions qu'on a prises en terre ferme et dans les îles, nous espérons bien qu'il n'en échappera pas un seul pour aller répandre chez les nations étrangères ses odieuses diffamations contre le sénat.

(Entre le Doge comme prisonnier; des gardes l'entourent.)

BENINTENDE.

Doge ; — car tel vous êtes encore, et la loi vous conservera ce titre jusqu'à l'heure où tombera de votre tête le bonnet ducal, vous qui n'avez pu vous contenter de porter paisiblement et avec honneur une couronne plus noble que n'en peuvent conférer les empires : vous qui n'avez pas craint de comploter pour exterminer les pairs qui vous ont fait ce que vous êtes, et pour éteindre dans le sang la gloire de votre patrie, — nous avons déposé dans votre appartement et sous vos yeux toutes les preuves réunies contre vous, et jamais de plus complètes ne sont venues prouver la trahison. Qu'avez-vous à dire pour votre défense ?

LE DOGE.

Que pourrais-je avoir à dire, quand ma défense doit être votre condamnation ? N'êtes-vous pas à la fois agresseurs et accusateurs, juges et exécuteurs ? — Usez de votre pouvoir.

BENINTENDE.

Les autres chefs vos complices ayant tout avoué, il ne vous reste plus d'espoir.

LE DOGE.

Et qui sont-ils ?

BENINTENDE.

Fort nombreux ; mais vous avez devant vous le premier d'entre eux, Bertram de Bergamo. — Désirez-vous l'interroger ?

LE DOGE, l'ayant regardé avec mépris.

Non.

BENINTENDE.

Deux autres, Israël Bertuccio et Philippe Calendaro ont reconnu qu'ils avaient eu pour complice de leur trahison le Doge.

LE DOGE.

Et où sont-ils?

BENINTENDE.

Où ils doivent être : ils répondent maintenant au ciel de ce qu'ils ont fait sur la terre.

LE DOGE.

Quoi! c'en est fait du Brutus plébéien et du bouillant Cassius de notre arsenal! Comment ont-ils supporté leur condamnation?

BENINTENDE.

Songez à la vôtre; elle approche. Ainsi donc, vous refusez de vous justifier?

LE DOGE.

Je ne puis me défendre devant mes inférieurs, ni reconnaître le droit que vous vous arrogez de me juger. Montrez-moi la loi.

BENINTENDE.

Dans les cas extrêmes la loi doit être renouvelée ou corrigée; nos pères n'avaient pas songé à fixer le châtiment d'un pareil crime; et c'est ainsi que les anciennes tables romaines n'avaient pas prévu la sentence du parricide ; car ils ne pouvaient déterminer une peine pour ce qui n'avait pas de nom, pour ce qui n'était pas regardé comme possible dans leurs grandes ames. Eh! qui l'eût prévu, que l'on en viendrait jamais à comprendre l'attentat énorme d'un fils contre son père et d'un prince contre ses états? Votre crime nous a forcés de porter une loi qui formera dans la suite comme un précédent contre les hommes assez audacieux pour vouloir gravir jusqu'à la tyrannie par la trahison ; ambitieux qu'un sceptre ne saurait contenter, tant qu'ils ne l'ont pas transformé en un glaive à deux tranchans ! La dignité de Doge ne pouvait-elle donc vous suffire ? Quelle principauté cependant plus noble que celle de Venise?

LE DOGE.

La principauté de Venise ! ah ! vous m'avez trompé, — *vous* qui siégez ici, traîtres que vous êtes ! J'étais votre égal par ma naissance, votre supérieur par mes hauts faits ; vous m'avez ravalé au-dessous de vous ; vous m'avez arraché aux travaux honorables auxquels je m'étais dévoué dans la terre étrangère, sur les flots, dans les camps, dans les cités lointaines ; vous m'avez choisi comme victime pour monter la tête couronnée, mais les membres enchaînés, sur l'autel dont *seuls* vous étiez les pontifes. Je l'ignorais ; je ne l'ai point recherché ni demandé, je ne songeais même pas à votre choix ; il vint me surprendre à Rome, et de suite j'obéis.

Mais en rentrant à Venise, je m'aperçus qu'outre l'inquiète vigilance qui vous a toujours déterminés à déjouer et à pervertir les meilleures intentions de votre souverain, vous aviez encore, pendant l'interrègne de mon voyage de Rome à cette ville, affaibli et mutilé les faibles priviléges laissés à mes prédécesseurs. Tout cela je l'ai supporté ; je n'aurais pas même cessé de le faire si votre dépravation n'avait pas été jusqu'à flétrir l'honneur de mes propres foyers. Et c'est lui, c'est l'infâme Steno qui m'a déshonoré que je vois maintenant siéger parmi vous! juge en effet bien digne d'un pareil tribunal!

BENINTENDE, l'interrompant.

Michel Steno est l'un des Quarante ; il siége ici en vertu de son office, les Dix ayant pris dans le sein du sénat une junte de patriciens pour les seconder dans l'instruction d'un procès aussi grave et jusqu'à présent inouï. Steno fut relevé de la peine prononcée contre lui, attendu que le Doge, protecteur naturel de la loi, ayant conspiré pour abroger toutes les lois, ne pouvait réclamer son châtiment en vertu des statuts qu'il foulait aux pieds et violait lui-même.

LE DOGE.

Son châtiment! J'aime mieux le voir siéger au milieu de vous et se gorger de mon sang, que satisfaisant à la peine dérisoire que votre lâche et mensongère justice lui avait infligée. Son crime était infâme; c'était de la candeur comparée à la protection que vous lui avez accordée.

BENINTENDE.

Se peut-il donc que le grand Doge de Venise, la tête courbée sous les honneurs et sous le poids de quatre-vingts années, ait assez écouté les inspirations de sa colère pour fouler aux pieds tout sentiment de prudence, de crainte et de loyauté; tout cela pour avoir été provoqué par l'étourderie d'un jeune homme?

LE DOGE.

Une étincelle produit la flamme, une goutte d'eau fait déborder la coupe, et la mienne était dès longtems remplie. Vous opprimiez et le peuple et le prince; moi j'ai voulu les affranchir, et la fortune a trompé mon double espoir. En triomphant, ma récompense était la gloire, la vengeance et la victoire; Venise, grâces à moi, rivalisait avec la Grèce et Syracuse, alors qu'elles furent affranchies et devinrent l'admiration du monde. Mon nom se joignait à ceux de Gélon et de Thrasybule. Mais ayant échoué, ma défaite est, je le sais, l'infamie présente et la mort. Les siècles futurs jugeront; Venise sera libre ou ne sera plus. Jusqu'alors la vérité est en suspens. N'hésitez pas; je n'aurais eu nulle merci, je n'en demande aucune. J'ai joué ma vie sur une haute chance; j'ai perdu, prenez ce que vous avez gagné. J'aurais voulu rester seul debout sur vos tombes; maintenant vous pouvez marcher sur la mienne, et la fouler aux pieds, comme vous avez auparavant foulé mon cœur.

BENINTENDE.

Ainsi vous avouez votre crime, et reconnaissez la justice de notre tribunal?

LE DOGE.

J'avoue que je suis vaincu : la fortune est femme; jeune elle m'avait prodigué ses faveurs ; j'eus tort d'espérer, en approchant de ma dernière heure, qu'elle me sourirait encore.

BENINTENDE.

Ainsi vous ne songez pas à contester notre équité ?

LE DOGE.

Nobles Vénitiens, ne me fatiguez pas de questions ; je suis résigné à tout ; mais il est encore dans mon sang quelques gouttes de celui de mes glorieux jours, et je n'ai pas une patience infatigable. Épargnez-moi donc, je vous prie, de nouvelles interrogations; elles ne servent à rien, sinon à soulever des débats au milieu de votre jugement; je ne pourrais vous répondre que pour vous offenser, et satisfaire vos ennemis déjà assez nombreux. Je sais que ces murs épais n'offrent aucun écho, mais les murs ont des oreilles; bien plus, ils ont des langues; et si la vérité n'avait d'autre moyen de retentir, vous qui me condamnez, vous que je fais trembler encore à l'instant où vous m'immolez, vous ne pourriez déposer silencieusement dans votre tombe les paroles bonnes ou mauvaises que je vous ferais entendre; le secret serait au-dessus de vos ames : ne réveillez donc pas ma voix, si ce n'est dans la crainte d'un danger pire que celui auquel vous venez d'échapper. Telle serait ma défense si je songeais à la rendre fameuse; car les paroles vraies sont des *choses*, et celles d'un homme mourant, des choses qui survivent long-tems, et souvent même se chargent de le venger. Etouffez les miennes si vous avez l'espoir de vivre long-tems; après moi, profitez de ce conseil, et du moins si vous avez trop souvent excité mon indignation pendant ma vie, laissez-moi mourir tranquille. Cette grâce ne peut pas vous coûter; — je ne nie rien, je ne justifie, je ne demande rien, seulement je désire de moi-même le silence, et de la cour une sentence.

BENINTENDE.

Cette adhésion complète nous épargne la cruelle nécessité d'ordonner la torture pour obtenir la vérité entière.

LE DOGE.

La torture! mais vous me l'avez imposée chaque jour depuis que je suis Doge; si vous voulez y ajouter les tourmens corporels, vous en êtes libres; ces membres, déjà affaiblis par l'âge, ne résisteront pas à vos chevalets; mais il y a quelque chose dans mon cœur qui saura défier vos supplices.

(*Entre un officier.*)

L'OFFICIER.

Nobles Vénitiens, la duchesse Faliero implore son admission en présence de la junte.

BENINTENDE.

Pères Conscrits [1], décidez si nous devons l'admettre.

UN MEMBRE DE LA JUNTE.

Elle peut avoir à faire d'assez importantes révélations pour nous décider à l'entendre.

BENINTENDE.

Est-ce là la volonté générale ?

TOUS.

Oui.

LE DOGE.

Oh ! Venise, que tes lois sont admirables ! Elles veulent laisser parler la femme dans l'espoir qu'elle témoignera contre son époux. Quelle gloire pour les chastes Vénitiennes ! Mais il est naturel que des calomniateurs de tous les genres de vertus, tels que les juges d'un pareil tribunal, suivent complètement leur vocation. Cependant, lâche Steno ! si cette femme dément en ce moment toute sa vie, je te pardonne ton mensonge et ton impunité, ma mort violente et ta vie infâme.

---

[1] Les sénateurs vénitiens prenaient comme ceux de Rome le titre de Pères Conscrits.

(La duchesse entre.)

BENINTENDE.

Madame, bien que votre demande soit extraordinaire, le tribunal, dans sa justice, consent à vous l'accorder; et quels que soient vos motifs, nous vous prêterons l'oreille avec tout le respect dû à vos ancêtres, à votre rang et à vos vertus. Vous pâlissez! — Qu'on porte secours à madame, et que sur-le-champ on apporte un siége.

ANGIOLINA.

C'était un moment de faiblesse. — Il est passé. Veuillez me pardonner; mais je ne m'assiérai pas en présence de mon prince et de mon époux, quand lui-même reste debout.

BENINTENDE.

Comme il vous plaira, madame.

ANGIOLINA.

Des bruits étranges et trop fondés, si je m'en rapporte à ce que je vois, ont frappé mon oreille : je viens pour connaître toute l'étendue de mon malheur. Pardonnez la brusquerie de mon entrée et de mes premières sensations. C'est,—hélas! je ne puis parler, — je ne puis prononcer une question; mais je vous entends, vous détournez les yeux, et vos fronts sourcilleux me répondent avant que j'aie parlé. — Oh Dieu! c'est donc là le silence de la tombe!

BENINTENDE, après un moment de pause.

Épargnez-nous, épargnez à vous-même le nouveau récit de l'inexorable devoir que nous avons à remplir envers le ciel et cet homme.

ANGIOLINA.

Non, parlez ; je ne puis, — il m'est impossible de jamais ajouter foi à de pareilles choses. — Est-il donc condamné ?

BENINTENDE.

Hélas !

ANGIOLINA.

Et serait-il donc coupable ?

BENINTENDE.

Madame, dans un pareil moment, nous devons pardonner ce doute, et l'attribuer naturellement au trouble de vos pensées ; autrement, une telle question serait une haute offense contre la justice de ce tribunal suprême. Mais interrogez le Doge lui-même ; s'il conteste les preuves réunies contre lui, croyez-le, nous y consentons, innocent comme vous-même.

ANGIOLINA.

Serait-il vrai ? mon seigneur ! — mon souverain, — l'ami de mon pauvre père, le héros des combats, le sage des conseils ; ne démentirez-vous pas les paroles de cet homme ! — Vous vous taisez !

BENINTENDE.

Il a déjà confessé lui-même son crime; et maintenant, comme vous voyez, il ne le nie pas encore.

ANGIOLINA.

Non, il ne peut pas mourir. Épargnez le reste de ses années, le chagrin et le repentir les réduiront en un petit nombre de jours. Un moment de crime imaginaire effacera-t-il à vos yeux seize lustres de services et de gloire?

BENINTENDE.

Il subira sa peine, sans la moindre rémission de tems, sans pardon et sans sursis : — c'est une chose décrétée.

ANGIOLINA.

Il serait coupable qu'il pourrait encore espérer miséricorde.

BENINTENDE.

Non pas dans le cas où il se trouve, la justice s'y oppose.

ANGIOLINA.

Hélas! monseigneur, l'extrême justice est de la cruauté; qui pourrait vivre sur la terre, si l'on jugeait toujours justement?

BENINTENDE.

Le salut de l'état exige qu'il soit puni.

ANGIOLINA.

L'état? comme sujet, il l'a servi; l'état? comme

général, il l'a sauvé ; l'état ? comme souverain, n'est-ce pas à lui à le gouverner ?

UN MEMBRE DE LA JUNTE.

Il l'a trahi, il a conspiré contre lui ; c'est un traître.

ANGIOLINA.

Mais sans lui existerait-il un état à sauver ou à détruire ? et vous-mêmes, qui prononcez aujourd'hui la mort de votre libérateur, sans lui, vous agiteriez maintenant, en gémissant, quelque rame de galère musulmane ; ou, chargés de fer, vous creuseriez, chez les Huns, quelque mine souterraine.

UN MEMBRE DU CONSEIL.

Non, madame, il en est qui préfèrent la mort à l'esclavage.

ANGIOLINA.

S'il en est ainsi dans *cette* enceinte, tu n'es certainement pas du nombre ; les vrais braves sont généreux dans le malheur. — Mais n'y a-t-il donc pas d'espoir ?

BENINTENDE.

Madame, vous ne pouvez en conserver.

ANGIOLINA, se tournant vers le Doge.

Meurs donc, Faliero, puisqu'il le faut, mais toujours avec la grande ame de l'ami de mon père. Tu as commis un grand attentat, du reste à moitié justifié par la scélératesse de ces hommes. Je les aurais bien implorés : —je les aurais priés; je les aurais suppliés comme le mendiant affamé qui demande du pain. — J'aurais pleuré, en embrassant leurs genoux, comme un jour ils feront en demandant miséricorde à Dieu, qui leur répondra comme ils me répondent. Mais cet abaissement eût été indigne de ton nom et du mien ; la cruauté qui brille dans leurs yeux glacés annonce assez que leur cœur est dévoré de rage. Ainsi donc, supporte en prince ta destinée.

LE DOGE.

J'ai vécu trop long-tems pour ne pas avoir appris à mourir. Ta démarche auprès de ces hommes était le bêlement de l'agneau devant le boucher, ou les cris des matelots devant la tempête. Je n'accepterais pas une vie éternelle, s'il fallait la devoir à des scélérats dont j'essayai de délivrer les nations qu'ils tyrannisaient.

MICHEL STENO.

Doge, un mot à toi et à cette noble dame que j'ai si gravement offensée. Pourquoi le chagrin, le remords et la honte qui m'accablent ne peuvent-ils effacer l'inexorable passé ! Mais puisque je ne dois pas l'espérer, qu'au moins notre nom de chrétien nous détermine à nous dire un dernier, un sincère adieu. Je ne demande pas, pour mon repentir, que vous me pardonniez : j'implore votre compassion ; et, malgré leur peu de mérite, je vous consacre, à l'avenir, toutes mes prières.

ANGIOLINA.

Sage Benintende, vous êtes aujourd'hui le juge suprême de Venise; c'est à vous que je m'adresserai pour répondre à ce patricien. Dites à l'infâme Steno, que jamais ses paroles n'ont fait, sur l'esprit de la fille de Lorédan, d'autre impression que celle d'une pitié passagère; et plût à Dieu que d'autres se fussent contentés de ressentir la même compassion dédaigneuse. Sans doute, je préfère mon honneur à un millier de vies, si je pouvais me les donner; mais je ne voudrais pas qu'une seule autre vie fût sacrifiée pour conserver ce que ne peut blesser aucun homme, je veux parler de ce sentiment de la vertu qui ne cherche pas sa récompense dans l'estime des autres, mais dans la sienne propre. Pour moi, ses expressions de mépris n'étaient que le souffle des vents pour les rochers sauvages. Mais hélas! il est des esprits d'une sensibilité plus délicate, et que de pareilles atteintes bouleversent, ainsi que la tempête sur la surface des flots; des ames pour lesquelles l'ombre du déshonneur se transforme en une réalité plus terrible que la mort présente et future; des hommes dont le vice est de se révolter contre les excès du vice; et qui, jaloux de leur gloire, comme l'aigle de son aire inaccessible, sont glacés pour les plaisirs, et insensibles à l'aiguillon de la peine, dès que le nom qui servait de base à leurs espérances leur semble flétri. Puisse ce que nous voyons, éprouvons et souffrons devenir une leçon pour les êtres dégradés qui songeraient à jeter leur venin sur des hommes d'une trempe supérieure; ce n'est pas la première fois que de vils insectes ont rendu le lion furieux. Une flèche, dirigée vers la terre, fit mourir le brave des braves; Troie fut mise en cendres par suite du déshonneur d'une femme, et le déshonneur d'une autre femme chassa pour jamais les rois de Rome; un mari injurié conduisit les Gaulois à Clusium, et de là à Rome, qui ne put relever de long-tems sa tête orgueilleuse; un geste obscène coûta la vie à Caligula, dont le monde entier avait si long-tems supporté la cruauté; le déshonneur d'une vierge fit de l'Espagne une province mauresque : et la calomnie de Steno, renfermée en deux lignes d'une révoltante grossièreté, aura décimé Venise, mis en danger un sénat qui comptait huit cents années d'existence, détrôné un prince, fait voler sa royale tête, et forgé de nouvelles chaînes pour un peuple déjà trop accablé. Puis, à présent, que le malheureux, cause de tout cela, en soit fier comme cette courtisane qui mit Persépolis en cendres, il en est le maître. — C'est là un triomphe digne de lui! mais qu'il n'insulte pas aux derniers momens de celui qui, quel qu'il soit maintenant, fut un héros; qu'il lui épargne l'ironie de ses prières; rien de pur ne peut venir d'une source empoisonnée; nous ne voulons rien avoir de commun avec lui, ni maintenant, ni jamais; nous le laissons à lui-même, c'est-à-dire au dernier abîme de l'humaine bassesse. On pardonne aux hommes, mais non pas aux reptiles; et nous n'éprouvons rien pour Steno, pas même du ressentiment. C'est aux êtres de son espèce qu'il convient de piquer; c'est aux hommes véritables à le souffrir: telle est la condition de la vie. Celui qui meurt de la morsure du serpent peut bien l'écraser, mais il n'a pas de colère. Le reptile avait obéi à son instinct; et il est des hommes dont l'ame est plus rampante que le corps des insectes qui vivent des dépouilles de la tombe.

LE DOGE, à Bénintende.

Seigneur, achevez ce qui vous semble votre devoir.

BENINTENDE.

Avant de procéder à ce devoir, nous devons prier la princesse de se retirer; il serait trop pénible pour elle d'en être le témoin.

ANGIOLINA.

Je sais qu'il faudra souffrir, mais je suis résignée; c'est mon devoir, je ne quitterai mon époux que par force. Achevez: vous n'avez à redouter ni cris ni larmes; ni gémissemens, je saurai me taire malgré le déchirement de mon cœur. Parlez! j'ai dans moi de quoi résister à tout.

BENINTENDE.

Marino Faliero, doge de Venise, comte de Val di Marino, sénateur et jadis général de la flotte et de l'armée, noble Vénitien, maintes et fréquentes fois revêtu des hauts emplois de la république, et enfin du premier de tous, prête l'oreille à la sentence de tes juges. Convaincu par une foule de preuves et de témoignages, et par tes propres aveux, du crime de félonie et de trahison, crimes jusqu'alors inouis, nous te condamnons à la mort. Tes biens sont confisqués au profit de la république, ton nom ne sera jamais prononcé, si ce n'est le jour solennel où nous rendrons au ciel des actions de grâces pour nous avoir en ce jour miraculeusement délivrés. Ainsi ta place est marquée dans nos calendriers auprès des tremblemens de terre, des pestes, des invasions étrangères et du grand ennemi du genre humain ; comme eux, tu deviendras l'occasion de nos prières ferventes vers le ciel, dont la bonté nous sauva des effets de ta scélératesse. La place où tu devais, comme Doge, être peint auprès de tes illustres prédécesseurs sera laissée vide, et un voile de deuil sera jeté sur ces fatales paroles gravées au lieu de tes traits : *Cette place est celle de Marino Faliero, décapité pour ses crimes.*

LE DOGE.

Quels crimes ? Ne serait-il pas mieux de rappeler les faits, afin qu'en voyant l'inscription l'on puisse approuver, ou du moins connaître le genre de crime ? Quand vous dites qu'un Doge a conspiré, n'en cachez pas la véritable cause : — cela tient à votre histoire.

BENINTENDE.

Le tems se chargera d'y répondre, et nos fils jugeront le jugement de leurs pères, que je prononce en ce moment. Comme Doge, revêtu du manteau et du bonnet ducals, tu seras conduit au haut de l'*Escalier du Géant*, où tu fus investi du pouvoir, toi et tous nos autres princes ; la couronne ducale sera d'abord déposée à l'endroit où d'abord on l'avait prise pour te l'offrir ; ta tête sera séparée de ton corps, et le ciel ait merci de ton ame !

LE DOGE.

C'est la sentence de la junte ?

BENINTENDE.

Oui.

LE DOGE.

Je la supporterai. — Et le tems ?

BENINTENDE.

Il est venu. — Fais ta paix avec Dieu, tu paraîtras devant lui dans une heure.

LE DOGE.

Je suis prêt ; mon sang s'élèvera vers le ciel avant l'ame de ceux qui l'auront répandu. — A-t-on confisqué toutes mes terres ?

BENINTENDE.

Toutes : tes biens, tes joyaux, tes trésors de toute espèce, sauf deux mille ducats ; — tu peux en disposer.

LE DOGE.

Cela est rigoureux; j'espérais que l'on ne saisirait pas les terres que je possédais près de Trévise, et que je tiens de Lawrence, l'évêque —, comte de Ceneda. On les avait données en fief perpétuel à moi-même et à mes héritiers, et je pensais pouvoir les diviser (laissant d'ailleurs à votre confiscation mes dépouilles de ville, mes trésors et mon palais) entre ma femme et mes parens.

BENINTENDE.

Ces derniers sont au ban de la république; le premier d'entre eux, ton neveu, est en péril de sa vie; mais pour le moment le conseil diffère son jugement; et si tu souhaites pour la princesse ta veuve une dotation, tu n'as rien à craindre, nous saurons pourvoir à son avenir.

ANGIOLINA.

Non, seigneur, je n'aurai point de part dans votre butin. A compter de ce jour, sachez que j'appartiens à Dieu seul. Mon refuge est un cloître.

LE DOGE.

Allons! l'heure sera pénible; mais elle aura un terme. Ai-je encore à faire autre chose qu'à mourir?

BENINTENDE.

Vous n'avez plus qu'à vous confesser et cesser de vivre. Le prêtre est habillé, le cimeterre est nu: l'un et l'autre vous attendent. — Mais surtout ne pensez pas parler aux citoyens ; des milliers d'entre eux assiégent les portes ; elles leur seront fermées : les *Dix*, les *Avogadori*, la junte et le chef des Quarante seront les seuls témoins de l'exécution. Ils sont prêts à former l'escorte du Doge.

LE DOGE.

Du Doge !

BENINTENDE.

Oui, du Doge ! tu as vécu, tu mourras notre prince ; et jusqu'au moment qui précédera immédiatement la séparation de ton corps et de ta tête, cette tête et la couronne ducale demeureront unies. En t'abaissant jusqu'à conspirer avec des traîtres obscurs, tu as oublié la dignité dont tu étais revêtu ; nous ne t'imiterons pas ; et dans l'instant même où nous ferons justice de ton crime, nous te traiterons en souverain. Tes vils complices sont morts de la mort des dogues et des loups ; mais toi, tu devras expirer comme le lion au milieu des chasseurs, c'est-à-dire entouré de ceux qui donnent à ton sort des larmes généreuses, et qui déplorent les conséquences funestes et rigoureuses de tes emportemens extrêmes et de tes royales fureurs. Maintenant nous allons te laisser te préparer ; songe à mettre à profit le peu de tems qui te reste. Nous serons tes guides sur la place où nous jurâmes autrefois de te servir comme prince, où nous nous séparerons encore de toi comme tels. — Gardes ! escortez le Doge jusqu'à son appartement.

SCÈNE II.

(Appartement du Doge.)

LE DOGE prisonnier et LA DUCHESSE.

LE DOGE.

Maintenant que le prêtre est parti, il serait inutile de vouloir prolonger ces instans d'affliction; encore une angoisse, celle de notre séparation, et j'aurai épuisé les derniers grains de sable qui restent sur l'heure qu'on m'a accordée; j'en aurai fini avec le tems.

ANGIOLINA.

Hélas! et c'est moi qui suis la cause, l'innocente cause de vos malheurs! C'est pour ce funeste mariage, pour cette union sinistre que tu promis d'accomplir à mon père, au moment de sa mort, c'est pour elle que tu sacrifies aujourd'hui ta propre vie.

LE DOGE.

Non, non, il y eut toujours dans mon esprit quelques pressentimens d'un grand revers de fortune; la merveille, c'est qu'il vienne aussi tard; — et pourtant on me l'avait prédit.

ANGIOLINA.

On vous l'avait prédit? et comment?

LE DOGE.

Il y a longues années, — si longues que j'hésite

rais à le croire si nos annales n'en gardaient le souvenir. Tandis que j'étais jeune, et que je servais le sénat et la seigneurie comme podestat et capitaine de Trévise, un jour de fête, l'évêque indolent qui portait la sainte hostie excita mon impatience en tardant long-tems, et en répondant avec arrogance à mes reproches; je levai la main, je le frappai, au point de le faire fléchir sous son fardeau. En se redressant de terre, il leva dans sa pieuse colère ses tremblantes mains vers le ciel, puis, les ramenant vers l'hostie qu'il avait laissé échapper, il me dit, en me lançant un regard terrible : « L'heure viendra où celui que tu as renversé te renversera toi-même; la gloire sortira de ta maison, la sagesse se départira de ton ame, et dans le tems où ton esprit aura acquis toute sa maturité, un délire de cœur s'emparera de toi ; la passion te déchirera dans l'âge où toutes les passions reposent chez les autres hommes, ou se transforment en vertus; et la couronne qui relève la majesté des autres têtes ne ceindra la tienne que pour la faire tomber; les plus grands honneurs ne seront pour toi que les hérauts de ta ruine; les cheveux blancs seront pour toi le signal du déshonneur et de la mort, mais non pas de la mort qui attend les vieillards. » Après ces mots, il s'éloigna. — Et voici que l'heure est venue.

ANGIOLINA.

Et comment, après cet avertissement, n'as-tu pas

ACTE CINQUIÈME.

tenté de conjurer ce moment fatal, et de faire oublier, à force de repentir, ce que tu avais fait?

LE DOGE.

Je l'avouerai, les paroles de ce prêtre m'atteignirent au cœur au milieu des illusions de la vie; je me les rappelai comme si quelque voix de spectre me les avait fait entendre au milieu d'un songe. Je me repentis; mais ce n'était pas à moi à changer d'habitude : ce qui devait être, je ne le pouvais prévenir, je ne songeais pas à le craindre. Et bien plus, tu ne peux avoir oublié ce que tout le monde se rappelle. Le jour que je revins ici comme Doge à mon retour de Rome, un nuage d'une étrange obscurité vint tout d'un coup se placer au devant du Bucentaure, semblable à la vapeur pyramidale qui guidait Israël à sa sortie d'Égypte. Notre pilote en fut aveuglé; il s'égara, et au lieu de nous débarquer, suivant l'usage, à la riva della Paglia, il nous mit à terre au milieu des piliers de Saint-Marc, où l'on a coutume d'exécuter les criminels d'état. — Aussi toute la ville de Venise frémit-elle d'épouvante à ce présage.

ANGIOLINA.

Hélas! que sert-il maintenant de rappeler tout cela?

LE DOGE.

Mais je trouvais matière de reconfort dans la pensée que ces choses étaient l'œuvre du destin; j'aime mieux céder aux dieux qu'aux hommes, et courber la tête sous les coups du destin, que de voir dans ces êtres aussi vils que la boue, et aussi faibles que vils, quelque chose de plus que les instrumens de la toute-puissance divine. Par eux-mêmes ils ne pourraient rien ; — comment seraient-ils les vainqueurs de celui qui tant de fois a vaincu pour eux ?

ANGIOLINA.

Employez en inspirations plus salutaires les minutes qui vous restent, et que votre ame, en paix même avec ces malheureux, prenne son essor vers le ciel.

LE DOGE.

Je *suis* en paix ; la paix, née de la conviction qu'une heure viendra où les enfans de leurs enfans, où cette orgueilleuse cité, où ces flots azurés, où tout ce qui fait aujourd'hui la gloire et la puissance de ces lieux, seront désolés et maudits, l'objet de l'exécration et du mépris de toutes les nations, une Carthage, une Tyr, la Babel de l'Océan.

ANGIOLINA.

Oh ! ne parle pas ainsi ; la colère enfle encore tes lèvres dans cet instant solennel ; tu t'abuses, toi, toi-même, et ne peux plus leur faire injure. — Reprends quelque sérénité.

LE DOGE.

Je suis dans l'éternité, mes yeux y plongent, et j'y contemple — oui, j'y vois aussi clairement que je vois ici, pour la dernière fois, ta douce figure, — les jours de destruction, que le tems fera naître contre ces murs, baignés par les flots, et contre ceux qu'ils protégent.

GARDE. Elle arrive à la hâte.

Doge de Venise, les Dix attendent votre altesse.

LE DOGE.

Adieu donc, Angiolina, — que je t'embrasse encore ! — Oublie le vieillard, qui fut pour toi un époux passionné, mais, hélas ! bien funeste. — Conserve quelque amour pour ma mémoire ; — pendant ma vie, je ne l'eusse pas demandé ; mais, aujourd'hui, en voyant toutes mes impressions mauvaises calmées, tu jugeras de moi, sans doute, avec plus de bienveillance. Du reste, de tout le fruit de tant d'années, la gloire, l'opulence, l'autorité, l'honneur et le nom, toutes choses qui forcent à répandre quelques fleurs même sur la tombe, je ne laisse rien, pas même un peu d'amour, d'amitié ou d'estime ; rien, pas même assez pour inspirer à la vanité de mes parens quelques mots d'épitaphe. J'ai, en une heure, perdu le fruit de ma vie passée ; je me suis ravi tous les biens, à l'exception de ce cœur pur, aimable et vertueux, qui souvent se rappellera mon nom, avec une douleur plutôt inénarrable que bruyante. — Tu deviens pâle. — Hélas ! elle fléchit, elle n'a plus ni pouls, ni respiration ! Gardes, portez-lui votre aide ; je ne puis la laisser en cet état, et pourtant il vaut mieux le faire ; chacun de ces momens, privés de vie, lui épargne une angoisse ; et quand elle secouera cette mort instantanée, je serai en face de l'Éternel. — Appelez ses femmes. — Encore un regard ! — Comme sa main est glacée ! glacée comme la mienne le sera avant qu'elle ne se réveille. — Songez à lui donner d'empressés secours, et recevez mes derniers remerciemens. — Je suis prêt.

(Les femmes d'Angiolina entrent et entourent leur maîtresse évanouie. Le Doge et les gardes sortent.)

SCÈNE III.

(La cour du palais ducal : les portes extérieures sont fermées au peuple.)

LE DOGE s'avance dans son costume ducal, précédé du conseil des Dix et des autres sénateurs, suivi par les gardes, jusqu'à ce qu'ils arrivent au dernier pas de l'escalier du Géant; l'exécuteur s'y trouve avec son épée nue. Aussitôt l'arrivée du Doge, l'un des Dix lui ôte le bonnet ducal.

LE DOGE.

Ainsi, maintenant, il n'y a plus de Doge, et je suis toujours Marino Faliero. C'est bien ; quoique ce ne soit que pour un moment. Là, je fus couronné ; et là, j'en atteste le ciel, je résigne avec bien plus de joie ce hochet de parade, ce fatal et ridicule ornement que je reçus autrefois.

L'UN DES DIX.

Tu trembles, Faliero !

LE DOGE.

C'est donc de vieillesse [1].

BENINTENDE.

Faliero! te reste-t-il à demander au sénat quelque chose qui puisse se concilier avec la justice?

LE DOGE.

Je recommanderais volontiers mon neveu à sa merci, ma femme à sa justice; car je pense que ma mort, et une mort pareille, doit avoir calmé tout ressentiment entre l'état et moi.

BENINTENDE.

On aura égard à cela, bien que ton crime soit inouï dans nos fastes.

LE DOGE.

Inouï, sans doute. Il n'est pas une histoire qui ne présente un millier de conspirateurs couronnés *contre* le peuple; mais, pour le rendre libre, un seul prince est mort, et un autre va mourir.

---

[1] Cette réponse est précisément celle de Bailly, maire de Paris, à un Français qui lui faisait le même reproche, comme il marchait à la mort, dans les premiers tems de la république française. Je trouve, en relisant *Venise sauvée*, depuis la composition de cette tragédie, une réplique semblable faite par Renaud, dans une autre occasion, et d'autres coïncidences nées du sujet. Je n'ai pas besoin de rappeler au très-bienveillant lecteur que de pareilles rencontres sont accidentelles; il suffit, pour s'en convaincre, de se rappeler combien il est facile de découvrir le plagiat, si l'on voulait s'en rendre coupable à l'égard d'une pièce aussi jouée et aussi souvent lue que le chef-d'œuvre d'Otway.

(*Note de Lord Byron.*)

BENINTENDE.

Et qui sont ceux qui tombèrent pour une telle cause?

LE DOGE.

Le roi de Sparte et le doge de Venise, — Agis et Faliero.

BENINTENDE.

As-tu quelque chose encore à dire ou à faire?

LE DOGE.

Puis-je parler?

BENINTENDE.

Tu le peux; mais souviens-toi que le peuple est dehors et loin de la portée de la voix humaine.

LE DOGE.

Ce n'est pas à l'homme que je parle, c'est au tems et à l'éternité dont je vais faire partie ; vous , élémens de la matière que j'ai hâte de dépouiller, laissez ma voix dominer sur votre enveloppe, comme un pur esprit! Ondes bleues qui portâtes ma bannière , vents qui la gonfliez comme si vous la voyiez avec amour, et qui vous glissiez dans mes voiles déployées comme pour assister à de nombreux triomphes! terre natale pour laquelle j'ai répandu mon sang; terre étrangère que j'humectais avec tant d'ardeur de mes nombreuses blessures ; monumens sur lesquels mon sang ne tombera pas , mais s'élèvera vers le ciel; firmament qui les recevras; soleil qui éclaires toutes ces choses, et toi enfin qui allumes et entretiens les soleils , — je vous atteste que je ne suis pas innocent; — mais ceux-ci sont-ils donc sans crimes? Je meurs, mais je serai vengé. Des siècles lointains flottent sur l'abîme du tems; mes yeux, avant de se fermer, y découvrent la sentence de cette altière cité, et je laisse à jamais sur elle et sur ses héritiers ma malédiction! — Oui, chaque jour rapproche silencieusement l'heure où celle qui construisit un boulevard contre Attila cédera elle-même et cédera bassement sous la main d'un bâtard Attila, sans même verser pour sa dernière défense autant de sang qu'en vont répandre ces veines déjà si souvent entr'ouvertes pour lui servir de bouclier.— Elle sera vendue et payée pour être l'apanage de ceux qui la mépriseront! — Elle tombera du rang d'empire à celui de province, du nom de capitale à celui de petite ville, avec des esclaves pour sénateurs, des mendians pour patriciens, des agens de prostitution pour peuple [1]. Alors, quand, en riant sur toi dédaigneusement, le Juif se promènera dans tes palais [2], le Hun devant tes places orgueilleuses, et le

---

[1] Si cette peinture dramatique semblait chargée, qu'on jette les yeux sur l'histoire du tems prophétisé par le Doge, ou plutôt sur quelques années antérieures à l'époque où nous vivons. Voltaire a calculé le nombre de leurs *nostre bene merite meretrici* à douze mille de troupe régulière, sans compter la milice locale de volontaires, dont j'ignore l'importance; mais c'est peut-être la seule partie de la population qui n'ait pas diminué. Venise contenait jadis deux cent mille habitans; aujourd'hui il en reste quatre-vingt-dix mille : et *quels* encore! Il est difficile de concevoir et impossible de décrire l'état déplorable dans lequel la tyrannie plus qu'infernale de l'Autriche a plongé cette ville infortunée.

[2] Les principaux palais sur la Brenta appartiennent maintenant aux

Grec dans tes marchés ; quand tes patriciens demanderont leur pain amer dans les rues les plus étroites, et rappelleront douloureusement leur ancienne noblesse comme un titre de plus à la pitié ; alors, quand le petit nombre de ceux qui auront retenu quelques débris de l'héritage de leurs aïeux bourdonneront autour du lieutenant de quelque vice-gouverneur des rois barbares, jusque dans le palais où ils siégèrent comme souverains, jusque dans le palais où ils mirent à mort leur souverain ; fiers de quelque reste de noblesse qu'ils auront avilie, ou nés de quelque femme adultère qui se sera fait gloire de s'être livrée au large gondolier, ou au soldat étranger ; fiers d'une telle bâtardise qu'ils citeront avec complaisance jusqu'à la troisième génération ; — quand tes enfans seront placés au dernier échelon de l'existence, rendus par leurs vainqueurs les esclaves des peuples vaincus, méprisés des lâches par leur lâcheté plus grande encore, méprisés, même des hommes vicieux, pour des vices qui, dans leur énormité monstrueuse, ont porté à tous les codes de lois le défi de les décrire ou de les nommer : alors, quand de l'île de Chypre, aujourd'hui soumise à ton empire, tu n'auras hérité que de sa honte pour tes filles ; quand elles passeront dans le monde

Juifs, qui, dans les premiers tems de la république, ne pouvaient habiter au-delà de Mestri, et n'avaient pas la liberté d'entrer dans Venise. Tout le commerce est entre les mains des Juifs et des Grecs, et des Hongrois composent la garnison.

entier en proverbe pour leur infâme prostitution;
— quand tu rassembleras dans tes murs toutes les
calamités des nations conquises, le vice sans splendeur, le péché sans l'excuse de l'amour pour le farder; mais partout les habitudes de la plus grossière débauche, des libertins sans passion et livrés
à cette froide et savante incontinence qui fait un
art des dépravations de la nature; — quand tout
cela et de plus grands maux encore pèseront sur toi,
que ton sourire sera sans allégresse, tes divertissemens sans plaisir, ta jeunesse sans honneur, ta vieillesse sans respect; quand la faiblesse, l'inertie et le
sentiment d'un malheur contre lequel tu ne pourras
lutter, et trembleras de murmurer, auront fait de toi
le dernier et le pire des déserts peuplés; alors, dans
le dernier soupir de ton agonie, entourée de tes nombreux meurtriers, souviens-toi de *moi!* toi, caverne
de gens qui ont soif du sang des princes [1]! prison

---

[1] Sur les cinquante premiers doges, *cinq* abdiquèrent; *cinq* furent bannis après qu'on leur eut arraché les yeux; *cinq* furent massacrés, et *neuf* déposés. Ainsi, sur cinquante, dix-neuf perdirent le trône par violence, outre ceux qui moururent dans les camps; et tout cela arriva long-tems avant le règne de Marino Faliero. Son prédécesseur le plus immédiat, André Dandolo, était mort par suite de vexations; Marino Faliero lui-même périt comme nous l'avons dit. Parmi ses successeurs, Foscari fut déposé après avoir vu son fils plusieurs fois torturé et banni : il mourut lui-même en entendant la cloche de Saint-Marc donner le signal de l'élection de son successeur. Morosini fut incarcéré pour la perte de Candie; mais pendant son règne il avait conquis la Morée et reçu le surnom de Péloponésien. Faliero pouvait donc dire ce que je lui fais dire.

des eaux, Sodome des mers, je te dévoue aux dieux infernaux, toi et ta race de vipère. (Ici le Doge se tournant vers le bourreau.) Esclave, fais ton office ; frappe comme j'ai frappé l'ennemi ! frappe comme j'aurais frappé ces tyrans ! frappe aussi fortement que ma malédiction ! frappe et d'un seul coup !

(Le Doge se met à genoux, le bourreau lève son épée, la toile tombe.)

SCÈNE IV.

(La Piazza et Piazetta de Saint-Marc. — Le peuple en foule se presse autour des portes grillées du palais ducal. Ces portes sont fermées.)

PREMIER CITOYEN.

Enfin, je touche la porte, je puis discerner les Dix, vêtus de leurs robes d'état, et rangés autour du Doge.

DEUXIÈME CITOYEN.

J'ai beau faire, je ne puis aller jusqu'à toi. Que vois-tu? Parle du moins, puisque la vue en est défendue au peuple, excepté à ceux qui touchent la grille.

PREMIER CITOYEN.

En voici un qui approche le Doge ; voilà qu'on ôte de sa tête le bonnet ducal. — Maintenant, le Doge lève les yeux au ciel, je les vois remuer ; ses lèvres s'agitent ; — silence, silence ! — non, ce n'est qu'un murmure. — Maudite distance ! Ses paroles semblent inarticulées ; mais sa voix retentit comme un tonnerre lointain. Ne pourrons-nous saisir une seule phrase !

DEUXIÈME CITOYEN.

Chut ! peut-être entendrons-nous le son.

PREMIER CITOYEN.

Impossible ; je ne l'entends pas moi-même. — Le vent agite ses cheveux blancs, comme si c'était la mousse des vagues. Oh ! voilà qu'il s'agenouille ; — ils forment un cercle autour de lui ; ils m'empêchent de rien voir ; mais je distingue l'épée nue dans l'air. — Ah ! entendez-vous ? il tombe.

(Mouvement parmi le peuple.)

TROISIÈME CITOYEN.

Ainsi, ils ont tué celui qui voulait nous rendre libres !

QUATRIÈME CITOYEN.

Il avait toujours été bon au peuple !

PREMIER CITOYEN.

Ils ont bien fait de barrer leurs portes ; si nous avions deviné ce qu'ils voulaient faire, nous serions venus ici avec des armes, nous les aurions brisées.

CINQUIÈME CITOYEN.

Êtes-vous bien sûr qu'il soit mort ?

PREMIER CITOYEN.

Puisque j'ai vu tomber l'épée. Mais, qu'allons-nous voir ?

(Un chef des Dix [1] paraît sur le balcon du palais qui est en face de la place Saint-Marc, avec une épée ensanglantée. Il l'élève trois fois devant le peuple, et crie :)

La justice a frappé le grand traître !

(Les portes s'ouvrent, la populace se précipite sur les degrés de l'escalier du Géant, où l'exécution s'est faite. Les plus avancés disent à ceux qui les suivent :)

La tête ensanglantée roule encore sur les marches !

(La toile tombe.)

---

[1] Un *capo de' Dieci*. Telles sont les expressions de la chronique de Sanuto.

FIN DE MARINO FALIERO.

APPENDICE.

N.º I.

Fu eletto da' quarantuno elettori, il quale era cavaliere e conte di Val di Marino in Trivigiana, ed era ricco. Si trovava ambasciadore a Roma; e a dì 9 di settembre, dopo sepolto il suo predecessore, fù chiamato il gran consiglio, e fù preso di fare il Doge giusta il solito. E furono fatti i cinque correttori, ser Bernardo Giustiniani, procuratore; ser Paolo Loredano; ser Filippo Aurio; ser Pietro Trivisano, e ser Tommaso Viadro. I quali a dì misero x°. queste correzioni alla promessione del Doge: che i consiglieri non odano gli oratori et nunzi de' signori, senza i capi de' quaranta, e delle due parti del consiglio de' quaranta, nè possono rispondere ad alcuno, se non saranno quattro consiglieri e due capi de' quaranta, e che osservino la forma del suo capitolare. E che messer lo Doge si metta nella miglior parte, quando i giudici tra loro non fossero d'accordo. E che egli non possa far vendere i suoi imprestiti, salvo con legitima causa, e con voler di cinque consiglieri, di due capi de' pregati. *Item* che in luogo di tre mila pelli di conigli, che debbon dare i Zaratini per regalia al Doge, non trovandosi tante pelli, gli diano ducati ottanta l'anno. E poi a dì xi.º detto, misero *etiam* altre correzioni, che se il Doge, che sarà eletto, fosse fuori di Venezia, i savj possano provvedere del suo ritorno. E quando fosse il Doge ammalato, sia vicedoge uno de' consiglieri, da essere eletto tra loro. E che il detto sia nominato vieluogotenente di messer lo Doge, quando i giudici faranno i suoi atti. E nota, perchè fù fatto Doge, uno, ch'era assente, che fu vice-doge ser Marino Badoero più vecchio de' consiglieri. *Item*, che' il governo del ducato sia commesso a' consiglieri, e a' capi de' quaranta, quando vacherà il ducato, finchè sarà eletto l'altro Doge. E così a dì 11 di settembre fù creato il prefato Marino Faliero Doge. E fù preso, che il governo del ducato, sia commesso a consiglieri e a' capi de' quaranta. I quali stiano in palazzo di continuo, fino che verrà il Doge; sicchè di continuo stiano in palazzo due consiglieri, un capo de' quaranta. E subito furono spedite lettere al detto Doge, il quale era a Roma oratore al legato di papa Innocenzo IV, ch' era in Avignone. Fù preso nel gran consiglio d'eleggere dodici ambasciadori incontro a Marino Faliero Doge, il quale veniva da Roma. E giunto a Chioggia, il podestà mandò Taddeo Giustiniani suo figliuolo incontro, con quindici Ganzaruoli. E poi venuto a S. Clemente nel Bucintoro, venne un gran caligo, *adeo* che il Bucintoro non si potè levare. Laonde il doge co' gentiluomini nelle piatte vennero di lungo in questa Terra a 5 d'ottobre del 1354. E dovendo smontare alla riva della Paglia per lo caligo andarano ad ismontare alla riva della Piazza in mezzo alle due colonne dove si fa la giustizia, che fù un malissimo augurio. E a 6 la mattina venne alla chiesa di San Marco alla laudazione di quello. Era in questo tempo cancellier grande messer Benintende. I quarantuno elettori furono ser Giovanni Contarini, ser Andrea Giustiniani, ser Michele Morosini, ser Simone Dandolo, ser Pietro Lando, ser Marino Gradenigo, ser Marco Dolfino, ser Niccolo Faliero, ser Giovanni Quirini, ser Lorenzo Soranzo, ser Marco Bembo, ser Stefano Belegno, ser Francesco Loredano, ser Marino Veniero, ser Giovanni Mocenigo, ser Lorenzo Barbarigo, ser Bettino da Molino, ser Andrea Errizo procuratore, ser Marco Celsi, ser Paolo Donato, ser Bertucci Grimani, ser Pietro Steno, ser Luca Duodo, ser Andrea Pisani, ser Francesco Caravello, ser Jacopo Trivisano, ser Schiavo Marcello, ser Maffeo Aimo, ser Marco Capello, ser Pancrazio Giorgio, ser Giovanni Foscarini, ser Tommaso Viadro, ser Schiavo Polani, ser Marco Polo, ser Marino Sagredo, ser Stefano Mariani, ser Francesco Suriano, ser Orio Pasqualigo, ser Andrea Gritti, ser Buono da Mosto.

Trattato di messer Marino Faliero Doge, tratto da una cronica antica.

Essendo venuto il giovedì della caccia, fù fatta giusta il solito la caccia. E a que' tempi dopo fatta la caccia s'andava in palazzo del Doge in una di quelle sale, e con donne facevasi una festicciuola, dove si ballava sino alla prima campana, e veniva una colazione; la quale spesa faceva messer lo Doge, quando v'era la dogaressa. E poscia tutti andavano a casa sua. Sopra la qual festa, pare che ser Michele Steno, molto giovane e povero gentiluomo, ma ardito e astuto, il qual' era innamorato in certa donzella della dogaressa, essendo sul solajo appresso le donne facesse cert'atto non conveniente, *adeo* che il Doge comandò che fosse buttato giù dal solajo. E così quegli scudieri del Doge lo spinsero giù di quel solajo. Laonde a ser Michele parve, che fossegli stata fatta troppo grande ignominia. E non considerando altramente il fine, ma sopra quella passione fornita la festa, e andati tutti via, quella notte egli andò, e sulla cadrega dove sedeva il Doge nella sala dell'audienza (perchè allora i Dogi non tenevano panno di seta sopra la cadrega, ma sedevano in una cadrega di legno) scrisse alcune parole disoneste del Doge et della dagoressa, cioè: *Marino Faliero dalla bella moglie: altri la gode ed egli la mantiene.* E la mattina furono vedute tali parole scritte. E parve una brutta cosa. E per la signoria fu commessa la cosa agli avvogadori del commune con grande efficacia. I quali avvogadori subito diedero taglia grande per venire in chiaro della verità di chi avea scritto tal lettera. *E tandem* si seppe, che Michele Steno avea le scritte. E fù per la Quarantia preso di ritenerlo, e ritenuto. Confessò, che in quella passione d'essere stato spinto giù del solajo, presente la sua amante, egli aveale scritte. Onde poi fu placitato nel detto consiglio sì per rispetto all'età, come per la caldezza d'amore, di condannarlo a compiere due mesi in prigione serrato, e poi ch'e' fosse bandito da Venezia e dal distretto per un'anno. Per la qual condennazione tanto piccola il Doge ne prese grande sdegno, parendoli che non fosse stata fatta quella estimazione della cosa, che ricercava la sua dignità del ducato. E diceva, ch'eglino doveano averlo fatto appicare per la gola, o *saltem* bandirlo in perpetuo da Venezia. E perchè (quando dee succedere un'effetto, è necessario che vi concorra la cagione a fare tal'effetto), era destinato, che a messer Marino Doge fosse tagliata la testa. Perciò occorse, che intrata la quaresima il giorno dopo che fù condannato il detto ser Michele Steno, un gentiluomo da cà Barbaro, di natura collerico, andasse all'arsenale, domandasse certe cose ai padroni; ed era in presenza de' signori l'amiraglio dell'arsenale, il quale, intesa la domanda, disse, che non si poteva fare. Quel gentiluomo venne a parole coll'amiraglio, e diedegli un pugno su un'occhio. E perchè avea un anello in detto, coll'anello gli ruppe la pelle, e fece sangue. E l'amiraglio così battuto e insanguinato andò al Doge a lamentarsi, acciocchè il Doge facesse fare gran punizioni contra il detto da cà Barbaro. Il Doge disse: *Che vuoi che ti faccia? Guarda le ignominiose parole scritte di me, e il modo ch'è stato punito quet ribaldo di Michele Steno, che le scrisse, e quale stima hanno i Quaranta fatto della persona nostra!* La onde l'amiraglio gli disse: *Messer lo Doge, se voi volete farvi signore, e fare tagliare tutti questi becchi gentiluomi a pezzi, mi basta l'animo, dandomi voi ajuto, di farvi signore di questa terra; e allora voi potrete castigare tutti costoro.* Intese queste, il Doge disse: *come si può fare una simile cosa?* E così entrarono in ragionamento.

Il Doge mandò a chiamare ser Bertucci Faliero suo nipote, il quale stava con lui in palazzo, ed entrarono in questa machinazione. Nè si partirono di lì, che mandarono ser Filippo Calendaro uomo maritimo e di gran seguito, e ser Bertucci Israello, ingegnere e uomo astutissimo. E consigliatisi insieme diedero ordine di chiamare alcuni e altri. E così per alcuni giorni la notte se riducevano insieme in palazzo in casa del Doge. E chiamarono a parte a parte altri, *videlicet* Niccolo Fagiuolo, Giovanni da Corfù, Stefano Fagiano, Niccolo dalle Bende, Niccolo Biondo, e Stefano Trivisano. E ordinò di fare sedici o diciasette capi in diversi luoghi della terra, i quali avessero cadaun di loro quarant'uomini provvigionati preparati, non dicendo a' detti suoi quaranta quello che volessero fare. Ma che il giorno stabilito si mostrasse di far quisitione tra loro in diversi luoghi; acciocchè il Doge facesse sonare a San Marco le campane, le quale non si possono sonare, s'egli nol comanda. E al suono delle campane questi sedici o diciasette co' suoi uomini venissero a San Marco alle strade, che buttano in piazza. E così i nobili e primari cittadini, che venissero in piazza, per sapere del romore ciò ch'era, li tagliassero a pezzi. E seguito questo, che fosse chiamato per signore messer Marino Faliero Doge. E fermate le cose tra loro, stabilito fù, che questo dovess' essere a' 15 d'aprile del 1355, in giorno di mercoledì. La quale machinazione trattata fù tra loro tanto segretamente, che mai nè pure se ne sospettò, non che se ne sapesse cos'alcuna. Ma il signor' Iddio, che ha sempre ajutato questa gloriosissima città, e che per le santimonie e giustizie sue mai non l'ha abbandonata, ispirò ad un Bertramo Bergamasco, il quale fu messo capo di quarant'uomini per uno de' detti congiurati (il quale intese qualche parola, sicchè comprese l'effetto, che doveva succedere, e il qual era di casa di ser Niccolo Lioni da Santo Stefano) di andare a dì..... d'aprile a casa del detto ser Niccolo Lioni, e gli disse ogni cosa dell'ordinato. Il quale intese le cose, rimase come morto, e intese molte particolarità, il detto Bertramo il pregò che lo tenesse segreto, e glielo disse, acciocchè il detto ser Niccolo non si partisse di casa a dì 15 acciocchè egli non fosse morto. Ed egli volendo partirsi, il fece ritenere a suoi di casa, e serrarlo in una camera. Ed esso andò a casa di M. Giovanni Gradenigo Nasone, il quale fù poi Doge, che stava anch'egli a Santo Stefano; e dissegli la cosa. La quale parendogli, com'era, d'una grandissima importanza, tutti e due andarono a casa di signor Marco Cornaro che stava a San Felice, e dettogli il tutto, tutti e tre deliberarono di venire a casa del detto signor Niccolo Lioni, ed esaminare il detto Bertramo. E quello esaminato, intese le cose, il fecero stare serrato. E andarono tutti e tre a San Salvatore in Sacristia, e mandarono i loro famigli a chiamare i consiglieri, gli avvogadori, i capi de' dieci, et quei del consiglio ridotti insieme, dissero loro le cose. I quali rimasero morti, e deliberarono di mandare ser detto Bertramo, e fattolo venire cautamente; ed esaminatolo e verificate le cose, ancorchè ne sentissero gran passione, pure pensarono la provisione, e mandarono pe' capi de' quaranta, pe' signori di notte, pe' capi de' sestieri, e pe' cinque della pace; e ordinato ch'eglino co' loro uomini trovassero degli altri buoni, e mandassero a casa de' capi de' congiurati, *ut supra* metessero loro le mani addosso. E tolsero i detti le maestrerie dell'arsenale, acciocchè i provvisionati de' congiurati non potessero offenderli. E si redussero in palazzo, verso la sera; dove ridotti fecero serrare le porte della corte del palazzo, e mandarono a ordinare al campanaro, che non sonasse le campane. E così fu seguito, e messe le mani addosso a tutti i nominati di sopra, furono que' condotti al palazzo. Vedendo il consiglio de' dieci, che il Doge era nella cospirazione, presero di eleggere venti de' primarj della terra, di giunta al detto consiglio a consigliare, non però che potessero mettere pallotta.

I consiglieri furono questi : ser Giovanni Mocenigo del sestiero di San Marco; ser Almoro Veniero da Santa Marina, del sestiero di Castello; ser Tommaso Viadro, del sestiero di Caneregio; ser Giovanni Sanudo, del sestiero di Santa Croce; ser Pietro Trivisano, del sestiero di san Paolo; ser Pantalione Barbo il Grande, del sestiero d'Ossoduro. Gli avvogadori del comune furono ser Zufredo Morosini, e ser Orio Pasqualigo, e questi non ballottarono. Que' del consiglio de' dieci furono : ser Giovanni Marcello, ser Tommaso Sanudo, e ser Michelento Dolfino, capi del detto consiglio de' dieci; ser Luca da Legge, e ser Pietro da Mostro, inquisitori del detto consiglio, ser Marco Polani, ser Marino Veniero, ser Lando Lombardo, ser Nicoletto Trivisano da Sant Angelo. Questi elessero tra loro una giunta, nella notte ridotti quasi sul romper del giorno, di venti nobili di Venezia de' migliori, de' più savj, e de' più antichi, per consultare, non però che mettessero pallattola. E non vi vollero alcuno da Cà Faliero. E cacciarono fuori del consiglio Niccolò Faliero da san Tommaso per essere della casata del Doge. E questa provigione di chiamare i venti della giunta fù molto commendata per tutta la terra. Questi furono i venti della giunta : ser Marco Giustiniani procuratore, ser Andrea Erizzo procuratore, ser Lionardo Giustiniani procuratore, ser Andrea Contarini, ser Simone Dandolo, ser Niccolò Volpe, ser Giovanni Loredano, ser Marco Diedo, ser Giovanni Gradenigo, ser Andrea Cornaro cavaliere, ser Marco Soranzo, ser Rinieri da Mosto, ser Gazano Marcello, ser Marino Morosino, ser Stefano Belegno, ser Niccolò Lioni, ser Filippo Orio, ser Marco Trivisano, ser Jacopo Bragadino, ser Giovanni Foscarini. E chiamati questi venti nel consiglio de' dieci, fu mandato per messer Marino Faliero Doge, il quale andava pel palazzo con gran gente, gentiluomini e altra buona gente, che non sapeano anchora come il fatto stava. In questo tempo fù condotto, preso e ligato, Bertucci Israello, uno de' capi del trattato, per que' di Santa Croce, a ancora fù preso Zanello del Brin, Nicoletto di Rosa, e Nicoletto Alberto, il Guardiaga, e altri uomini da mare, e d'altre condizioni. I quali furono esaminati, e trovata la verità del tradimento. A dì 16 d'aprile fù sentenziato pel detto consiglio de' dieci, che Filippo Calendaro, e Bertucci Israello fossero appiccati alle colonne rosse del balconate del palazzo, nelle quali sta a vedere il Doge la festa della caccia. E cosi furono appiccati con spranghe in bocca. E nel giorno seguente questi furono condannati: Niccolo Zuccuolo, Nicoletto Blondo, Nicoletto Doro, Marco Giuda, Jacomello Dagolino, Nicoletto Fedele figliuolo di Filippo Calendaro, Marco Torello detto Israello, Stefano Trivisano cambiatore di Santa Margherita, Antonio dalle Bende. Furono tutti presi a Chioggia, che fuggivano, e dipoi in diversi giorni due a due, e uno a uno, per sentenza fatta nel detto consiglio de' dieci, furono appiccati per la gola alle colonne, continuando dalle rosse del palazzo, seguendo fin verso il canale. E altri presi furono lasciati, perchè sentirono il fatto, ma non vi furono tal che fù dato loro ad intendere per questi capi, che venissero coll'arme, per prendere alcuni malfattori in servigio della signoria, nè altro sapeano. Fù ancora liberato Nicoletto Alberto, il Guardiaga, e Bartolommeo Ciruola e suo figliuolo, e molti altri, che non erano in colpa.

E a dì 16 d'aprile, giorno di venerdi, fù sentenziato nel detto consiglio de' dieci, di tagliare la testa a messer Marino Faliero Doge sul pato della scala di pietra, dove i Dogi giurano il primo sagramento, quando montano prima il palazzo. E così serrato il palazzo, la matina seguente a ora di terza, fù tagliata la testa a detto Doge a dì 17 d'aprile. E prima la beretta fù tolta di testa al detto Doge, avanti che venisse giù dalla scala. E compiuta la giustizia, pare che un capo de' dieci andasse alle colonne del palazzo, sopra la piazza, e mostrasse la spada insanguinata a tutti, dicendo: *È stata fatta la gran justizia del traditore*. E aperta la porta tutti entrarono dentro con gran furia a vedere il Doge ch' era stato giustiziato. È da sapere, che a fare la detta giustizia non fù ser Giovanni Sanudo il consigliere, perchè era andato a casa per difetto della persona, sicchè furono quatordici soli, che ballottarono, cioè cinque consiglieri e nove del consiglio de' dieci. E fù preso, che tutti i bieni del Doge fossero confiscati nel commune, et così degli altri traditori. E fù conceduto a detto Doge pel detto consiglio de' dieci, ch' egli potesse ordenare del suo per ducati du' mila. Ancora fù preso, che tutti i consiglieri e avvogadori del comune, que' del consiglio de' dieci e della giunta, ch' erano stati a fare la detta sentenza del Doge, et d'altri, avessero licenza di portar' arme di dì e di notte in Venezia, e da Grado fino a Cavarzere, ch' è sotto il dogato, con due fanti in vita loro, stando i fanti con essi in casa al suo pane e al suo vino. E chi non avesse fanti, potesse dar tal licenza a' suoi figliuoli ovvero fratelli, due però e non più. Eziandio fu data licenza dell'arme a quattro notaj della cancellaria, cioè della corte Maggiore, che furono a prendere le deposizioni e inquisizioni, in perpetuo a loro soli; i quali furono Amadio, Nicolètto di Loreno, Stèfanello, e Pietro de' Compostelli, scrivani de' signori di notte. E essendo stati impiccati i traditori, e tagliata la testa al Doge, rimase la terra in gran riposo e quiete. E come in una cronica ho trovato, fù portato il corpo del Doge in una barca con otto doppieri a seppelire nella sua arca a San Giovanni e Paolo, la quale al presente è quell' andito per mezzo la chiesuola di Santa Maria della Pace, fatta fare pel vescovo

Gabriello di Bergamo, e un cassone di pietra con queste lettere :

HEIC JACET
DOMINUS MARINUS FALETRO DUX.

E nel gran consiglio non gli è stato fatto alcun brieve; ma il luogo vacuo con lettere che dicono così :

HEIC EST LOCUS MARINI FALETRO,
DECAPITATI PRO CRIMINIBUS.

E pare, che la sua casa fosse data alla chiesa di Sant'. Apostolo, la qual era quella grande sul Ponte. *Tamen* vedo il contrario, che è pure di Cà Faliero, o che i Falieri la ricuperassero con danari dalla chiesa. Nè voglio restar di scrivere alcuni che volevano, che fosse messeno nel suo breve, cioè :

MARINUS FALETRO DUX,
TEMERITAS ME CEPIT,
POENAS LUI,
DECAPITATUS PRO CRIMINIBUS.

Altri vi fecero un distico assai degno al suo merito, il quale è questo, de essere posto su la sua sepoltura :

Dux Venetum jacet heic, patriam qui prodere tentans,
Sceptra, decus, censum perdidit atque caput.

. . . .
. . . .

Non voglio restar di scrivere quello che ho letto in una cronica, cioè, Marino Faliero trovandosi podestà e capitano a Treviso, e dovendosi fare una processione, il vescovo stette troppo a far venire il corpo di Cristo. Il detto Faliero era di tanta superbia e arroganza, che diede un buffetto al prefato vescovo, per modo ch' egli quasi cadde in terra. Però fù permesso, che il Faliero perdette l'intelletto, e fece la mala morte, come ho scritto di sopra.

(*Cronica di Sanuto*. — Muratori S. S. rerum italicarum, vol. XXII, 628-639.)

II.

Al giovane Doge Andrea Dandolo succedette un vecchio, il quale tardi si pose al timone della repubblica, ma sempre prima di quel, che faccea d' uopo a lui, ed alla patria; egli è Marino Faliero, personnaggio a me noto per antica dimestichezza. Falsa era l'opinione intorno a lui, giacchè egli si mostrò fornito più di coraggio, che di senno. Non pago della dignità, entrò con sinistro piede nel pubblico palazzo: imperciocchè questo Doge dei Veneti, magistrato sacro in tutti i secoli, che dagli antichi fu sempre venerato quale nome in questa città, l'altrè jeri fù decollato vel vestibulo dell'istesso palazzo. Discorrerei fin dal principio le cause di un tale evento, se così vario, ed ambiguo non ne fosse il grido. Nessuno però lo scusa, tutti affermano, che egli abbia voluto cangiar qualche cose nell' ordine della repubblica a lui tramandato dai maggiori. Che desiderava egli di più? Io son d'avviso che egli abbia ottenuto ciò, che non si concedette a nessun altro: mentre adempiva gli uffcj di legato presso il pontefice e sulle rive del Rodano trattava la pace, che io prima di lui aveva indarno tentato di conchiudere, gli fù conferito l'onore del Ducato, che ne' chiedeva, ne' s'aspettava. Tornato in patria, pensò aquello, cui nessuno non pose mente giammai e soffri quello che a niuno accade mai di soffrire: giacchè in quel luogo celeberrimo, e chiarissimo, e bellissimo infra tutti quelli, che io vidi, ove i suoi antenati avevano ricevuti grandissimi onori in mezzo alle pompe trionfali, ivi egli fù trascinato in modo servile; e spogliato delle insegne ducali perdette la testa e macchiò col proprio sangue le soglie del tempio l'atrio del palazzo, e le scale marmore rendute spesse volte illustri o dalle solenni festività o dalle ostili spoglie ho notato il luogo ora noto il tempo: è l'anno del natale di cristo 1355, fù il giorno 18 d'aprile. Si alto è il grido sparso, che se alcuno esaminerà la disciplina e le costumanze di quella città, e quando mutamento di cose venga minacciato dalla morte di un sol uomo, (quantunque molti altri, come narrano essendo complici, o subirono l'istesso supplicio, o lo aspettano) si accorgera che nulla di più grande avvenne ai nostri tempi nell' Italia. Fù forse qui attendi il mio giudizio, assolvo il popolo, se credero alla fama benchè abbia potulo e castigare più metamente, e con maggior dolcezza vendicare il suo dolore : ma non così facilmente si modera un' ira giusta insieme, e grande in un numeroso popolo principalmente nel quale il precipitoso ed instabile volgo aguzza gli stimoli dell' iracondia con rapidi, e sconsigliati clamori. Compatisco e nell' istesso tempo mi adiro con quell' infelice uomo, il quale adorno di un insoluto onore, non so, che cosa si volesse negli estremi anni della sua vita : la calamità di lui diviene sempre più grave, perchè dalla sentenza contra di esso promulgata aperira che egli fu non solo misero, ma insano, e demente e che con vane arti si usurpò per tanti anni una falsa fama di sapienza. Ammonisco i Dogi, i quali gli succederanno, che questo è un esempio posto innanzi ai loro occhi, quale specchio, nel quale veggano di essere non signori, ma duci, anzi nemmeno duci ; ma onorati servi della repubblica. Tu sta sano ; e giacchè fluttuano le pubbliche cose, sforziamoci di governar modestissimamente i privati nostri affari.

(*Levati Viaggi di Petrarca*, vol. IV, page 323.)

La précédente traduction italienne des lettres latines de Pétrarque prouve :

1°. Que Marino Faliero était un ami personnel de Pétrarque : *antica dimestichezza*, ancienne familiarité, c'est l'expression du poète.

2° Que Pétrarque estimait qu'il avait plus de cœur que de conduite, *più di corraggio che di senno*.

3° Qu'il y avait une sorte de jalousie du côté de Pétrarque ; car il dit que Marino Faliero avait fait une paix que lui-même *avait vainement essayé de conclure.*

4° Que le titre de Doge lui fut conféré sans qu'il le sollicitât ou attendît, *che nè chiedeva ne aspettava*, et qu'il n'avait jamais été accordé à un autre en pareille circonstance, *ciò che non si concedette a nessun altro;* preuve de la haute estime dont il jouissait.

5° Qu'il *avait* une réputation de *sagesse* seulement obscurcie par la dernière action de sa vie, *si usurpo per tanti anni una falsa fama sapienza.* Qu'il eût ainsi usurpé pendant tant d'années une fausse réputation de sagesse, c'est ce que l'on pourra difficilement croire. En général, on ne s'abuse guère sur le caractère d'un homme de quatre-vingts ans, du moins dans les républiques.

On peut conclure de ce passage et des autres notes historiques que j'ai rassemblées, que Marino eut la plupart des qualités, mais non pas le bonheur des héros, et que son caractère était d'une violence excessive. Ainsi tombe de lui-même le récit ignorant et ridicule du docteur Moore. Pétrarque dit qu'il n'y avait pas eu de son tems en Italie un plus grand événement. Il diffère aussi des historiens en disant que Faliero reçut la nouvelle de son élection sur les bords du Rhône, et non pas à Rome ; d'autres récits veulent que la députation du sénat de Venise l'ait été trouver à Ravenne. Quoi qu'il en soit, il ne m'appartient pas de le décider, et le point d'ailleurs n'est pas d'une grande importance. Si Faliero eût réussi, il changeait la face de Venise, et peut-être de l'Italie. Telle qu'elle est restée, que sont-elles toutes deux aujourd'hui ?

III.

Extrait de l'ouvrage : *Histoire de la République de Venise*, par P. Daru, de l'Académie Française, tom. V, liv. 35, pag. 95, etc., édition de Paris, MDCCCXIX.

« A ces attaques si fréquentes que le gouvernement dirigeait contre le clergé, à ces luttes établies entre les différens corps constitués, à ces entreprises de la masse de la noblesse contre les dépositaires du pouvoir, à toutes ces propositions d'innovations qui se terminaient toujours par des coups d'état, il faut ajouter une autre cause non moins propre à propager le mépris des anciennes doctrines, *c'était l'excès de la corruption*.

» Cette liberté de mœurs, qu'on avait long-tems vantée comme le charme principal de la société de Venise, était devenue un désordre scandaleux ; le lien du mariage était moins sacré dans ce pays catholique que dans ceux ou les lois civiles et religieuses permettent de le dissoudre. Faute de pouvoir rompre le contrat on supposait qu'il n'avait jamais existé, et les moyens de nullité allégués avec impudeur par les époux, étaient admis avec la même facilité par des magistrats et par des prêtres également corrompus. Ces divorces colorés d'un autre nom devinrent si fréquens, que l'acte le plus important de la société civile se trouva de la compétence d'un tribunal d'exception, et que ce fut à la police de réprimer le scandale. Le conseil des Dix ordonna en 1782 que toute femme qui intenterait une demande en dissolution de mariage, serait obligée d'en attendre le jugement dans un couvent que le tribunal désignerait[1]. Bientôt après il évoqua devant lui toutes les causes

---

[1] Correspondance de M. Sihlick, chargé d'affaires de France, dépêche du 24 août 1782.

de cette nature [1]. Cet empiétement sur la juridiction ecclésiastique ayant occasioné des réclamations de la part de la cour de Rome, le conseil se réserva le droit de débouter les époux de leur demande, et consentit à la renvoyer devant l'officialité toutes les fois qu'il ne l'aurait pas rejetée [2].

» Il y eut un moment où sans doute le renversement des fortunes, la perte des jeunes gens, les discordes domestiques, déterminèrent le gouvernement à s'écarter des maximes qu'il s'était faites sur la liberté des mœurs qu'il permettait à ses sujets. On chassa de Venise toutes les courtisanes. Mais leur absence ne suffisait pas pour ramener aux bonnes mœurs toute une population élevée dans la plus honteuse licence. Le désordre pénétra dans l'intérieur des familles, dans les cloîtres; et l'on se crut obligé de ramener, d'indemniser même [3] des femmes qui surprenaient quelquefois d'importans secrets, et qu'on pouvait employer utilement à ruiner des hommes que leur fortune aurait pu rendre dangereux. Depuis, la licence est toujours allée croissante, et l'on a vu non-seulement des mères trafiquer de la virginité de leur fille, mais la vendre par un contrat dont l'authenticité était garantie par la signature d'un officier public, et l'exécution mise sous la protection des lois [4].

» Les parloirs des couvens où étaient renfermées les filles nobles, les maisons de courtisanes, quoique la police y entretînt soigneusement un grand nombre de surveillans, étaient les seuls points de réunion de la société de Venise, et dans

---

[1] Correspondance de M. Sihlick, dépêche du 31 août.

[2] *Ibid.*, dépêche du 3 septembre 1785.

[3] Le décret de rappel les désignait sous le nom de *nostre bene merite meretrici*. On leur assigna un fonds et des maisons appelées *case rampane*, d'où vient la dénomination injurieuse de *carampane*.

[4] Mayer, *Description de Venise*, tome II, et M. Archenholtz, *Tableau d'Italie*, tome I, chap. 2.

ces deux endroits si divers on était également libre. La musique, les collations, la galanterie, n'étaient pas plus interdites dans les parloirs que dans les casins. Il y avait un grand nombre de casins destinés aux réunions publiques où le jeu était la principale occupation de la société. C'était un singulier spectacle de voir autour d'une table des personnes des deux sexes en masques, et de graves personnages en robe de magistrature implorant le hasard, passant des angoisses du désespoir aux illusions de l'espérance; et cela sans proférer une parole.

Les riches avaient des casins particuliers : mais il y vivaient avec mystère ; leurs femmes délaissées trouvaient un dédommagement dans la liberté dont elles jouissaient ; la corruption des mœurs les avait privées de tout leur empire. On vient de parcourir toute l'histoire de Venise, et on ne les a pas vues une fois exercer la moindre influence.

IV.

Extrait de l'ouvrage : *Histoire d'Italie*, par P. L. GINGUENÉ, tome IX, chap. 36, page 144, édition de Paris, MDCCCXIX.

Il y a une prédiction fort singulière sur Venise : « Si tu ne changes pas, dit-il à cette république altière, ta liberté, qui déjà s'enfuit, ne comptera pas un siècle après la millième année ! »

En faisant remonter l'époque de la liberté vénitienne jusqu'à l'établissement du gouvernement sous lequel la république a fleuri, on trouvera que l'élection du premier Doge date de 697 ; et si on y ajoute un siècle après mille, c'est-à-dire onze cents ans, on trouvera encore que le sens de la prédiction est littéralement celui-ci : « Ta liberté ne comptera pas jusqu'à l'an 1797. » Rappelez-vous maintenant que Venise a cessé d'être libre en l'an 5 de la république française, ou en 1796; vous verrez qu'il n'y eut jamais de prédiction plus précise et plus ponctuellement suivie de l'effet. Vous noterez donc comme très-remarquable ces trois vers de l'Alamanni adressés à Venise, que personne pourtant n'a remarqués :

> *Se non cangi pensier, l' un secol solo*
> *Non conterà sopra l' millesimo anno*
> *Tua libertà che va fuggendo a volo.*

Bien des prophéties ont passé pour telles, et bien des gens ont été appelés prophètes à meilleur marché.

L'auteur des *Esquisses descriptives de l'Italie;* etc., l'un des *Tours* publiés depuis peu par centaines, se montre extrêmement jaloux de prévenir l'accusation de plagiat que pourraient lui faire les lecteurs de *Childe-Harold* et *Beppo*. Il ajoute que la coïncidence présumée de son livre avec ces ouvrages peut encore moins être attribuée aux secours de *ma conversation*, attendu qu'il *a plusieurs fois rejeté l'offre qu'on lui faisait en Italie de m'être présenté.*

J'ignore quelle peut être cette personne; mais il faut qu'il ait été trompé par tous ceux qui, *plusieurs fois, offrirent de me le présenter*, attendu que j'ai toujours refusé de voir tout Anglais avec qui je n'avais pas de relations antérieures, quand même ils avaient des lettres de l'Angleterre. Si son assertion n'est pas un mensonge, je prie cette personne de ne pas croire plus long-tems qu'elle aurait pu être introduite chez moi, car il n'est rien que j'aie évité aussi soigneusement que toute espèce de commerce avec ses compatriotes, excepté le très-petit nombre de ceux qui résidaient à Venise ou que je connaissais auparavant. Quiconque lui fit une pareille proposition était doué d'une impudence seulement égale à celle d'un homme qui hasarderait la même assertion sans qu'elle fût fondée. Le fait est que j'ai une horreur profonde de tout contact avec les voyageurs anglais, comme pourraient l'attester, si la chose en valait la peine, mon ami le général Hoppner, consul, et la comtesse Benzoni dont la maison est surtout fréquentée par eux. J'ai été persécuté par ces *Touristes* jusque dans mes courses à cheval sur les bords du Lido, et pour les éviter je me suis vu réduit à faire les plus ennuyeux détours. J'ai plusieurs fois répété à Mme Benzoni le refus de leur rendre visite, et d'un millier de présentations qu'on sollicita, je n'en ai accepté que deux, et elles venaient de deux dames irlandaises.

Je ne serais pas descendu à de pareilles niaiseries si l'impudence de cet *Esquisseur* ne m'avait pas obligé de réfuter une assertion sotte et gratuitement impertinente. Je parle ainsi, car quel profit pouvait tirer le lecteur d'apprendre que l'auteur *avait plusieurs fois refusé de m'être présenté*, même si le fait eût été vrai, ce dont il est permis de douter ? A l'exception des Lords Lansdown, Jersey et Landerdale ; de MM. Scott, Hammond, Sir Humphry Davy, feu M. Lewis, W. Bankes, M. Hoppner, Thomas Moore, Lord Kinnaird et son frère, M. Joy et M. Hobhouse, je ne me souviens pas d'avoir échangé un mot avec quelqu'autre Anglais depuis mon départ de leur pays et presque toutes ces personnes je les connaissais auparavant. Quant aux autres, et Dieu sait qu'ils étaient quelques centaines, ils me fatiguèrent de leurs lettres et de leur empressement, mais j'ai refusé toute espèce de communication avec eux et je serais fier et heureux qu'ils voulussent bien partager sur ce point mes sentimens.

FIN DE L'APPENDICE.

LE DÉFIGURÉ
TRANSFIGURÉ*.

DRAME.

---

* Cette traduction peut seule rendre l'espèce de jeu de mots du titre original : *The Deformed Transformed*.

AVERTISSEMENT.

Cet ouvrage est fondé en partie sur un roman intitulé : *Les Trois Frères*, publié il y a quelques années, et qui déjà avait inspiré à M. G. Lewis son *Wood Demon (Démon des bois)*; et en partie sur le *Faust* de l'illustre Goëthe. On ne publie aujourd'hui que les deux premières parties de ce drame, et le chœur d'ouverture de la troisième. Peut-être donnera-t-on plus tard le reste.

PERSONNAGES.

INCONNU, ensuite CÉSAR.
ARNOLD.
BOURBON.
PHILIBERT.
CELLINI.
BERTHE.
OLIMPIE.
Esprits, Soldats, Citoyens de Rome, Prêtres. Paysans, etc.

LE DÉFIGURÉ
TRANSFIGURÉ.

PREMIÈRE PARTIE.

SCÈNE PREMIÈRE.

(Une forêt.)

Entrent ARNOLD et BERTHE, sa mère.

BERTHE.

Va-t'en, bossu !

ARNOLD.

Je suis né comme cela, mère !

BERTHE.

Va-t'en, incube ! diable de nuit ! avorton unique entre sept frères.

ARNOLD.

Avorton ? que ne le suis-je ! Je voudrais n'avoir jamais vu le jour !

BERTHE.

Je le voudrais aussi ! mais puisque tu l'as reçu, — va-t'en, va-t'en, et fais de ton mieux. Tu as un dos fait pour porter sa charge ; il est plus haut, sinon aussi large que celui des autres.

ARNOLD.

Oui, il *porte* son fardeau; — mais mon cœur, ma mère, soutiendra-t-il ce dont vous le chargez? Je vous aime, ou du moins je vous ai aimée; il n'y a que vous, dans la nature, qui puissiez chérir un être tel que moi. Vous m'avez nourri; de grâce, ne me tuez pas.

BERTHE.

Oui, je t'ai nourri, parce que tu étais mon premier né; je ne savais si j'aurais jamais d'autre enfant que toi, caprice monstrueux de la nature. Mais, va-t'en, te dis-je, et ramasse du bois.

ARNOLD.

J'y consens; mais au moins, quand je vous le rapporterai, parlez-moi avec douceur. Je sais bien que mes frères sont aussi beaux, aussi forts, aussi libres que les animaux sauvages qu'ils poursuivent; mais ne me repoussez pas : n'avons-nous pas sucé le même lait ?

BERTHE.

Oui, comme le hérisson qui vient à minuit téter la féconde mère du jeune taureau; et le lendemain, quand arrive la laitière, elle trouve les pis vides et desséchés. N'appelle pas frères, tes frères! ne m'appelle pas ta mère; si je t'ai mis au monde, je l'ai fait comme la poule insensée qui quelquefois, en couvant d'autres œufs que les siens, fait éclore des vipères. Ours mal léché! sors d'ici. (Berthe sort.)

ARNOLD, seul.

Oh! ma mère! — Elle s'en va, et il faut faire ce qu'elle me dit. — J'obéirai péniblement, mais sans me plaindre; que ne puis-je, en retour, espérer un seul mot de tendresse. Oh ciel! que ferai-je? (Il se met à couper du bois : en le faisant, il se blesse la main.) Voilà mon travail fait pour aujourd'hui. Maudit soit le sang qui coule si fort de ma main; car il va me valoir au logis un surcroît de malédiction. — Et quel logis? Je n'ai pas de logis, pas de parens, pas d'amis; je suis fait autrement que les autres, et je ne suis admis ni à leurs jeux, ni à leurs plaisirs. Pourquoi donc me blessé-je comme eux? Oh! pourquoi chacune de ces gouttes, en tombant à terre, n'en fait-elle pas jaillir un serpent pour leur rendre tout le mal qu'ils me font? Pourquoi le diable, auquel ils me comparent, ne fait-il rien pour son image? Je partage sa forme, qu'il me donne donc sa puissance! Mais, sans doute, c'est parce que je n'ai pas son instinct; car un seul mot affectueux de celle qui m'a porté, me réconcilierait encore avec mon odieuse figure. Lavons ma blessure. (Il s'approche d'une fontaine et se baisse pour y plonger la main : tout d'un coup il s'arrête en tressaillant.) Ils ont raison; le miroir de la nature me montre tel qu'elle m'a fait. Non, je n'y regarderai plus; à peine si j'ose penser à ce qu'il m'a révélé. Hideuse créature que je suis! l'eau elle-même se moque de l'ombre de mes traits; on dirait qu'un démon est dans cette fontaine pour faire peur aux troupeaux qui voudraient s'y désaltérer. (Moment de silence.) Et je vivrai ! fardeau insupportable à la terre, opprobre de celle même qui me donna la vie ! Toi, qui coules si abondamment d'une égratignure, ô sang ! laisse-moi voir si tu ne jaillirais pas plus largement encore, pour me délivrer enfin de la charge de mes maux sur la terre, en lui rendant les atômes qui forment mon horrible corps, en lui permettant d'en former tout reptile autre que moi-même, et un univers de nouveaux insectes. Voici le couteau ! voyons s'il saura séparer de la création ce fruit d'une déplorable erreur de la nature, comme il arrache les vers, rejetons de la forêt. (Il pose le couteau à terre, la pointe levée.) Le voilà posé, et je puis me laisser tomber sur lui. Mais, pourtant, un regard encore sur cette belle journée, qui ne présente rien de laid que moi-même ; sur le doux soleil, dont les rayons parviennent jusqu'à moi, mais en vain ; et les oiseaux, quelle allégresse dans leurs chants ! qu'ils continuent, je ne souhaite pas d'être pleuré ; j'aime mieux qu'Arnold ait pour glas funéraire leurs plus joyeux accens ; que les feuilles, en tombant, forment mon tombeau ; que le murmure de la source voisine soit ma seule élégie. Et maintenant, couteau, puisses-tu ne pas fléchir plus que moi-même en recevant de toi la mort ! (Il fait un mouvement pour se jeter sur le couteau ; tout-à-coup ses yeux s'arrêtent sur la fontaine qui paraît en mouvement.) Que vois-je ? la fontaine s'agite sans le souffle du vent ! Mais les rides d'une source changeraient-elles ma résolution? Non, non. Cependant, elle s'agite encore! Les eaux frémissent, non par l'impulsion de l'air, mais par je ne sais quel pouvoir des régions internes. Qu'est-ce? une vapeur! elle est passée.

(Un nuage sort de la fontaine; Arnold le regarde immobile d'étonnement. Le nuage se dissipe, et à sa place paraît un grand homme noir.)

ARNOLD.

Que voulez-vous? parlez, — esprit ou homme?

INCONNU.

Homme est l'un et l'autre; pourquoi dire autre chose?

ARNOLD.

Votre figure est celle d'un homme; et cependant vous êtes peut-être le diable.

INCONNU.

Tant d'hommes sont ce que l'on suppose ou appelle par ce nom : vous êtes libre de me mettre dans cette classe, sans faire trop d'injure à l'un ou à l'autre. Mais continuez, vous voulez vous tuer; — suivez votre dessein.

ARNOLD.

Vous m'avez troublé.

INCONNU.

Belle résolution que quelque chose peut jamais troubler! Si j'étais, comme vous le croyez, le diable, un instant de plus vous mettait, et pour toujours, par votre suicide, en mon pouvoir ; et, pourtant, c'est ma venue qui vous sauve.

ARNOLD.

Je n'ai pas dit que vous étiez le démon, mais que votre approche semblait tenir de lui.

INCONNU.

A moins que vous n'ayez l'habitude de sa société (et vous ne semblez guère habitué à une aussi haute compagnie), vous ne pouvez pas dire comment il s'approche ; et quant à sa figure, jetez les yeux sur cette fontaine, puis sur moi, et vous jugerez qui de nous deux ressemble le mieux aux pieds fourchus qui épouvantent l'imagination des imbécilles.

ARNOLD.

Pouvez-vous, — osez-vous me reprocher ma laideur originelle !

INCONNU.

Si je songeais à reprocher au buffle le pied fourchu que je te vois, ou au rapide dromadaire la sublime élévation qui couronne tes épaules, ces animaux se féliciteraient du compliment ; et, pourtant, ces deux êtres sont plus agiles, plus vigoureux, plus durs au travail et à la peine que toi-même, et que tous les plus beaux et les plus hardis de ton espèce. Ta forme est très-naturelle ; seulement, la nature s'est méprise en te prodiguant des avantages qui ne sont pas du domaine des autres hommes.

ARNOLD.

Donne-moi donc la vigueur des pieds du buffle quand il fait voler la poussière à la vue de son ennemi qui approche, ou donne-moi la longue et patiente douceur du dromadaire, ce vaisseau flottant dans les sables du désert, — et je supporterai tes diaboliques sarcasmes, avec la résignation d'un saint.

INCONNU.

Volontiers.

ARNOLD, surpris.

Tu le pourrais?

INCONNU.

Peut-être. — Voulez-vous quelque chose de plus?

ARNOLD.

Tu te moques de moi.

INCONNU.

Moi! non. Pourquoi rirais-je de celui dont tout le monde rit? ce serait, à mon avis, un pauvre plaisir. Pour te parler dans la langue des hommes (car tu ne saurais encore comprendre la mienne), le chasseur des bois ne suit pas le misérable lapin, il s'attache aux pas de l'ours, du loup ou du lion; il laisse le moindre gibier aux petits bourgeois qui quittent un seul jour dans l'année leurs foyers pour remplir leurs chaudrons domestiques de cette plate curée. Que la canaille s'acharne après toi; pour moi, je puis, à cette heure, me moquer d'un être au-dessus d'eux.

ARNOLD.

Ne perds donc pas ton tems auprès de moi : je ne te cherchais pas.

INCONNU.

Vos pensées ne me sont pas si étrangères. Ne me renvoyez pas. On ne me rappelle pas aisément quand on désire de moi quelque service.

ARNOLD.

Et que veux-tu faire pour moi ?

INCONNU.

Changer, si vous voulez, de forme avec vous, puisque la vôtre vous désespère ; ou bien vous donner toute autre figure que vous désirerez.

ARNOLD.

Oh ! alors vous êtes vraiment le diable, car nul autre ne consentirait à prendre ainsi mes traits.

INCONNU.

Je te ferai voir les plus belles figures que le monde ait jamais portées, et je t'en laisserai le choix.

ARNOLD.

A quelles conditions ?

INCONNU.

C'est une question. Il n'y a qu'un instant, pour ressembler aux autres hommes, vous auriez donné votre ame ; et voilà que vous hésitez à prendre les traits des demi-dieux.

ARNOLD.

Non, je n'en veux pas. Je ne dois pas compromettre mon ame.

INCONNU.

Et quelle ame, digne de ce nom, voudrait demeurer dans une telle carcasse?

ARNOLD.

C'est une ame non désespérée, quelle que soit la triste enveloppe qui l'emprisonne. Mais désignez votre pacte; faut-il le signer avec du sang?

INCONNU.

Non pas, du vôtre même.

ARNOLD.

Et de qui donc?

INCONNU.

Nous en causerons plus tard. Mais je serai de bonne composition, car je vois en vous de grandes choses. Vous n'aurez d'autre lien que votre volonté, d'autre engagement que vos œuvres. Êtes-vous content?

ARNOLD.

Je te prends au mot.

INCONNU.

Eh bien! allons, — (l'inconnu s'approche de la fontaine, et se retournant vers Arnold,) quelques gouttes de votre sang.

ARNOLD.

Et pourquoi?

INCONNU.

Pour mêler au charme de cette eau, et en confirmer l'effet.

ARNOLD, présentant son bras blessé.

Prends-le tout.

INCONNU.

Non, pour l'instant quelques gouttes me suffisent. (Il met quelques gouttes du sang d'Arnold dans sa main et les jette dans la fontaine.) Ombre de beauté, ombre de puissance, rendez-vous à votre poste. — L'heure en est venue : que vos formes aimables et flexibles sortent du fond de cette source comme on voit le géant aux formes vaporeuses s'élancer des sommets de la montagne de Hartz [1]. Venez telles que vous êtes, et que nos yeux puissent voir dans l'air le modèle, brillant comme l'Iris quand elle jette son croissant dans l'étendue, de la figure que je veux former ; — tel est *son* désir (désignant Arnold) et tel est mon commandement ! Démons héroïques, démons qui prîtes autrefois le manteau du stoïcien et du sophiste, ou celui des conquérans qui respirèrent pour détruire, depuis l'enfant de la Macédoine jusqu'à tant d'innombrables Romains ; — ombre de beauté, ombre de puissance ! l'heure est venue, à votre devoir !

(Divers fantômes sortent de l'ombre et passent successivement devant l'étranger et Arnold.)

ARNOLD.

Que vois-je ?

INCONNU.

Le Romain aux yeux noirs et au nez d'aigle, qui ne connut jamais de vainqueur, et qui ne vit jamais de contrée qu'il ne soumît à Rome, tandis que Rome devenait sa proie et celle de tous les héritiers de son nom.

ARNOLD.

Ce fantôme est chauve, et je veux de la beauté ; ne puis-je acquérir sa gloire sans me soustraire à ses défauts ?

INCONNU.

Vous le voyez ; son front était garni de plus de lauriers que de cheveux. Choisissez ou rejetez. Je ne puis que vous promettre ses traits ; quant à sa gloire il faut long-tems l'ambitionner et combattre, pour mériter de l'obtenir.

ARNOLD.

Je veux aussi me battre, mais non pas comme une copie de César. Fais-le disparaître : son aspect peut être beau, mais il n'est pas de mon goût.

INCONNU.

Alors vous êtes bien plus difficile à séduire que la sœur de Caton, que la mère de Brutus, ou que Cléopâtre à seize ans, quand l'amour pénètre par les yeux, non moins que par le cœur. Mais soit ! ombre, disparais ! (*Le fantôme de Jules César disparaît.*)

ARNOLD.

Se peut-il que l'homme qui ébranla la terre disparaisse ainsi sans laisser la moindre trace !

INCONNU,

Vous vous trompez, sa substance a laissé derrière lui assez de tombeaux, assez de calamités et plus de gloire qu'il n'en fallait pour prolonger sa mémoire ; quant à son ombre elle n'est rien de plus que la nôtre, si ce n'est quelques pouces et une verticale plus régulière. En voici une autre.

(Un second fantôme passe.)

ARNOLD.

Quel est-il ?

INCONNU.

C'était le plus beau et le plus brave des Athéniens. Regardez-le bien.

ARNOLD.

Il est en effet plus séduisant que l'autre. Que de beauté !

INCONNU.

Tel fut le fils de Clinias à la chevelure bouclée ; veux-tu revêtir sa figure ?

ARNOLD.

Que ne suis-je né avec elle ! Mais puisque je puis choisir encore, passons outre.

(L'ombre d'Alcibiade disparaît.)

INCONNU.

Tiens ! regarde !

ARNOLD.

Comment ! cette espèce de satyre, court, basané, au nez rompu, aux yeux ronds, aux larges narines et à la physionomie de Silène ! cette jambe tortue et cette piteuse stature ! j'aime mieux rester tel que je suis.

INCONNU.

Il était pourtant ce que la terre avait de beauté intellectuelle plus parfaite ; c'était la vertu même personnifiée. Mais vous le rejetez.

ARNOLD.

Non pas, si ses traits pouvaient me douer de ce qui les faisait oublier.

INCONNU.

Je n'ai pas le pouvoir de le promettre ; mais vous pouvez l'essayer et voir si les chances de vertus sont plus grandes sous un pareil masque que sous le vôtre.

ARNOLD.

Non, je ne suis pas né pour la philosophie, bien que tout en moi doive me faire une loi d'en user. Fais-le disparaître.

INCONNU.

Redeviens air, buveur de ciguë !

(L'ombre de Socrate disparaît, une autre s'élève.)

ARNOLD.

Quel est maintenant ce front large et cette barbe frisée qui rappellerait le vigoureux aspect d'Hercule si ses yeux égrillards n'appartenaient plutôt à Bacchus qu'au triste vainqueur du monde infernal quand il repose appuyé sur sa massue et comme s'il réfléchissait à l'indignité de ceux pour qui il avait combattu ?

INCONNU.

Mais tu vois celui qui par amour perdit l'ancien monde.

ARNOLD.

Je ne le blâmerais pas, moi, qui risque mon ame parce que je n'ai pas trouvé ce qu'il consentit à échanger contre l'empire de la terre.

INCONNU.

Eh bien ! puisque vous semblez vous accorder si bien, vous allez prendre ses traits ?

ARNOLD.

Non, comme vous me laissez le choix, je suis difficile ; ne serait-ce que pour voir des héros que je n'aurais jamais contemplés qu'après ma mort, sur les rives du pâle fleuve de l'éternité.

INCONNU.

Disparais, triumvir, ta Cléopâtre t'attend.

(L'ombre d'Antoine disparaît : une autre s'élève.)

ARNOLD.

Quel est celui-ci? il a le regard d'un demi-dieu, son teint est frais et coloré, ses cheveux d'or, et sa taille, si elle ne dépasse pas celle des mortels, a cependant une trace d'immortalité. — Quelque chose de brillant l'entoure et ne semble que l'émanation d'un éclat intérieur plus vif encore. Est-ce qu'il ne fut rien qu'un homme ?

INCONNU.

Demande à la terre si elle conserve quelques atômes de lui, ou même de l'or bien autrement solide qui formait son urne.

ARNOLD.

Quelle était cette gloire du genre humain ?

INCONNU.

La honte de la Grèce pendant la paix, son foudre pendant la guerre. — C'est Démétrius le Macédonien, et le preneur de villes.

ARNOLD.

Un autre.

INCONNU, s'adressant à l'ombre.

Retourne au giron de ta Lamia.

(L'ombre de Démétrius Poliorcète disparaît : une autre s'élève.)

INCONNU, poursuivant.

Je vous en montrerai bien d'autres ; ne craignez rien, mon cher bossu : si l'ombre de ceux qui existèrent ne sont pas de votre goût, j'animerai le marbre idéal jusqu'à ce que votre âme soit contente de sa nouvelle enveloppe.

ARNOLD.

Content ! mon choix est arrêté.

INCONNU.

Je suis forcé de vous en faire mon compliment,

c'est le divin enfant de la déesse des ondes, le fils chevelu de Pélée, aux tresses belles et blondes comme les vagues embaumées du riche Pactole, roulantes sur des sables d'or; vois comme elles sont nuancées de cristal et gracieusement ondulées par les vents, telles enfin qu'elles furent vouées au Sperchius ! Contemple-le tout entier ; c'est ainsi qu'il parut devant Polyxène en face de l'autel, les yeux remplis d'amour et fixés sur sa Troyenne fiancée. Quelques regrets de la mort d'Hector et des larmes de Priam se joignent à la vive passion que lui inspire la vierge aux regards baissés dont la jeune main tremble dans celle qui fit mourir son frère. Tel il parut dans le temple ; regarde-le comme la Grèce regardait pour la dernière fois son plus illustre héros, l'instant avant que Pâris tendît son arc.

ARNOLD.

Je le regarde comme si j'étais l'ame dont il va devenir la forme.

INCONNU.

Vous avez bien fait, la plus extrême laideur ne pouvait se troquer que contre la plus extrême beauté, s'il faut ajouter foi à ce proverbe des hommes, *que les extrémes se touchent.*

ARNOLD.

Allons, hâte-toi ! je suis impatient.

INCONNU.

Oui, comme une jeune beauté devant son miroir;

tous deux vous vous figurez ce que vous n'êtes pas, et vous rêvez ce que vous devez être.

ARNOLD.

Faut-il donc attendre?

INCONNU.

Non, tu serais trop malheureux, mais un mot seulement : sa taille est de douze coudées ; voudrais-tu donc dépasser si énormément celle des hommes de ton siècle et devenir un Titan? ou (pour parler en termes théologiques) un enfant d'Anak [2] ?

ARNOLD.

Pourquoi pas ?

INCONNU.

Ambition glorieuse, je t'aime surtout dans les nains, un mortel de stature philistine aurait avec empressement troqué son corps de Goliath contre le petit David ; mais toi, mon petit singe, tu préfères de beaucoup l'apparence d'un héros à sa gloire. Tes vœux seront accomplis s'ils sont tels que tu viens de les exprimer, et cependant tu aurais sur les hommes bien plus d'empire en te montrant à eux sous des formes plus rapprochées des leurs ; tous vont se soulever contre toi comme pour chasser quelque mammouth nouvellement découvert ; et leurs maudits engins, leurs couleuvrines et le reste entrouvriront l'armure de notre ami plus facilement que la flèche adultère n'atteignit le talon que Thétis oublia de baptiser dans le Styx.

ARNOLD.

Eh bien ! qu'il en soit comme il te plaira.

INCONNU.

Tu seras beau comme l'objet que tu vois, fort comme il le fut, et —

ARNOLD.

Je ne demande pas sa valeur, les êtres difformes sont toujours assez téméraires, il est dans leur nature de surpasser les autres hommes du côté de l'ame et du cœur et de redevenir ainsi leurs égaux, — que dis-je, leurs supérieurs. Il y a dans leurs mouvemens irréguliers un aiguillon qui les pousse à faire ce que ne peuvent les autres et ce que pourtant ils sont également libres de faire, et c'est ainsi qu'ils savent balancer l'avarice d'une nature marâtre ; c'est à force d'intrépidité qu'ils sollicitent les faveurs de la fortune et que souvent ils les obtiennent comme Timour, le Tartare boiteux.

INCONNU.

Bien dit ! et sans doute tu vas conserver ta première forme. Il ne tient qu'à moi de dissiper cette ombre qui allait se transformer en chair pour rehausser une ame intrépide qui n'a pas besoin d'elle.

ARNOLD.

Si nul esprit ne m'avait offert la possibilité d'un changement, j'aurais fait de mon mieux pour m'ouvrir une carrière en dépit de l'odieuse difformité qui, semblable à une montagne, pesait mortellement sur moi. A la vue d'un homme plus heureux j'aurais toujours senti sur mon cœur comme sur mes épaules une masse de haine et de désespoir. J'aurais toujours contemplé, avec un soupir de douleur et non d'amour, la beauté, dans le sexe qui est le type de tout ce que nous connaissons ou rêvons de beau par de là le monde qu'il charme; bien que mon cœur fût tout amour, je n'aurais pas tenté de toucher celle qui n'aurait pu me payer de retour à la vue de cette odieuse enveloppe qui me condamne à la solitude. Bien plus j'aurais attendu la mort sans la désirer si ma mère ne m'avait pas repoussé de ses bras. La femelle de l'ours lèche ses petits pour les rendre moins difformes; ma mère n'avait pas l'espoir de me rendre moins laid, que ne m'exposa-t-elle comme les femmes de Sparte, avant que j'eusse le sentiment passionné de la vie? j'aurais été un morceau de terre de la vallée, plus heureux mille fois de n'être rien que tel que je suis. Mais enfin, bien que le plus laid, le plus humble et le plus abject des hommes, le courage aurait pu me rendre tel que tant d'autres héros d'une laideur comparable à la mienne. Vous m'avez vu maître de ma propre vie et désireux de la quitter; et celui qui peut mourir ainsi est le maître de tous ceux qui craignent la mort.

INCONNU.

Choisissez entre ce que vous fûtes et ce que vous pouvez être.

ARNOLD.

Mon choix est fait ; vous avez ouvert une perspective plus brillante pour mes yeux et plus douce pour mon cœur. Dans ma forme actuelle, je puis être craint, admiré, chéri et respecté de tout l'univers, à l'exception de ceux de mon espèce, dont l'amour seul pouvait m'être précieux. J'ai le choix de plusieurs formes : je prends celle qui est devant mes yeux. Hâte-toi.

INCONNU.

Et moi, laquelle prendrai-je ?

ARNOLD.

Sans doute, celui qui commande à toutes les formes choisira la plus noble, et quelque chose de supérieur, même à celle du fils de Pelée que nous venons de voir. Ce sera peut-être celle de son assassin, du beau Pâris, ou mieux encore du dieu des poètes, dont chaque membre sera déjà un modèle de poésie.

INCONNU.

Je me contenterai de moins, car j'aime trop le changement.

ARNOLD.

Votre figure est noire, mais non pas déplaisante.

INCONNU.

Si je voulais choisir, je me rendrais plus blanc ; mais j'ai pour le noir un penchant. — Il est aussi décent, et de plus, la honte ne saurait le faire rougir; ou la crainte pâlir; mais voilà bien assez de tems que je le porte; et je vais le troquer avec votre figure.

ARNOLD.

Ma figure?

INCONNU.

Oui, vous changerez avec le fils de Thétis; moi, avec la progéniture de Berthe. Les goûts sont divers : vous avez le vôtre, j'ai le mien.

ARNOLD.

Allons, dépêchons!

INCONNU.

Nous y voici. (L'Inconnu prend un peu de terre, il la façonne sur le gazon; puis s'adressant au fantôme d'Achille.) Ombre charmante du fils de Thétis endormie sur le gazon qui recouvre l'antique Troie, je modèle ton image avec la terre rouge qui composa celle d'Adam *, ainsi qu'avait fait le créateur dont je veux imiter les actions. Boule de terre, reçois la vie jusqu'à ce que la rose soit aussi fraîche sur tes joues qu'à l'instant où elle s'épanouit. Et vous, violette que je touche, prêtez à ses yeux votre nuance! Ondes éclairées du soleil, devenez pour lui des ruisseaux de sang; que ces boutons d'hyacinthe, devenus ses beaux et flottans cheveux, se répandent le long de ses tempes comme ils se balançaient dans l'air! qu'il ait pour

---

* Adam signifie *terre rouge*, de laquelle le premier homme fut formé.

(*Note de Lord Byron.*)

cœur le marbre que je tire de ce roc ; que sa voix soit comme le gazouillement des oiseaux sur ce chêne ! que sa chair soit formée de cette terre délicate dans laquelle s'alongent les racines du lis et qui boit la rosée la plus pure! que ses jambes soient les plus légères, que son aspect soit le plus radieux que la terre ait pu jamais contempler ! Élémens, approchez, mêlez-vous à ma voix, reconnaissez-moi pour votre maître! Rayons du soleil, animez cette exhalation de la terre ! C'en est fait; il a pris son rang dans la création..

(Arnold tombe sans mouvement ; son ame passe dans la figure d'Achille, le fantôme disparaît peu à peu à mesure que s'anime la figure pétrie de terre.)

ARNOLD, dans sa nouvelle forme.

J'aime, et je serai donc aimé! O vie! enfin je te sens! esprit de gloire !

INCONNU.

Arrêtez, que ferez-vous de votre première enveloppe, de cette horrible, sale et repoussante difformité qui naguère était vous?

ARNOLD.

Qu'importe! que les loups ou les oiseaux s'en emparent, s'ils le veulent.

INCONNU.

S'ils le font, s'ils n'ont pas de répugnance pour elle, vous direz ainsi-soit-il ; vous féliciterez les champs d'en être purifiés.

ARNOLD.

Laissons-la, et ne songeons pas à ce qu'elle peut devenir.

INCONNU.

Voilà de la dureté, sinon de l'ingratitude. Quel qu'il soit, ce corps a soutenu long-tems votre ame.

ARNOLD.

Oui, de même que le fumier recélait la perle qui, maintenant montée sur or, brille entre les pierres précieuses.

INCONNU.

Mais si je donne une autre forme, il faut que ce soit comme par échange et non par l'effet d'un larcin. Ceux qui font des hommes sans l'intervention de la femme paient depuis long-tems une sorte de patente pour ce commerce, et ils ne se soucient pas d'employer la contrebande. Le diable peut prendre les hommes et non pas les faire, bien qu'il recueille le bénéfice d'une véritable fabrication humaine. Il faut donc trouver quelqu'un qui reprenne la figure que vous venez de quitter.

ARNOLD.

Et qui le voudra jamais ?

INCONNU.

Je ne le sais pas, voilà pourquoi je me dévoue.

ARNOLD.

Vous ?

INCONNU.

Je l'avais dit avant de vous revêtir de cette robe de beauté dont vous êtes si fier.

ARNOLD.

Il est vrai, la joie subite de ma métamorphose me fait tout oublier.

INCONNU.

Je serai dans quelques momens tel que vous étiez, et vous vous verrez toujours vous-même à vos côtés, et tel que votre ombre.

ARNOLD.

Je m'en passerais fort bien.

INCONNU.

Mais cela est impossible. Eh quoi ! déjà vous frémissez tel que vous êtes en voyant ce que vous fûtes?

ARNOLD.

Il en sera ce que vous voudrez.

INCONNU. *Il étend sur la terre la première forme d'Arnold.*

Terre non morte, mais inanimée ! nul homme ne voudrait te revêtir ; et cependant un immortel ne songe pas à te dédaigner. Tu es terre, et pour l'esprit toute terre est d'un mérite égal. Feu ! *sans* lequel rien ne peut vivre; feu! *dans* lequel cependant nul ne peut vivre excepté la fabuleuse Salamandre, ou les ames à jamais tourmentées qui implorent ce qui ne pardonne jamais, hurlent pour obtenir une goutte d'eau, et brûlent dans des flammes inextinguibles ; feu ! le seul élément où nul être ne conserve sa forme passagère, ni le poisson, ni le quadrupède, ni l'oiseau, ni le ver ; feu ! sauve-garde et meurtrier de l'homme ; feu ! enfant premier-né de la création et fatal instrument de la destruction quand le ciel aura rejeté la terre ; feu ! viens m'aider à renouveler la vie dans la forme que je contemple inerte et glacée : son retour à la vie dépend de nous deux ; jette une faible étincelle, — et soudain il reprendra son premier mouvement, seulement c'est mon esprit qui l'animera.

(Un feu follet s'élève à travers le bois et vient s'arrêter sur le front du cadavre. L'inconnu disparaît et le corps se lève.)

ARNOLD.

Oh ! horrible !

INCONNU, sous la figure d'Arnold.

Comment, est-ce que tu trembles ?

ARNOLD.

Non, ce n'est qu'un frissonnement. Où donc a fui le corps qui te portait tout à l'heure ?

INCONNU.

Au royaume des ombres. Mais parcourons celui où nous sommes encore. Où veux-tu aller ?

ARNOLD.

Faut-il que tu m'accompagnes ?

INCONNU.

Et pourquoi non ? Ceux qui valent mieux que toi ont plus mauvaise société.

ARNOLD.

Ceux qui valent mieux que moi !

INCONNU.

Oh ! je le vois, votre nouvelle forme vous donne de l'orgueil ; j'en suis ravi. Déjà de l'ingratitude? Admirable ! c'est un plaisir de vous instruire. — C'est, dans un instant, deux métamorphoses; et voilà que déjà vous avez l'expérience des manières du monde. Mais supportez ma présence. En vérité, elle pourra vous être utile dans votre route. Maintenant, décidez ; où porterons-nous nos pas?

ARNOLD.

Où se trouvera réuni le plus de monde : je veux voir comment il agit.

INCONNU.

C'est-à-dire où règnent la guerre et les femmes. Voyons ! l'Espagne, l'Italie, — les nouvelles terres atlantiques, — l'Afrique et tous ses Maures. En vérité, il y a peu de choix : toutes les races sont maintenant et partout, comme à l'ordinaire, acharnées les unes contre les autres.

ARNOLD.

J'ai entendu dire des merveilles de Rome.

INCONNU.

Fort bon choix ! — le meilleur que l'on puisse faire sur la terre depuis que Sodome n'est plus. Le champ est vaste ; car le Franc, le Hun, l'Espagnol, descendant des antiques Vandales, se jouent en ce moment sur les brûlans rivages de ce jardin de l'univers.

ARNOLD.

Quelle sera notre manière de voyager ?

INCONNU.

Nous prendrons de bons coursiers, comme des gens de distinction. Holà ! mes chevaux ! Jamais il n'en fut de meilleurs depuis ceux qui jetèrent dans le Pô Phaéton. Et nos pages aussi !

(Deux pages entrent avec quatre chevaux noirs.)

ARNOLD.

Oh ! la belle chose.

INCONNU.

C'est la plus noble race. Osez lui comparer celle de Barbarie ou vos Kochlani de l'Arabie.

ARNOLD.

Le flocon vaporeux qui s'échappe de leurs fiers naseaux embrase l'air lui-même ; des jets de flamme, semblables à des essaims de vers luisans, se balancent autour de leur crinière, ainsi que par un rayon de soleil des insectes vulgaires entourent nos vulgaires coursiers.

INCONNU.

Montez, monseigneur ; eux et moi nous sommes à votre service.

ARNOLD.

Et ces pages aux yeux noirs, — quels sont leurs noms ?

INCONNU.

C'est vous qui les baptiserez.

ARNOLD.

Comment, dans l'eau sainte?

INCONNU.

Pourquoi pas ? le plus grand pécheur est-le saint le plus accompli!

ARNOLD.

Ils sont bien beaux ; et certes ils ne peuvent être des diables.

INCONNU.

Qui en doute? Le diable est toujours hideux, et votre beauté n'a jamais rien de diabolique, n'est-ce pas?

ARNOLD.

Je nommerai Huon celui qui porte le cor doré et une figure si fraîche et si radieuse, car il a le regard du charmant enfant perdu dans les bois, et qu'on n'a jamais retrouvé ; quant à l'autre, plus brun et plus soucieux, qui ne sourit jamais, mais garde l'air sérieux et cependant calme de la nuit, il s'appellera Memnon, comme ce roi d'Égypte dont la statue rend une fois chaque jour un son harmonieux. Mais vous?

INCONNU.

J'ai dix mille noms, et deux fois autant d'attributs ; mais puisque j'ai pris une forme humaine, je porterai un nom d'homme.

ARNOLD.

Et qui tiendra plus de l'homme que le corps lui-même, bien qu'il m'ait appartenu.

PREMIÈRE PARTIE.

INCONNU.

Alors, appelez-moi César.

ARNOLD.

Comment! ce nom est le signe de l'empire, et il ne fut porté que par les maîtres du monde.

INCONNU.

C'est par cela même qu'il convient parfaitement au diable déguisé, tel du moins que vous me supposez : à moins pourtant que vous n'aimiez mieux me prendre pour le pape.

ARNOLD.

Va donc pour César. Pour moi je veux garder le simple nom d'Arnold.

CÉSAR.

Nous y ajouterons un titre : — le comte Arnold. Il n'a rien de disgracieux, et il fera un bon effet sur un billet doux.

ARNOLD.

Ou dans une proclamation devant un champ de bataille.

CÉSAR, chantant.

A cheval, à cheval! Mon coursier noir frappe la terre et dévore l'espace! Il n'est pas de jeune étalon de l'Arabie qui connaisse mieux celui qu'il doit porter. Plus léger à mesure qu'il s'élève davantage, les montagnes ne retarderont pas sa course; il ne bronchera pas dans les marais; il ne sera pas dépassé dans la plaine; l'onde ne le fera pas tomber; le bord d'un ruisseau ne le décidera pas à s'arrêter pour étancher sa soif. Dans l'arène, il ne perdra pas sa respiration ; dans le combat, rien ne pourra le lasser ; il traversera les pierres aiguës. Ni le tems, ni la fatigue ne pourront l'abattre. L'étable ne lui ôtera pas son ardeur ; et toujours ses pieds rapides lutteront avec les ailes du griffon. Quoi de plus doux qu'un pareil voyage ? A cheval, à cheval ! Jamais l'écume ne blanchira le mors, jamais la poussière ne souillera les crins de nos noirs coursiers. Faut-il courir ou voler des Alpes au Caucase ? dans un clin d'œil nous aurons franchi l'espace qui les sépare.

(Ils montent sur leurs chevaux et disparaissent.)

SCÈNE II.

(La scène représente un camp sous les murs de Rome.)

ARNOLD et CÉSAR.

CÉSAR.

Nous voilà donc arrivés.

ARNOLD.

Oui ; mais mes pieds ont foulé des cadavres : mes yeux sont encore pleins de sang.

CÉSAR.

Essuyez-les donc et voyez clair. Comment, n'êtes-vous pas un conquérant ? N'êtes-vous pas le chevalier favori, le volontaire compagnon du vaillant

Bourbon, jadis connétable de France, et qui bientôt sera maître d'une ville qui, sous les empereurs, était la maîtresse du monde ancien?

ARNOLD.

Comment, monde ancien? Est-ce qu'il y en a de nouveaux?

CÉSAR.

Oui, pour vous; vous éprouverez bientôt qu'il en existe, aux richesses et aux maladies que vous lui devrez; une moitié du globe donnera le titre de nouveau à l'autre moitié, parce que vous ne comprenez que le frivole et douteux rapport de vos yeux et de vos oreilles.

ARNOLD.

Et j'ajoute à ce rapport une foi complète.

CÉSAR.

A votre aise; vous lui devrez d'agréables erreurs, et cela vaut mieux qu'une vérité pénible.

ARNOLD.

Chien!

CÉSAR.

Homme!

ARNOLD.

Diable!

CÉSAR.

Votre humble et obéissant serviteur.

ARNOLD.

Maître, dirais-tu avec plus de raison; tu m'as

traîné jusqu'ici à travers des tableaux de carnage et de débauche.

CÉSAR.

Où donc voudrais-tu être?

ARNOLD.

Oh! en paix. — Oui, en paix!

CÉSAR.

Et qui peut se flatter d'y être? Depuis l'étoile jusqu'au ver rampant, la vie est partout en mouvement, et la commotion est encore le dernier signe de la vie. La planète tourne jusqu'à ce qu'elle devienne comète, et que dans sa course vagabonde elle hâte la destruction des autres planètes. L'humble ver poursuit sa vie rampante aux dépens de l'existence d'autres objets ; mais comme eux, il faut qu'il vive et qu'il meure esclave de celui qui l'a créé pour vivre et mourir. Il vous faut obéir au maître de toute chose, à l'invariable nécessité : contre ses arrêts, la révolte ne réussit pas.

ARNOLD.

Mais quand elle vient à réussir?

CÉSAR.

Ce n'est plus la révolte.

ARNOLD.

L'emportera-t-elle aujourd'hui?

CÉSAR.

Le Bourbon a donné des ordres pour l'assaut ; au rayon du jour on sera à l'ouvrage.

ARNOLD.

Hélas! et la ville succombera-t-elle? Je vois la demeure gigantesque du vrai Dieu; je vois Saint-Pierre, son fidèle serviteur, élancer son dôme dans le firmament où le Christ monta lui-même en laissant sur la terre un gage de bonheur et de gloire dans le sang qu'il avait répandu sur une croix (instrument de torture pour lui, Dieu et fils de Dieu, mais unique consolation des faibles mortels).

CÉSAR.

Il est là et il y sera.

ARNOLD.

Quoi?

CÉSAR.

Le crucifix et une foule d'autels qui resplendissent dans des lieux moins élevés : il y a encore çà et là sur les murailles des couleuvrines et des arquebuses; et que n'y voit-on pas, excepté les hommes qui y mettent le feu pour tuer d'autres hommes?

ARNOLD.

En serait-il donc fait de ces colonnades presque divines? de ces pilastres soutenant des murailles indestructibles? du théâtre où s'asseyaient les empereurs et leurs sujets (des sujets *romains*) pour y contempler le combat des rois du désert et des forêts; quand le lion et l'indomptable sanglier venaient joûter dans l'arène, pour y remplacer les hommes; qui de tous côtés étaient soumis à la villeéternelle; alors que les bois payaient leur tribut d'existence à ces amphithéâtres et se réunissaient aux citoyens de la Dacie pour contribuer par leur trépas à l'amusement d'une minute, et pour arracher enfin à leurs bourreaux cette exclamation : *un autre, quelqu'autre gladiateur?*

CÉSAR.

De quoi voulez-vous parler? de la ville ou de l'amphithéâtre; d'une église, ou de toutes? car vous confondez toutes ces choses et vous me confondez moi-même.

ARNOLD.

Demain avec le chant du coq sonnera l'assaut.

CÉSAR.

Qui, s'il finit avec le premier accent du rossignol du soir, offrira quelque chose d'inoui dans les annales des grands siéges : car les hommes ne saisissent guère leurs proies qu'après de longues peines.

ARNOLD.

Le soleil s'avance avec autant de calme et peut-être plus beau qu'il ne se montra sur Rome, le jour que Rémus franchit son mur.

CÉSAR.

Je l'ai vu en ce moment.

ARNOLD.

Vous?

CÉSAR.

Oui, monsieur, vous oubliez que je suis un esprit, où que du moins je l'étais avant de prendre votre corps abandonné et d'avilir mon nom. A présent je suis César et bossu. Eh bien! le premier des Césars était une tête chauve, et ses lauriers lui plaisaient bien mieux comme perruque (ainsi le dit l'histoire), que comme signe de gloire. Ainsi va le monde, mais nous n'en serons pas moins joyeux. J'ai donc vu tel que je suis votre Romulus tuer son propre frère, fruit jumeau des mêmes entrailles; et pourquoi? parce qu'il franchit un fossé (car alors il n'y avait pas de murs autour de Rome aujourd'hui si orgueilleuse). Ainsi le premier ciment de Rome fut le sang d'un frère, et quand le sang de ses enfans coulerait en flots assez larges pour donner la teinte la plus rouge aux jaunes ondes du Tibre, ce ne serait rien encore auprès des torrens de sang que les avides descendans du fratricide ont fait couler sur la terre pendant tant de siècles.

ARNOLD.

Mais que peut-on reprocher aux arrière-petits-fils de Romulus, eux qui vécurent dans la paix du ciel et dans les retraites de la piété?

CÉSAR.

Et qu'avaient-ils fait, ceux que les anciens Romains exterminèrent? — Mais écoutons.

ARNOLD.

Ce sont des soldats : ils chantent une ronde insouciante, à la veille de tant de trépas, du leur peut-être.

CÉSAR.

Et pourquoi ne chanteraient-ils pas aussi bien que des cygnes? Ceux-ci du moins sont noirs ; on n'en peut douter *.

ARNOLD.

Vous êtes savant, je m'en aperçois.

CÉSAR.

Oui, je connais ma grammaire. Je fus élevé pour être moine : j'étais autrefois versé dans la connaissance des lettres étrusques, aujourd'hui oubliées, et — si je voulais me rappeler — j'expliquerais leurs hiéroglyphes plus clairement que votre alphabet.

ARNOLD.

Et que ne le faites-vous ?

CÉSAR.

Il me convient mieux de résoudre en hiéroglyphes votre alphabet; et j'imite en cela vos hommes d'état, vos prophètes, prêtres, docteurs, alchimistes, philosophes et tant d'autres qui, sans avoir besoin d'une nouvelle confusion des langues, ont édifié plus de Babels que les bégayans maçons sortis de la fange du déluge, quand ils renoncèrent à leur œuvre et se dispersèrent. Et pourquoi? pourquoi,

* L'armure de fer dont les soldats étaient couverts les faisait paraître noirs de la tête aux pieds. César fait ici allusion à ce vers de Juvénal devenu proverbe :

Rara avis in terris, nigroque simillima cycno.

je vous prie ? parce que nul d'entre eux ne comprenait plus son voisin. Ils sont bien plus sages aujourd'hui! La déraison, le non-sens n'est plus capable de les diviser : le *non-sens*! c'est leur compagnon fidèle, leur Shibboleth, leur Koran, leur Talmud ; leur talisman cabalistique! c'est l'excellente base sur laquelle ils aiment le mieux bâtir —

ARNOLD l'interrompant.

Oh! railleur éternel! silence! Comme la voix rauque des soldats se transforme, dans le lointain, en un chant solennel et sublime! Écoutons!

CÉSAR.

Oui, autrefois j'ai entendu les anges chanter.

ARNOLD.

Et les démons hurler.

CÉSAR.

De concert avec les hommes. Mais écoutons. J'aime tous les genres de musique.

CHOEUR DES SOLDATS.

Les bandes noires ont franchi les Alpes et leurs monceaux de neiges. Bourbon, le ravisseur, les conduit; ils ont passé le large fleuve du Pô. Nous avons battu tous nos ennemis, nous avons fait prisonnier un roi, nous n'avons tourné le dos à personne; nous avons donc bien le droit de chanter. A jamais, vive à jamais Bourbon! quoique sans un sou vaillant, nous ne montrerons que plus d'ardeur à escalader ces vieilles murailles. Guidés par Bourbon, nous allons au point du jour entourer les portes, les briser ou tomber sur elles. En montant tous d'un pied ferme sur l'échelle, nous pousserons des cris de joie ; la mort seule restera muette. Guidés par Bourbon, nous monterons sur les murs de la vieille Rome : et qui pourrait alors calculer la dépouille de chaque maison ? En avant, en avant, guidés par les lis ! et tombent les clefs du tremblant pontife ! Nous nous reposerons à notre aise dans la vieille Rome aux sept montagnes : ses rues seront ensanglantées, son Tibre prendra la couleur rouge, et ses temples sonores répéteront le bruit de notre marche. C'est Bourbon, c'est Bourbon, c'est Bourbon qui nous protége ! c'est avec nos chants que nous battrons la charge ! Le feu en avant, l'Espagne pour avant-garde, puis viendront nos divers compagnons : près de l'Espagnol retentiront les tambours de la Germanie, et la pointe des lances italiennes sera couchée sur le sein de leur patrie. Pour nous, notre chef vient de la France, il a fait la guerre à son frère. C'est Bourbon, oui c'est Bourbon, sans feu ni lieu, c'est Bourbon qui va nous conduire au sac de Rome [3].

CÉSAR.

Voilà un chant dont les assiégés, il me semble, doivent peu s'effrayer.

ARNOLD.

Sans doute, si nos soldats sont fidèles aux paroles

du chœur. Mais voici le général entouré de ses chefs et de ses confidens. Généreux rebelle!

(Le connétable de Bourbon entre avec les siens, etc., etc.)

PHILIBERT.

Comment donc, noble prince, vous n'êtes pas content?

BOURBON.

Pourquoi le serais-je?

PHILIBERT.

La plupart des hommes le seraient à la veille d'une conquête telle que celle qui se prépare.

BOURBON.

Si ma sécurité était complète!

PHILIBERT.

Ne doutez pas des soldats; les murs seraient de diamant qu'ils sauraient bien les briser. La meilleure artillerie c'est la faim.

BOURBON.

Ma plus faible crainte est de les voir échouer. Comment, comment seraient-ils repoussés, avec Bourbon pour leur chef, et pour aiguillon leur violent appétit? — Ces vieux murs seraient des montagnes, et ceux qui les gardent les anciens dieux de la fable, que je ne craindrais rien de mes Titans;— mais aujourd'hui —

PHILIBERT.

Eh bien! ce sont des hommes qui se battent contre des hommes.

BOURBON.

Sans doute, mais ces murs ont vu autrefois des siècles merveilleux ! Ils ont enfanté des grandes ames ; la terre ancienne et l'ombre vivante de l'impérieuse Rome est peuplée de ces nobles guerriers ; je crois les voir marcher le long des remparts de la cité éternelle, et m'adjurer par leur sang glorieux, avec leurs mains privées de vie, de ne pas les approcher.

PHILIBERT.

N'y songez pas ! Voudriez-vous fuir devant des fantastiques menaces de fantômes ?

BOURBON.

Ils ne me menacent pas : j'affronterais, il me semble, la menace d'un Scylla ; mais ils rapprochent et lèvent, puis laissent retomber leurs mains glacées; et leurs visages maigres, leurs regards d'aspics fascinent les miens. Regardez là !

PHILIBERT.

Je vois des créneaux élevés.

BOURBON.

Et là ?

PHILIBERT.

Pas même une garde en perspective ; ils se tiennent à l'écart derrière les parapets, à l'abri des balles de nos lansquenets qui pourraient les atteindre dans le crépuscule.

BOURBON.

En vérité vous êtes aveugle.

PHILIBERT.

Pour ne rien voir au-delà de ce qui est visible.

BOURBON.

Un millier d'années ont envoyé tous leurs grands capitaines sur ces murs ; — le dernier Caton s'y trouve déchirant ses entrailles plutôt que de survivre à la liberté du pays que je veux enchaîner ; et le premier César, en habit de triomphateur, court de créneaux en créneaux.

PHILIBERT.

Faites donc la conquête des murs pour lesquels il fit tant d'exploits, et vous serez plus grand que lui.

BOURBON.

Vous dites vrai, je le ferai ou j'y perdrai la vie.

PHILIBERT.

Vous ne le pouvez pas ; mourir dans une telle entreprise, c'est moins la mort que l'aurore d'un jour éternel.

(Le comte Arnold et César s'avancent.)

CÉSAR.

Ceux qui ne sont que des hommes ne peuvent-ils donc supporter l'ardeur brûlante de cette gloire, objet de leur ambition?

BOURBON.

Ah! salut au sardonique bossu! salut à son maître, l'astre de beauté de notre armée, le vaillant aussi bien que le beau, le généreux comme l'aimable!

Avant la prochaine matinée nous saurons vous trouver de l'ouvrage à tous deux.

CÉSAR.

Avec la permission de votre altesse vous n'en trouverez pas moins pour vous-même.

BOURBON.

Et dans ce cas, petit bossu, je ne serai pas le dernier à mon poste.

CÉSAR.

Bossu ! vous pouvez le dire ; car, en votre qualité de général, placé sur les derrières de l'armée, vous avez pu voir mon dos ; mais, quant à vos ennemis, ils ne le connaissent pas encore.

BOURBON.

Voilà, je l'avoue, une bonne repartie ; je l'avais provoquée.—Quoi qu'il en soit, la poitrine de Bourbon fut et sera toujours aussi avancée en face du danger que la vôtre, quand vous seriez le diable.

CÉSAR.

Oh ! si je l'étais, je me serais bien gardé de venir ici.

PHILIBERT.

Pourquoi donc ?

CÉSAR.

C'est que la moitié de vos bandes valeureuses ne tardera guère à se donner hardiment à lui, et que l'autre moitié lui sera dépêchée plus promptement encore et avec autant de certitude.

BOURBON.

Arnold, votre vilain ami est aussi serpent dans ses paroles que dans ses actions.

CÉSAR.

Votre altesse ne me rend pas justice. Le premier serpent était un flatteur, et je ne le suis pas; quant à mes actions, je ne pique qu'après avoir été piqué.

BOURBON.

Vous êtes brave, et cela me suffirait; vous avez la parole aiguë et l'action prompte, c'est encore mieux. Je ne suis pas seulement un soldat, mais encore le camarade des soldats.

CÉSAR.

Altesse, c'est une mauvaise compagnie, plus mauvaise même pour amis que pour ennemis; attendu qu'avec les premiers les relations sont plus durables.

PHILIBERT.

Eh bien! drôle, tu deviens insolent au-delà du privilége d'un bouffon.

CÉSAR.

Véridique, voulez-vous dire. Et bien je mentirai : — la chose est aussi facile ; et vous allez me louer, car je vous déclare un héros.

BOURBON.

Laissez-le, Philibert : il est brave, et toujours, avec cette face hideuse et la montagne de ses épaules, on l'a vu le premier au feu et sur le champ de bataille. Il supporte patiemment la faim ; et, quant à sa langue, notre camp jouit d'une parfaite licence. Et pour moi, j'aime mieux l'aiguillon pénétrant d'un spirituel railleur que les imprécations lourdes et grossières d'un esclave affamé, mécontent et désespéré, qui reste sourd à tout autre argument qu'une table bien garnie, du vin, du sommeil, et quelques maravédis qu'il prend pour une véritable richesse.

CÉSAR.

Il serait à désirer que les princes de la terre n'en demandassent pas davantage.

BOURBON.

Allons, silence !

CÉSAR.

Oui, mais non pas inaction ; usez vous-même de paroles, vous en avez peu à dire.

PHILIBERT.

Que prétend cet effronté bavard ?

CÉSAR.

Bavarder, comme tant d'autres prophètes [4].

BOURBON.

Aussi, Philibert, pourquoi le vexer ? N'avez-vous rien de mieux à penser ? Arnold ! demain je donne l'assaut.

ARNOLD.

Je le savais déjà, monseigneur.

BOURBON.

Et vous me suivrez ?

ARNOLD.

Oui, puisqu'il m'est défendu de conduire.

BOURBON.

Il est nécessaire, pour donner toute l'intrépidité possible à notre armée épuisée, que son chef mette le premier le pied sur le premier degré de l'échelle la plus avancée.

CÉSAR.

Et sur le dernier; espérons-le du moins. A ce prix, il obtiendra la récompense de ses efforts.

BOURBON.

Demain, la première capitale du monde peut être à nous. A travers toutes les révolutions, la ville aux sept montagnes a retenu sur les autres peuples son empire; les Césars n'ont cédé qu'à Alaric, et les Alarics ne cédèrent qu'aux pontifes : mais Romains, Goths ou pontifes, tous furent également les maîtres du monde. Civilisés, barbares ou sacrés; les murs de Romulus n'ont pas cessé d'être le cirque d'un empire. Eh bien! leur tour est passé, le nôtre est venu; espérons que nous saurons aussi bien combattre et mieux gouverner qu'eux.

CÉSAR.

Certainement; les camps sont l'école des vertus civiles. Et que prétendez-vous faire de Rome?

BOURBON.

Ce qu'elle fut jadis [5].

CÉSAR.

Au tems d'Alaric ?

BOURBON.

Non, vil esclave ! au tems du premier César dont vous portez le nom comme tant de dogues.

CÉSAR.

Et de rois. C'est un beau nom pour tous les animaux de chasse.

BOURBON.

Il y a vraiment un démon dans cette langue amère et sanglante. Ne seras-tu jamais sérieux ?

CÉSAR.

Jamais, la veille d'une bataille : ce ne serait pas être bon soldat. Que le général soit pensif ; à la bonne heure ; nous autres aventuriers, nous devons redoubler d'enjouement. Et pourquoi nous attrister ? Notre déité tutélaire, sous la forme du général, veille pour nous. Loin des camps la réflexion ! Si les soldats songeaient à en faire, vous pourriez bien tenter seul d'entrouvrir ces murailles.

BOURBON.

Raillez à votre aise ; c'est du moins un avantage en vous que vous ne vous en battez pas plus mal.

CÉSAR.

Merci de la liberté ! Aussi bien, c'est la seule paie que j'ai reçue au service de votre altesse.

BOURBON.

Eh bien ! monsieur, demain vous pouvez vous payer

de vos mains. Regardez ces tours; elles renferment nos trésors. Mais, Philibert, il faut tenir un conseil. Arnold, nous y désirons votre présence.

ARNOLD.

Prince, au conseil comme en campagne, vous pouvez compter sur moi.

BOURBON.

Nous nous en félicitons doublement. Au point du jour vous remplirez un poste de confiance.

CÉSAR.

Et moi?

BOURBON.

Vous courrez avec Bourbon après la gloire. Bon soir.

ARNOLD, à César.

Prépare pour l'assaut notre armure, et va m'attendre dans ma tente.

(Sortent Bourbon, Arnold, Philibert, etc.)

CÉSAR, seul.

Dans ta tente! crois-tu m'échapper, parce que tu ne me verras plus? Ou penses-tu que le hideux étui qui contenait ton principe de vie soit pour moi autre chose qu'un masque? Voilà donc les hommes! les héros! les chefs! la fleur des bâtards d'Adam! Telle est la conséquence de la faculté de penser, accordée à la matière, substance indocile, méditant dans la confusion, agissant de même, en un mot, toujours retombant dans son élément primitif. Fort bien; je vais jouer avec ces pauvres marionnettes : c'est du moins, pour un esprit comme moi, le passe-tems d'une heure ennuyeuse. Quand je serai las, j'ai affaire dans les étoiles, que ces pauvres créatures imaginent faites pour leurs beaux yeux. Ce serait un bon tour d'en faire éclater une au milieu d'eux, et de mettre ainsi le feu sur et sous leur nichée. Comme alors on verrait toutes ces fourmis s'agiter sur le sol brûlant, et tout à coup cessant de mutuellement s'égorger, se réunir pour la première fois dans une oraison universelle ! Ah ! ah ! ah !

(Il éclate de rire, et s'éloigne.)

FIN DE LA PREMIÈRE PARTIE.

DEUXIÈME PARTIE.

SCÈNE PREMIÈRE.

(La scène est devant les murs de Rome. Assaut. L'armée est en mouvement avec des échelles pour franchir les murailles. Bourbon s'avance le premier, avec une écharpe blanche sur son armure [6].)

CHOEUR D'ESPRITS dans les airs.

I.

Voici le matin ; mais il est sombre et couvert. Où fuit la silencieuse alouette ? Où s'est retiré le soleil nébuleux ? Est-ce bien là le jour ? Le regard de la nature semble planer avec tristesse sur la cité noble et sacrée ; mais au dehors frémit un tocsin qui doit émouvoir les saints renfermés dans l'enceinte, et ranimer les cendres héroïques éparses autour des jaunes ondes du Tibre. Réveille-toi, génie des sept montagnes, avant que tes bases ne soient ébranlées !

II.

Entendez-vous le bruit pressé des pas? Mars conduit chaque ébranlement ! Les pieds se meuvent d'un commun accord comme les marées sous l'influence lunaire. Ils courent à la mort avec la régularité des eaux roulantes, alors que les vagues, s'élevant au-dessus des puissantes digues sans que leur ordre soit troublé, viennent se briser les unes après les autres. Entendez-vous le froissement des armures? Baissez vos regards sur chaque guerrier; comme son œil ardent menace ces remparts! Considérez chacun des degrés de chaque échelle, semblable aux raies qui sillonnent le corps d'une sinistre couleuvre.

III.

Considérez ces murs, hérissés sans intervalle de redoutables défenses. Tout à l'entour, de loin et de près, s'entrouvre la noire bouche des canons; brille le fer des lances, brûlent des mèches, se chargent les mousquets, et le tout pour vomir bientôt la mort. Tous les vieux instrumens de carnage, réunis à ce que l'industrie des hommes a nouvellement découvert, sont ici disposés comme un innombrable troupeau de sauterelles. Ombre de Rémus! ce jour sera terrible comme celui du crime de ton frère. Les chrétiens viennent combattre contre le temple du Christ : lui faudra-t-il subir la même destinée que toi?

IV.

Près, — près, plus près encore! Tel le tremblement de terre ébranle les montagnes, d'abord par une secousse légère et sourde comme les premiers sillonnemens de l'onde; ensuite avec un fracas terrible et prolongé, jusqu'à ce que les rochers soient réduits en poussière; ainsi se précipite en avant l'armée! Illustres guerriers, héros dont le renom vit encore; ombres éternelles, premières fleurs des sanglantes prairies qui entourent Rome, Rome la mère d'un peuple unique! ne sortirez-vous pas de votre assoupissement, quand les nations, dans leurs querelles, vont traîner la charrue sur vos lauriers! Mais vous qui avez pleuré sur le bûcher de Carthage, ne versez pas de larmes; applaudissez! Rome pleure à son tour*.

V.

En avant se précipitent les nations diverses! La famine depuis long-tems remplace leurs denrées; la haine et la faim dans le cœur, ils se poussent devers les murailles comme une troupe de loups, et plus terribles encore. Ah! ville de gloire, vas-tu donc devenir un objet de pitié! Il faut tous, Romains, combattre comme vos pères! Comparé aux noirs bandits de Bourbon, Alaric était un vainqueur miséricordieux. Lève-toi, cité éternelle! lève-toi! Porte de tes mains la flamme sous tes portiques, plutôt que de laisser ces infâmes ennemis souiller de leur présence le dernier de tes foyers.

VI.

Oh! voyez-vous ce spectre ensanglanté! Pour les fils d'Ilion, il n'est plus d'Hector; les enfans de

---

* On dit que Scipion, le second Africain, répéta un vers d'Homère et pleura sur l'embrasement de Carthage. Il eût mieux fait de lui accorder une capitulation.

(*Note de Lord Byron.*)

Priam aimaient leur frère; et le fondateur de Rome méconnut sa mère, quand, par un crime que rien ne dut expier, il plongea le fer dans le cœur de son frère jumeau. Voyez l'ombre gigantesque se prolonger haute et large sur les remparts! Quand il traversa pour la première fois tes fossés, tu entrevis, ô Rome naissante, le jour de ta ruine. Vainement aujourd'hui t'éleverais-tu dans les airs à l'égal de Babel, tu n'arrêterais pas ses pas; et du haut de ton plus superbe dôme, voici déjà Rémus qui réclame de toi vengeance.

VII.

Voilà qu'ils te franchissent dans leur fureur, merveille du monde! Le feu, la fumée, la clameur infernale t'environnent! la mort se fait jour à travers et sous tes murs. Le fer commence à froisser un autre fer; plus bas l'échelle gémit, étincelante sous une charge d'acier qui s'écroule à ses pieds au milieu de mille blasphêmes. De rechef, chaque guerrier immolé est soudain remplacé par un autre; le sang mélangé de l'Europe abreuve tes fossés. Tes murs peuvent s'écrouler, ô Rome, mais tes champs doivent se réjouir de l'engrais qu'on leur prodigue. Mais hélas! ô Rome, tes foyers! — silence! En proie même à tant d'angoisses, tu combats encore comme jadis tu avais coutume de vaincre.

VIII.

Pénates antiques, un effort de plus! n'abandonnez pas à la cruelle Até vos fumans foyers. Un effort de plus, ombres de héros! ne cédez pas ainsi à des Nérons étrangers. L'impie qui tua sa mère et répandit le sang de Rome était du moins votre concitoyen; c'était un Romain qui donnait aux Romains des fers,—et Brennus ne put vous livrer à ses barbares. — Encore un effort, ames des saints et des martyrs : levez-vous! vos titres sont les plus respectables. Puissantes divinités, voilà vos temples écroulés et toujours imposans, même dans leurs débris. Fondateurs glorieux de ces autels du Christ et de la vérité, frappez ceux qui vous menacent. Tibre, que tes torrens attestent l'horreur dont la nature même est saisie. Que chaque cœur entr'ouvert, mais palpitant encore, se retourne comme le lion mortellement frappé. Rome! sois convertie en une tombe immense; mais sois jusqu'au dernier moment la Rome des Romains!

(Bourbon, Arnold, César et autres arrivent au pied du mur. Arnold se dispose à planter son échelle.)

BOURBON.

Arrêtez, Arnold, je suis devant.

ARNOLD.

Non pas, monseigneur.

BOURBON.

Arrêtez, monsieur, je l'exige. Suivez-moi! Je suis fier d'un tel compagnon; mais je ne veux pas ici de guide. (Il plante son échelle et commence à monter.) Allons, mes enfans, en avant! (Il est frappé et tombe.)

CÉSAR.

Et de lui !

ARNOLD.

Puissances éternelles! comment soutenir le courage de l'armée? — Mais vengeance! vengeance!

BOURBON.

Ce n'est rien. Donnez-moi votre main. (Il prend la main d'Arnold et se relève; mais en mettant le pied sur l'échelle il retombe encore.) Arnold, je suis perdu. Cachez mon sort, — tout ira bien ; — mais cachez-le ; jetez mon manteau sur ce qui sera dans peu de la poussière ; il ne faut pas que les soldats voient cela [7].

ARNOLD.

Il faut vous emporter ; j'ai besoin de l'aide de —

BOURBON.

Non, mon brave ami, la mort plane sur moi. Mais une vie! qu'est-ce que cela? L'ame de Bourbon vous guidera encore; ayez soin seulement de leur laisser ignorer que je ne sois plus qu'un cadavre ; et quand ils n'auront plus d'ennemis devant eux, vous ferez ce qu'il vous plaira.

CÉSAR.

Votre altesse ne voudrait-elle pas baiser la croix? Nous n'avons pas ici de prêtre ; mais le pommeau de cette épée peut vous en servir : — il en a bien servi pour Bayard [8].

BOURBON.

Méchant valet! oses-tu bien *le* nommer en ce moment! mais je l'ai mérité.

ARNOLD, à César.

Vilain, ne parlez pas davantage.

CÉSAR.

Comment! voilà qu'un chrétien meurt, et je ne pourrais lui offrir un chrétien *vade in pace ?*

ARNOLD.

Silence! Les voilà donc glacés ces yeux qui pouvaient regarder le monde entier, sans voir rien de comparable à eux!

BOURBON.

Arnold, si jamais tu voyais la France,—mais hâte-toi, l'assaut devient plus vif,—une heure de plus, une minute, et je mourrais dans l'intérieur de la ville. Éloignez-vous, Arnold, loin d'ici! vous perdez du tems, ils vont gagner Rome sans vous.

ARNOLD.

Et sans vous!

BOURBON.

Non, non, je les conduirai encore en esprit. Couvre mon cadavre, et ne dis pas que j'aie cessé de respirer. Adieu! sois vainqueur!

ARNOLD.

Mais, dois-je vous laisser ainsi?

BOURBON.

Il le faut.—Adieu! nos gens gagnent de l'avance.

(Bourbon meurt.)

CÉSAR, à Arnold.

Allons, comte, à l'ouvrage.

ARNOLD.

Il est vrai, je pleurerai ensuite. (Arnold couvre d'un manteau le corps de Bourbon, puis il s'écrie en montant à l'échelle,) Bourbon, Bourbon! Sus, enfans, Rome est à nous!

CÉSAR.

Bon soir, seigneur connétable; tu as été un homme. (César suit Arnold, ils atteignent les créneaux; Arnold et César sont renversés.) Aimable culbute! Votre seigneurie serait-elle blessée?

ARNOLD.

Non. (Il remonte à l'échelle.)

CÉSAR.

Voilà un bon limier, une fois qu'il est échauffé! et ce n'est pas là un jeu d'enfant. Voyez comme il frappe! Sa main touche encore aux créneaux; il s'y cramponne comme si c'était un autel; il y met le pied et — qu'y a-t-il ici, un Romain? (Ici un homme tombe.) C'est le premier oiseau de la couvée! Il est tombé sur le bord de son nid. Qu'y a-t-il donc, camarade?

LE BLESSÉ.

Une goutte d'eau!

CÉSAR.

Nous n'avons, d'ici au Tibre, d'autre liquide que du sang.

LE BLESSÉ.

Je meurs pour Rome. (Il expire.)

CÉSAR.

C'est comme Bourbon ; mais dans un autre sens. Voilà ces grands hommes ! voilà leurs immortels motifs ! Mais je dois être au jeune dépôt qui m'est confié ; il est sans doute maintenant dans le Forum. A la charge ! (César franchit l'échelle ; la toile tombe.)

SCÈNE II.

(La ville. — Combat dans les rues, entre les assiégeans et les assiégés. Les habitans fuient en désordre.)

CÉSAR, entrant.

Je ne puis trouver mon héros ; il est perdu dans la foule héroïque qui maintenant est à la poursuite des fuyards, ou se bat contre les désespérés. Qu'avons-nous ici ? un ou deux cardinaux, qui ne semblent pas fort curieux du martyre. Quelle agilité dans ces vieilles jambes rouges ! Ils auraient bien fait de quitter leurs chausses, comme ils ont ôté leurs chapeaux ; ils cesseraient d'être pour les pillards un point de mire. Laissons-les fuir ; les ruisseaux de sang ne tacheront pas du moins leurs bas : ils sont de la même couleur.

(Entre un parti de combattans. — Arnold est à la tête des assaillans.)

Le voici escorté des deux frères, — le sang et la gloire. Holà ! arrêtez, comte.

ARNOLD.

En avant! il ne faut pas qu'ils se rallient.

CÉSAR.

Je te le dis, ne sois pas trop emporté; il faut, pour l'ennemi fuyant, un pont d'or. Je t'ai donné la beauté du corps et l'exemption de plusieurs maladies corporelles, mais non mentales; je n'en avais pas le pouvoir. Tout en te donnant la forme du fils de Thétis, je ne t'ai pas plongé dans le Styx et je ne garantirais pas mieux contre l'ennemi ton cœur chevaleresque que ne le fut le talon d'Achille. Ainsi donc, de la prudence; et n'oublie pas que tu es encore un mortel.

ARNOLD.

Et qui, avec un peu d'âme, songerait à combattre, s'il était invulnérable! Beau plaisir! Penses-tu que je m'attacherai au lièvre quand j'entendrai rugir les lions ? (Arnold rentre dans la mêlée.)

CÉSAR.

Voilà bien un échantillon de l'humanité! Son sang est échauffé; il serait bon, pour calmer sa fièvre, qu'on lui en tirât quelque peu.

(Arnold lutte contre un Romain qui se retire contre un portique.)

ARNOLD.

Rends-toi, esclave, je te ferai quartier.

LE ROMAIN.

Cela est bientôt dit.

ARNOLD.

Et fait : on connaît ma loyauté.

LE ROMAIN.

On connaîtra mes actions.

(Ils reprennent le combat ; César avance vers eux.)

CÉSAR.

Comment, Arnold! arrête-toi, tu as affaire à un célèbre artiste, à un sculpteur habile, et qui sait parfaitement manier l'épée et le poignard. Il l'emporte sur toi, mon cher mousquetaire. C'est lui qui fit tomber Bourbon du haut des remparts.

ARNOLD.

Oui, serait-il vrai ? Il aura donc travaillé à son monument.

LE ROMAIN.

Je pourrais cependant en tailler pour de plus vaillans que vous.

CÉSAR.

Bien parler, mon homme de marbre ! Benvenuto, tu as du talent dans les deux parties, et celui qui tuera Cellini aura fait un ouvrage aussi difficile que ceux que tu fis jamais avec les blocs de Carrare.

(Arnold désarme et blesse celui-ci, mais légèrement ; ce dernier tire un pistolet et fait feu, puis se retire et disparaît sous le portique.)

CÉSAR.

Comment vas-tu ? C'est là, je pense, un avant-goût des sanglans festins de Bellone ?

ARNOLD, chancelant.

C'est une égratignure; donne-moi ton écharpe, il ne m'échappera pas.

CÉSAR.

Où est le coup?

ARNOLD.

Dans l'épaule; ce n'est pas le bras de l'épée,—et cela suffit. J'ai soif : si j'avais un casque d'eau !

CÉSAR.

C'est en ce moment un liquide fort recherché; on n'en trouve pas aisément.

ARNOLD.

Ma soif augmente, mais je connais un moyen de l'éteindre.

CÉSAR.

Elle, ou toi-même?

ARNOLD.

La chance est la même; je m'en rapporte aux dés. Mais je perds mon tems à babiller; hâte-toi, je te prie. (César lui met son écharpe.) Et toi, pourquoi tant d'insouciance? Ne veux-tu pas frapper aussi?

CÉSAR.

Vos anciens philosophes regardaient le genre humain en spectateurs des jeux olympiques. Si je trouvais un prix digne d'être disputé, je pourrais me montrer tel que Milon lui-même.

ARNOLD.

Oui, quand il se prit dans le chêne.

CÉSAR.

J'affronterais une forêt, si je le trouvais bon. Je combats contre les masses, ou pas du tout. En attendant, poursuis ton divertissement comme moi le mien : je n'ai qu'à regarder, puisque mes ouvriers coupent gratuitement ma moisson.

ARNOLD.

Exécrable démon ! toujours le même.

CÉSAR.

Et toi, toujours homme.

ARNOLD.

Comment ? je ne veux que me montrer tel.

CÉSAR.

Qui, tel que sont les hommes.

ARNOLD.

Que veux-tu dire ?

CÉSAR.

Que tu sens et que tu vois.

(Arnold s'éloigne et se réunit aux combattans, divisés en masses détachées. La toile tombe.)

SCÈNE III.

(L'église de Saint-Pierre. Intérieur. Le pape est à l'autel. Prêtres qui l'environnent en confusion. Citoyens accourant pour trouver un refuge, et poursuivis par la soldatesque.)

Entre CÉSAR.

UN SOLDAT ESPAGNOL.

Main-basse sur eux, camarades ! Prenez-moi ces

lampes; ouvrez jusqu'à l'échine cette tête chauve et tonsurée ! il a un rosaire d'or !

UN SOLDAT LUTHÉRIEN.

Vengeance ! vengeance ! Frappons d'abord; nous pillerons après; —c'est la demeure de l'Ante-Christ.

CÉSAR, l'arrêtant.

Comment donc, schismatique! et que prétends-tu?

LE SOLDAT LUTHÉRIEN.

Au saint nom du Christ, détruire le superbe Ante-Christ! Je suis chrétien.

CÉSAR.

Oui, un disciple qui forcerait le fondateur lui-même à renier sa doctrine s'il voyait quels sont ses prosélytes. Songe plutôt au pillage.

LE SOLDAT LUTHÉRIEN.

C'est le diable, vous dis-je.

CÉSAR.

Chut! ne révèle pas ce secret; il ne manquerait pas de te reconnaître pour être à lui.

LE SOLDAT LUTHÉRIEN.

Pourquoi le protéges-tu ? Je le répète, c'est le diable, ou du moins le vicaire du diable sur la terre.

CÉSAR.

C'est précisément pour cela : pourquoi chercher querelle à ses meilleurs amis? Vous feriez mieux de vous tenir en repos; son heure n'est pas encore venue.

LE SOLDAT LUTHÉRIEN.

C'est ce que l'on va voir.

(Le soldat luthérien s'avance vers le pape; un des gardes lui envoie un coup de fusil qui le fait tomber au pied de l'autel.)

CÉSAR, au luthérien.

Je vous l'ai dit.

LE SOLDAT LUTHÉRIEN.

Est-ce que vous ne me vengerez pas?

CÉSAR.

Moi? non. Vous le savez, *la vengeance appartient au Seigneur*; et vous voyez bien qu'il n'aime pas qu'on empiète sur lui.

LE SOLDAT LUTHÉRIEN, en mourant.

Ah! du moins si je l'avais tué, j'irais dans le ciel, environné d'une éternelle gloire! Oh! mon Dieu! pardonne à la faiblesse d'un bras qui ne l'a pu atteindre, et reçois dans ta miséricorde ton serviteur! C'est encore un illustre triomphe; la superbe Babylone n'est plus; la prostituée des sept montagnes a changé sa robe de pourpre contre des cilices et des cendres. (Il expire.)

CÉSAR.

Oui, et les tiennes parmi les autres. Bien fait, vieille Babel!

(Les gardes se défendent en désespérés; le pontife s'esquive par un passage dérobé jusqu'au Vatican et au château Saint-Ange.)

CÉSAR.

Oui, c'est là se battre avec gloire! Allons, prêtres ! allons, soldats ! Comme ils y vont de la voix et du geste ! Je n'ai pas vu de pantomime plus comique depuis la prise de la Juiverie par Titus. Mais c'était alors le tour des Romains, aujourd'hui c'est celui de leurs ennemis.

SOLDATS.

Il s'est échappé ; suivons-le.

AUTRE SOLDAT.

Ils ont barré l'étroit passage ; il est obstrué de morts jusqu'à la porte.

CÉSAR.

Je suis ravi qu'il ait échappé, et il doit bien, en partie, m'en rendre grâces. Je ne voudrais pas que l'on abolît ses bulles ; — ce serait perdre la moitié de notre empire, et ces indulgences exigent un peu de retour. — Non, non, il ne faut pas qu'il tombe ; d'ailleurs son évasion peut être la matière d'un miracle futur, et comme telle fortifier la preuve de son infaillibilité. (S'adressant aux soldats espagnols.) Eh bien ! coupe-gorges, pourquoi vous arrêtez-vous ? Si vous ne vous pressez pas, vous ne trouverez plus un seul pieux grain d'or ! Et *vous* donc, catholiques, retournerez-vous sans une seule relique d'un pareil pélerinage ? Les luthériens eux-mêmes ont une dévotion plus sincère. Voyez comme ils dévalisent les châsses !

SOLDATS.

Par saint Pierre ! il dit vrai ; les hérétiques emporteront la meilleure part.

CÉSAR.

Ce serait une honte! Allons, allons, aidez-les dans leur acte de piété.

(Les soldats se dispersent; les uns quittent l'église, tandis que d'autres y entrent.)

CÉSAR.

Les voilà partis, et d'autres reviennent; ainsi coule vague sur vague ce que ces malheureuses créatures appellent l'éternité. Elles pensent être les brisans de cet océan, tandis qu'elles ne sont que de légères bulles, engendrées par son écume. Maintenant autre chose.

(Entre Olympia poursuivie. — Elle embrasse l'autel.)

SOLDAT.

Elle est à moi.

AUTRE SOLDAT, s'opposant au premier.

Vous mentez; je l'ai troquée le premier; elle serait la nièce du pape que je ne la céderais pas.

(Ils se battent.)

TROISIÈME SOLDAT, s'avançant vers Olympia.

Cessez vos réclamations; les miennes sont les meilleures.

OLYMPIA.

Monstre infernal, vous ne me toucherez pas vivante!

TROISIÈME SOLDAT.

Vivante ou morte.

OLYMPIA, embrassant un crucifix massif.

Respectez votre Dieu.

TROISIÈME SOLDAT.

Oui, quand il est en or, ma belle; c'est votre dot que vous serrez.

(Il s'avance vers elle, quand Olympia, en étreignant avec plus de force le crucifix, l'ébranle et le fait tomber; dans sa chute, il renverse le soldat.)

TROISIÈME SOLDAT.

Oh! grand Dieu!

OLYMPIA.

Ah! maintenant vous le reconnaissez.

TROISIÈME SOLDAT.

J'ai la tête cassée. Camarades! au secours! je n'y vois plus. (Il meurt.)

AUTRES SOLDATS, accourant.

Tuez-la, quand elle aurait mille vies : elle a assassiné notre camarade.

OLYMPIA.

Mort désirable! Vous n'avez pas de vie à accorder que le dernier des hommes ne puisse ravir. Grand Dieu! par ton fils qui nous a rachetés, par la mère de ton fils, reçois-moi telle que je voudrais paraître à tes yeux, digne d'elle, de lui et de toi!

(Entre Arnold.)

ARNOLD.

Que vois-je! Maudites bêtes féroces, arrêtez.

CÉSAR, à part et en riant.

Ah! ah! ah! voilà la justice; ces dogues ont les mêmes droits que lui. Mais voyons comment cela finira.

SOLDATS.

Comte, elle a tué notre camarade.

ARNOLD.

Avec quelle arme?

SOLDATS.

Avec la croix sous laquelle il est tombé ; regardez-le couché là, plutôt comme un ver que comme un homme : elle l'a frappé à la tête.

ARNOLD.

En effet, voilà une femme aussi recommandable qu'un brave homme. Si vous en étiez, vous auriez des respects pour elle. Mais éloignez-vous, et rendez grâce à votre bassesse ; c'est le seul dieu auquel vous deviez en ce moment la vie. Si vous aviez touché un seul cheveu de ses tresses en désordre, j'aurais fait dans vos rangs un plus grand jour que l'ennemi lui-même. Loin d'ici, jackals! contentez-vous des os que le lion vous jette, et ne tombez pas sur ceux qu'il ne vous accorde pas.

UN SOLDAT, en murmurant.

Alors le lion n'a qu'à vaincre pour lui-même.

ARNOLD, le frappant.

Séditieux! va te révolter dans l'enfer ;—mais sur la terre tu auras obéi.   (Les soldats attaquent Arnold.)

ARNOLD.

Avancez ! j'en suis ravi ; je vous montrerai, lâches, comment il faut vous commander, et quel est celui qui vous conduisit le premier sur les murs que vous n'osiez escalader ; jusqu'au moment où j'arborai ma bannière sur le sommet. Vous êtes bien courageux maintenant que vous êtes dans la ville.

(Arnold terrasse les plus avancés ; les autres jettent leurs armes.)

SOLDATS.

Merci ! merci !

ARNOLD.

Apprenez donc à l'accorder. A présent, vous ai-je montré qui vous conduisit sur les créneaux de Rome ?

SOLDATS.

Oui, nous l'avons vu et éprouvé ; pardonnez l'erreur d'un moment dans le feu de la victoire, — la victoire à laquelle vous nous avez guidés.

ARNOLD.

Éloignez-vous donc ! rentrez dans vos quartiers ; vous les trouverez établis dans le palais Colonna.

OLYMPIA, à part.

Dans la maison de mon père !

ARNOLD aux soldats.

Laissez vos armes, elles vous seraient inutiles, la ville est rendue ; et songez bien à tenir vos mains nettes ou je trouverai, pour vous rebaptiser, un ruisseau aussi rouge qu'en ce moment les eaux du Tibre.

SOLDATS ; ils déposent leurs armes et s'éloignent.

Nous obéirons.

ARNOLD à Olympia.

Madame, vous n'avez plus rien à craindre.

OLYMPIA.

Je le croirais si j'avais un glaive ; mais il n'importe pas, — la mort a mille chemins ; et le marbre qui couvre le pied de cet autel verra ensanglanter ma tête avant que tu m'arraches de ces lieux. Homme, Dieu te pardonne !

ARNOLD.

J'espère bien mériter son pardon et le tien lui-même ; je ne t'ai pas offensée.

OLYMPIA.

Tu ne m'as pas offensée ! Qui donc a porté le fer et le feu dans ma patrie ? Tu ne m'as pas offensée ! Qui donc a fait de la maison de mon père une retraite de brigands ? Et ce temple, et ce mélange du sang des Romains et des saints ? En vain voudrais-tu maintenant me protéger ; il n'en sera rien !

(Elle lève les yeux au ciel, s'enveloppe de sa robe et se dispose à se précipiter de l'autel, du côté opposé à celui où se tient Arnold.)

ARNOLD.

Arrête, arrête, je jure.....

OLYMPIA.

Épargne à ton ame déjà bien assez criminelle un serment que l'enfer lui-même ne voudrait pas garantir. Je te connais.

ARNOLD.

Non, tu ne me connais pas, je ne suis pas de ces gens là, bien que —

OLYMPIA.

Je te juge par tes compagnons ; Dieu te jugera tel que tu es véritablement. Je te vois teint du sang de Rome ; prends le mien, c'est tout ce que tu peux espérer de moi. Ici, sur le marbre du temple où l'eau sainte me baptisa fille de Dieu, je lui rends mon ame moins sainte, sans doute, mais non moins pure que les fonts baptismaux ne m'avaient rendue.

(Olympia étend une main vers Arnold d'un air dédaigneux, puis se précipite de l'autel sur le marbre.)

ARNOLD.

Dieu éternel ! je sens ta puissance ! Au secours ! au secours ! Elle n'est plus.

CÉSAR, approchant.

Me voici.

ARNOLD.

Toi ! mais enfin sauve-la !

CÉSAR, l'aidant à soulever Olympia.

Elle a bien réussi ; la chute a été sérieuse.

ARNOLD.

O ciel ! elle ne respire plus.

CÉSAR.

S'il en est ainsi, je ne puis rien faire : il n'est pas en mon pouvoir de ressusciter.

ARNOLD.

Vil esclave !

CÉSAR.

Esclave ou maître, c'est tout un; de bonnes paroles cependant ne sont jamais déplacées, à mon avis.

ARNOLD.

Des paroles? — peux-tu venir à son aide?

CÉSAR.

Je veux bien l'essayer. Une aspersion d'eau bénite pourrait être utile.

(Il va puiser sur les fonts un peu d'eau dans son casque.)

ARNOLD.

Elle est souillée de sang.

CÉSAR.

Il n'en est pas dans ce moment de plus pure dans Rome.

ARNOLD.

Que de pâleur! Que de charmes! Comme elle repose sans vie! Oh toi! modèle de toute beauté, je n'aime que toi, morte ou vivante.

CÉSAR.

C'est ainsi qu'Achille aimait Penthésiléa; il semble que vous ayez hérité de son cœur aussi bien que de sa figure; toutefois ce n'était pas un doucereux.

ARNOLD.

Elle respire! Mais non; ce n'est rien que le dernier mouvement de vie disputé à la mort!

CÉSAR.

Elle respire.

ARNOLD.

Le dirais-*tu*? Il serait donc vrai !

CÉSAR.

Vous me jugez bien : — le diable parle vrai plus souvent qu'on ne le croit ; mais il a un ignorant auditoire.

ARNOLD, sans l'écouter.

Oui, son cœur bat. Hélas ! faut-il que le seul cœur que je voulusse voir battre auprès du mien palpite aujourd'hui sous l'étreinte d'un assassin.

CÉSAR.

Voilà une sage réflexion, un peu tardive aujourd'hui. Où la transporterons-nous ? Je vous dis qu'elle vit.

ARNOLD.

Mais vivra-t-elle ?

CÉSAR.

Autant que le peut la poussière.

ARNOLD.

Elle est donc morte ?

CÉSAR.

Bah ! bah ! vous l'êtes aussi, et vous l'ignorez. Elle reviendra à la vie — du moins à ce que vous prenez pour elle, et telle que vous êtes vous-même; mais il faut recourir à des moyens humains.

ARNOLD.

Transportons-la dans le palais Colonna où j'ai fixé ma bannière.

CÉSAR.

Allons donc, il faut la soulever.

ARNOLD.

Doucement.

CÉSAR.

Aussi doucement que vous autres portez vos morts, sans doute parce qu'ils ne peuvent plus souffrir des cachots.

ARNOLD.

Mais est-il bien vrai qu'elle vive ?

CÉSAR.

Oh! ne craignez rien; mais si plus tard vous en avez regret, ne me le reprochez pas.

ARNOLD.

Qu'elle vive, c'est assez!

CÉSAR.

L'esprit de sa vie est encore dans son sein, et peut y rester. Comte, je vous obéis en toute chose; c'est ici pour moi un office nouveau, j'en ai peu l'habitude; mais vous sentirez quel sincère ami vous avez dans celui que vous nommez un diable. Sur la terre, vous avez souvent des diables pour amis; pour moi, je n'abandonne pas les miens. Doucement transportons cet être charmant, à peine matériel, et presque tout esprit. En vérité, je suis presque amoureux d'elle, comme jadis le furent les anges du beau sexe primitif.

ARNOLD.

Toi ?

CÉSAR.

Moi ; mais ne craignez rien, je ne serai pas votre rival.

ARNOLD.

Mon rival ?

CÉSAR.

J'en pourrais être un formidable, mais depuis que j'ai tué les sept maris de la future fiancée de Tobie (et qu'après tout cela il eût suffi d'un peu d'encens pour me chasser), j'ai dit adieu aux intrigues : elles valent rarement la peine qu'on se donne pour réussir, ou — ce qui est plus difficile, — pour se défaire de l'objet auparavant chéri ; car c'est là le mal, pour les mortels du moins.

ARNOLD.

Silence! je te prie, doucement! je crois voir ses lèvres s'agiter, ses yeux s'ouvrir.

CÉSAR.

Sans doute comme les étoiles, car c'est une métaphore pour Vénus et pour Lucifer.

ARNOLD.

Au palais Colonna, comme j'ai dit.

CÉSAR.

Oh ! je sais mon chemin dans Rome.

ARNOLD.

Maintenant avançons ; doucement !

(Ils sortent en emportant Olympia.)

FIN DE LA DEUXIÈME PARTIE.

TROISIÈME PARTIE.

SCÈNE PREMIÈRE.

(Un château dans les Apennins, environné d'une campagne aride, mais agréable à l'œil. Chœur de paysans devant les portes.)

CHOEUR.

I.

La guerre est passée ; le printems est venu : la fiancée et son amant ont gagné leur demeure. Réjouissons-nous, ils sont heureux ; que chaque voix trouve un écho dans leurs cœurs.

II.

Le printems est venu, et la violette, fille aînée du soleil, commence à se faner : pour nous elle n'est qu'une fleur d'hiver ; la neige des montagnes ne peut la flétrir et l'empêcher de lever ses yeux d'un azur humide, vers un firmament azuré comme elle.

III.

Mais quand le printems revient avec son cortège de fleurs, celle-ci, la mieux aimée, s'échappe de la foule qui ternirait ses couleurs virginales, et gâterait son parfum céleste.

IV.

Cueillons les autres, mais souvenons-nous du héraut qui nous l'annonce dans le froid décembre, de l'astre matinal de toutes les fleurs, du gage des longues heures de soleil radieux ; au milieu des roses, n'oubliez pas la vierge, la vierge violette.

Entre CÉSAR ; il chante.

Le tems des guerres est passé, nos épées sont oisives ; le coursier ronge son frein, le casque étincelle sur la muraille, l'aventurier repose ; mais son armure est rouillée. Le vétéran murmure en vain, en bâillant dans les salles pacifiques ; il boit, — mais qu'est-ce que boire, si ce n'est un repos pour la pensée ? Le cor ne l'éveille plus en lui faisant entendre un signal de vie et de mort.

LE CHOEUR.

Mais la meute aboie au loin ; le sanglier est dans les bois, et le faucon attend avec impatience le moment de quitter son chaperon sur le poing du gentilhomme ; il se tient comme un cimier, et cependant l'air est troublé par la multitude des oiseaux qui s'échappent de leurs nids.

CÉSAR.

Vain fantôme de gloire ! froide image de la guerre ! quel chasseur inspira un historien ? Quel héros de la chasse eut sa destinée depuis Nemrod, le fondateur des royaumes et de la chasse ? Nemrod qui, le premier, fit trembler les habitans des forêts, alors que le lion était jeune et dans tout l'orgueil de sa force imposante. Alors c'était le jeu des forts que d'oser le combattre, que de s'avancer, armé d'un pin au lieu de lance, contre le Mamoth, ou de frapper dans un ravin le Beehemoth écumant ; alors l'homme avait la taille des tours de notre tems : c'était le fils aîné de la nature, et comme elle il était sublime.

CHOEUR.

Mais la guerre est passée ; le printems est venu ; la fiancée et son amant ont gagné leur demeure. Réjouissons-nous, ils sont heureux ; que chaque voix trouve un écho dans leurs cœurs.

(Les paysans s'éloignent en chantant.)

ICI S'ARRÊTE LE MANUSCRIT.

NOTES
DU TRADUCTEUR.

NOTE 1, PAGE 298.

La montagne de Hartz.

Les montagnes et les forêts qui portent ce nom sont dans la principauté de Wolfenbuttel (Basse-Saxe).

NOTE 2, PAGE 305.

Un enfant d'Anak.

Anak, premier géant de la race des enfans de Dieu ou de Seth. De son nom, les géans sont appelés dans l'Écriture *Anachim*.

NOTE 3, PAGE 326.

Au sac de Rome.

Il semble que Lord Byron ait lu la vie du connétable de Bourbon dans notre Brantôme. Voici les paroles de ce dernier : « Les braves soldats Espagnols honoraient leur général ;
» car, à ce que j'ai oui dire à aucuns de ce tems-là, par tout
» le camp, ils ne chantaient autre chanson que ses louanges,
» et même en cheminant pour se désennuyer, et surtout
» quand ils le voyaient passer ; auxquels il applaudissait et
» les saluait fort courtoisement, leur disant, à tous les coups
» (ainsi qu'il disait à Rome) : *Laissez faire, compagnons,*
» *patientez un peu ; je vous mène en un lieu que vous ne sçavez*
» *pas, où je vous ferai tous riches*..........................
» ....
» Le 5ᵉ de mai 1527, et ordonnant ses troupes pour le
» lendemain à l'assaut, il les harangua encore pour la seconde
» fois, disant : *Mes capitaines, qui tous êtes de grande valeur*
» *et courage, et tous mes soldats très-bien aymés de moy, puis-*
» *que la grande aventure de nostre sort nous a menés et conduits*

» *icy, au point et au lieu que nous avons tant désirés; après*
» *avoir passé tant de meschans chemins, avec neiges et froids*
» *si grands, avec pluies et boues, et des rencontres d'ennemis,*
» *avec faim et soif sans aucun sol, bref avec toutes les néces-*
» *sités du monde..... Si vous avez jamais désiré saccager une*
» *ville pour des richesses et trésors, cette-cy en est une et la*
» *plus riche, voire la dame de tout le monde.* »

NOTE 4, PAGE 332.

Prophètes.

« Mes frères, je trouve certainement que là est cette ville
» que, au temps passé, prognostica un sage astrologue de
» moy, me disant qu'infailliblement, à la prise d'une ville,
» mon fier ascendant me menaçait, que j'y devois mourir;
» mais je vous jure que c'en est le moindre de mes soucys.. »

(Brantôme, *Discours du Connétable à ses soldats.*)

NOTE 5, PAGE 333.

Ce qu'elle fut jadis.

« De plus, il se voulait rendre patron de la ville, et se
» faire dire roi des Romains. »

(Brantôme, *Vie du Connétable de Bourbon.*)

NOTE 6, PAGE 337.

Une écharpe blanche.

« Après que les estoilés se furent obscurcies pour plus
» grande splendeur du soleil et aussi des armes reluisantes
» des soldats, qui s'apprestaient pour aller à l'assaut; lui,
» après avoir ordonné de son assaut, estant vestu tout de
» blanc, pour se faire mieux recognoistre et apparoistre (ce
» qui n'estoit pas signe d'un couard), les armes à la main,
» marche le premier, et proche de la muraille, ayant monté
» deux eschelons de son eschelle, ainsi qu'il l'avoit dit le
» soir. Aussi, il lui advint que l'envieuse fortune, ou, pour

« mieux dire, traitresse, fit qu'une arquebusade lui donna
» droit au costé gauche, et le blessa mortellement. »

(Brantôme, *idem*.)

NOTE 7, PAGE 342.

Il ne faut pas que les soldats voient cela.

« Et encores que ceste arquebusade lui ostast l'estre et la
» vie, toutes fois d'un seul point elle ne lui sceut oster sa
» magnanimité et vigueur, tant que son corps eut du senti-
» ment. Ainsi qu'il le monstra bien par sa propre bouche :
» car estant tombé du coup, il dit à aucuns de ses plus fidèles
» amis qui estoient tout auprès de lui..... qu'ils le couvris-
» sent d'un manteau et l'ostassent de là, afin que sa mort ne
» fût occasion aux autres de laisser l'entreprise si bien com-
» mencée. Et ainsi qu'il tenoit ces paroles avec un brave
» cœur, comme s'il n'eust eu aucun mal, il donna fin, comme
» mortel, à ses derniers jours. »

(Brantôme, *idem*.)

NOTE 7, PAGE 342.

Pour Bayard.

L'intention de César, en prononçant dans un pareil moment
le nom de Bayard, est d'une cruauté tout-à-fait diabolique.
« Le capitaine Bayard, atteint d'une arquebusade, se feit cou-
» cher au pied d'un arbre, le visage vers l'ennemi : où le duc
» de Bourbon, lequel estoit à la poursuite de nostre camp, le
» vint trouver, et dit audit Bayard : *qu'il avoit grand pitié de*
» *lui, le voyant en cet estat, pour avoir esté si vertueux cheva-*
» *lier*. Le capitaine Bayard lui fit réponse : *Monsieur, il n'y*
» *a point de pitié en moy, car je meurs en homme de bien ;*
» *mais j'ai pitié de vous, de vous voir servir contre vostre prince,*
» *et vostre patrie, et vostre serment*. Et peu après, ledit Bayard
» rendit l'esprit. »

(*Mémoires de Martin Dubellay*.)

FIN DES NOTES.

CIEL ET TERRE.

MYSTÈRE

FONDÉ SUR LE PASSAGE SUIVANT DE LA GENÈSE (Chap. VI) :

« Et il advint... que les fils de Dieu virent les filles des hommes
» qui étaient belles ; et ils en choisirent parmi elles qu'ils prirent
» pour femmes. »

« Et la femme pleurant le démon qu'elle aimait. »

(Coleridge.)

PERSONNAGES DU DRAME.

ANGES.

SAMIASA.

AZAZIEL.

RAPHAEL, l'archange.

HOMMES.

NOÉ et ses fils.

IRAD.

FEMMES.

ANAH.

AHOLIBAMAH.

Chœur des Esprits de la terre.

Chœur des Mortels.

CIEL ET TERRE.

PREMIÈRE PARTIE.

SCÈNE PREMIÈRE.

(Région de forêts et de montagnes, près du mont Ararat. Il est minuit.)

Entrent ANAH et AHOLIBAMAH.

ANAH.

Notre père dort : il est l'heure où ceux qui nous aiment ont coutume de descendre à travers les épais nuages qui couvrent les rochers de l'Ararat : — comme mon cœur bat !

AHOLIBAMAH.

Procédons à notre invocation.

ANAH.

Mais les étoiles sont cachées. Je tremble.

AHOLIBAMAH.

Et moi aussi; mais c'est de crainte qu'ils ne tardent.

ANAH.

Ma sœur, quoique j'aime Azaziel beaucoup plus que — oh ! c'en est trop. — Qu'allais-je dire ? Mon cœur deviendrait-il impie ?

AHOLIBAMAH.

Quelle impiété d'aimer des natures célestes.

ANAH.

Pourtant, Aholibamah, j'aime moins notre Dieu depuis que son ange m'a aimée, et cela peut ne pas être bien. A la vérité j'ignore si je fais mal ; mais je sens en moi mille craintes qui me semblent d'un mauvais augure.

AHOLIBAMAH.

S'il en est ainsi, unis-toi à un fils de la terre; travaille et file le lin. Voilà Japhet qui t'aime ; qui t'a aimée depuis long-tems; marie-toi avec lui, et engendre l'argile.

ANAH.

Azaziel eût-il été mortel, je ne l'aurais pas moins aimé. Encore suis-je contente qu'il ne le soit pas. Je ne pourrais lui survivre; la mort me paraît moins terrible, lorsque je songe qu'un jour ses ailes immortelles s'étendront sur la sépulture de la pauvre fille de la terre, qui l'a adoré comme lui-même adore le Très-Haut; mais en même tems j'ai compassion de lui. Son chagrin sera éternel ; au moins telle serait ma douleur, si j'étais le séraphin, et qu'il fût la créature périssable.

AHOLIBAMAH.

Dis donc qu'il choisira quelqu'autre fille de la terre qu'il aimera comme il avait autrefois chéri son Anah.

ANAH.

S'il devait en être ainsi, et qu'il fût tendrement aimé, j'y consens, plutôt que de le savoir condamné à pleurer sur moi.

AHOLIBAMAH.

Et moi, si je croyais Samiasa capable de jamais oublier son amour, tout séraphin qu'il est, je le mépriserais, et le repousserais. Mais, à notre invocation, l'heure est venue.

ANAH.

Séraphin, de ta sphère, entends-moi! Quelle que soit l'étoile qui contienne ta gloire; soit que, dans les éternelles profondeurs du ciel, tu veilles avec les sept archanges, soit qu'à travers l'espace infini et diaphane tu secoues tes ailes brillantes au milieu des mondes emportés; entends-moi! Oh! pense à celle qui t'adore, et quoiqu'elle ne soit rien au regard de toi, n'oublie pas que tu es tout pour elle. Tu ne sais pas, — et puissé-je être seule à le savoir, — combien les larmes sont amères. L'éternité est dans ta vie; la beauté, sans commencement ni fin, brille dans tes regards; rien ne te peut faire sympathiser avec moi, — rien que l'amour; mais aussi, dis-moi, vis-tu jamais pleurer sous les cieux créature plus aimante que ton Anah? Tu marches à travers des milliers de mondes; tu contemples face à face *celui* qui t'a fait grand; comme il m'a faite, moi, de la plus chétive race d'entre ceux qu'il a chassés des jardins d'Éden. Et pourtant, séraphin chéri! ah! écoute-moi, car tu m'as aimée, et je ne voudrais pas apprendre avant de mourir ce qui ne doit m'être révélé qu'après ma mort; que toi, immortelle essence, tu as oublié, dans ton éternité, celle dont le cœur t'est demeuré attaché en dépit de la mort.

Grand est l'amour de ceux qui aiment dans la crainte et dans le péché, et je sens mon cœur agité, déchiré par ces indignes sentimens. Séraphin, pardonne de semblables pensées à une fille d'Adam. La peine, tel est notre élément; le plaisir est un Éden où notre vue ne peut atteindre, bien que parfois nous rêvions sa présence embaumée : — mais l'heure approche, qui me dit que nous ne sommes pas entièrement délaissées ici bas. — Parais, parais, séraphin ! Mon Azaziel, accours ici, et abandonne tes planètes à leur propre lumière.

AHOLIBAMAH.

Samiasa! en quelque lieu que tu commandes dans les sphères célestes, — guerroyant les esprits qui peuvent oser disputer l'empire de celui qui fit tous les empires, ou suivant la trace de l'étoile dont les écarts touchent le bord de l'abîme, tandis que ses habitans, entraînés dans la perte de leur monde, vont ainsi partager la triste destinée de l'espèce humaine; soit enfin que, t'abaissant jusqu'aux plus humbles séraphins, tu daignes en ce moment partager leur hymne de reconnaissance; Samiasa! je t'appelle, je te désire et je t'aime. Plusieurs te vénèrent, je ne les imiterai pas. Si tu peux songer à unir ton esprit supérieur avec le mien, descends, viens ici partager mon sort. Je le sais, je suis un enfant d'argile, et tu es formé de rayons plus brillans que ceux du jour qui nuançait les eaux de l'Éden ; mais ton immortalité ne sera jamais embrasée d'un amour plus brûlant que le mien. Il est en moi une trace de lumière qui, malgré la contrainte que lui oppose mon corps, fut allumée au même flambeau que la tienne et celle de Dieu lui-même. Longtems elle peut rester cachée : la mort et la corruption nous ont été léguées par notre mère Ève ; mais mon cœur les désire ; et, bien que cette vie doive passer, est-ce un motif pour toi et pour moi de ne pas être unis? Tu es éternel, — et je le sens, moi aussi ; je sens que mon immortalité plane sur toutes peines, toutes larmes, toutes craintes, sur tous les tems enfin. Semblable aux éternels tonnerres de l'abîme, elle fait retentir cette vérité dans mes oreilles : *Tu vivras à jamais*. Vivrai-je heureuse? c'est ce que j'ignore et ne veux pas savoir ; que le secret en reste au créateur tout-puissant qui cache dans les nuages la source des biens et des maux. Mais, quoi qu'il fasse, il ne pourra détruire ni toi ni moi ; il pourra nous changer, mais non nous exterminer. Nous sommes éternels comme lui, et nous pourrions soutenir contre lui la guerre, s'il songeait à nous la déclarer. Oui, je puis avec toi tout souffrir, même l'immortelle souffrance. Pourrais-je, en effet, reculer devant ton éternité, quand tu n'as pas craint de partager avec moi la vie? Non, quand le dard du serpent viendrait me percer, quand tu serais toi-même le serpent, viens cependant encore! je sourirai à ta vue, et je ne te maudirai pas, je ne saurai que te prodiguer mes brûlantes étreintes; — seulement, descends, viens voir quel amour ressent une mortelle pour un immortel, ou bien reste, hélas! si les cieux t'offrent plus de délices que tu n'en peux donner et recevoir.

ANAH.

Ma sœur, ma sœur, je découvre la trace brillante de leurs ailes à travers la nuit.

AHOLIBAMAH.

A leur approche, les nuages se dissipent comme à l'approche de l'aube du jour.

ANAH.

Mais si notre père les entrevoyait!

AHOLIBAMAH.

Il croirait que c'est la lune qui, à la voix de quelques magiciens, se lève une heure trop tôt.

ANAH.

Ils viennent! *il* vient! Azariel!

AHOLIBAMAH.

Quel bonheur de les revoir! Oh! que mon esprit n'a-t-il des ailes pour me transporter aussitôt dans le sein de Samiasa!

ANAH.

Vois! ils ont illuminé tout le couchant comme le soleil à son déclin : — vois sur le sommet le plus élevé d'Ararat un arc d'opale, souvenir de leur brillante traversée. Quel éclat en ce moment! puis le voilà rentré dans la nuit; semblable à l'écume étincelante que fait jaillir le Léviathan de ses immenses et caverneuses entrailles, quand, après avoir joué sur la surface des flots tranquilles, il s'agite en se replongeant au lieu où reposent les sources de l'Océan.

AHOLIBAMAH.

Ils ont touché la terre! Samiasa!

ANAH.

Mon Azaziel !   (Elles sortent.)

SCÈNE II.

IRAD et JAPHET.

IRAD.

Ne te désole pas ; pourquoi t'éloigner ainsi, ajoutant ton silence à celui de la nuit, et fixant tes regards humides de larmes vers les astres? Ils ne viendront pas à ton aide.

JAPHET.

Mais ils calment mes soucis. — Peut-être maintenant Anah les contemple comme moi. Il semble qu'un être doué de beauté a plus de charmes encore en contemplant la beauté éternelle des êtres qui ne meurent pas. Oh! Anah!

IRAD.

Mais elle ne t'aime pas.

JAPHET.

Hélas!

IRAD.

L'orgueilleuse Aholibamah me méprise également.

JAPHET.

Je m'afflige aussi pour toi.

IRAD.

Qu'elle garde son orgueil, le mien me rend capable de supporter ses dédains; le tems peut-être m'en vengera.

JAPHET.

Peux-tu trouver quelque plaisir dans une telle pensée?

IRAD.

Ni plaisir, ni douleur. Je l'ai beaucoup aimée; j'aurais voulu l'aimer davantage, si ses vœux avaient été conformes aux miens : telle qu'elle est, je l'abandonne à de plus brillantes destinées, s'il s'en présente pour elle.

JAPHET.

Quelles destinées?

IRAD.

J'ai quelque sujet de croire qu'elle en aime un autre.

JAPHET.

Anah!

IRAD.

Non; sa sœur.

JAPHET.

Et quel est cet autre?

IRAD.

Je l'ignore; mais son air, sinon ses paroles, me dit qu'elle en aime un autre.

JAPHET.

Oui, mais non pas Anah : elle n'aime que son Dieu.

IRAD.

Et qu'importe qui elle aime, si ce n'est pas toi?

JAPHET.

Sans doute, mais enfin je l'aime.

IRAD.

Et moi, je l'aimais.

JAPHET.

Et maintenant que tu ne l'aimes pas, ou du moins que tu le crois, en es-tu plus heureux?

IRAD.

Oui.

JAPHET.

Je te plains.

IRAD.

Moi! pourquoi?

JAPHET.

D'être heureux, privé de ce qui fait mon malheur.

IRAD.

Je prends cette raillerie comme la suite de ton égarement, et je ne voudrais pas partager tes sentimens pour plus de sicles que ne péseraient les troupeaux de notre père mis dans la balance contre cette poussière jaune, vil métal que nous offrent les enfans de Caïn; comme si cette matière, pâle et inutile rebut de la terre, pouvait être reçue en échange de lait, de laine, de viande et de fruits, en un mot, de tout ce que nous procurent nos troupeaux et nos terres.— Va, Japhet, va soupirer vers les étoiles, comme les loups grondent après la lune.— Moi, je vais reposer.

JAPHET.

Je t'imiterais, s'il était en mon pouvoir.

IRAD.

Ainsi, tu ne reviens pas à nos tentes?

JAPHET.

Non, je vais à la caverne; on dit que le fond de sa gueule touche au monde souterrain, et permet aux esprits du centre de la terre de venir quelques fois parcourir sa surface.

IRAD.

Et pourquoi? qu'y prétends-tu faire?

JAPHET.

Calmer ma profonde tristesse dans une obscurité aussi triste qu'elle : c'est une retraite sans espérance; elle est comme mon cœur.

IRAD.

Mais ce lieu est dangereux; des sons et des soupirs étranges l'enveloppent de terreur. Je veux aller avec toi.

JAPHET.

Non, Irad, crois-moi, je n'ai pas de mauvaises pensées, et je ne crains pas le mal.

IRAD.

Mais le mal s'attachera d'autant plus à toi que tu lui ressembleras moins. Tourne ailleurs tes pas, ou permets-moi de te suivre.

JAPHET.

Non, non, je veux être seul.

IRAD.

Que la paix soit donc avec toi.   (Irad sort.)

JAPHET, seul.

La paix! je l'ai cherchée où l'on pouvait la trouver, dans l'amour, — et dans l'amour d'un être qui, peut-être, le méritait; à sa place, j'ai trouvé une peine de cœur, une faiblesse d'esprit, des jours inquiets, des nuits fermées impitoyablement au sommeil. La paix! et quelle paix? le calme du désespoir, le repos de la forêt non frayée, seulement interrompu par les éclats de la tempête à travers les branches brisées; telle est l'image triste et accablante de mon ame. La terre est devenue pervertie, plusieurs signes ont proclamé hautement une révolution, et le jugement rigoureux de la nature périssable. Oh! mon Anah! quand l'heure terrible qui est annoncée entr'ouvrira les sources de l'abîme, ne viendras-tu pas te réfugier sur ce sein; ce sein qui palpite en vain pour toi, et qui, dans ce moment, pourra moins encore te secourir? Et le tien! — oh ciel! grâce, du moins, pour elle! Au milieu d'êtres déchus, elle est aussi pure qu'une étoile entourée de nuages qui peuvent bien un instant obscurcir son éclat, mais ne peuvent le détruire. Mon Anah! combien je t'aurais adorée; mais tu ne l'as pas voulu. Encore aujourd'hui, je voudrais te racheter, te voir survivre à la terre, quand l'Océan sera devenu son tombeau; quand, bravant les rochers et les sommets des montagnes, le Léviathan, maître des mers sans rivages et de l'humide univers, étendra partout son empire.   (Japhet sort.)

Entrent NOÉ et SEM.

NOÉ.

Où est ton frère Japhet?

SEM.

Il s'est éloigné, suivant son habitude, pour rejoindre, dit-il, Irad; mais plutôt, je le crains, pour diriger ses pas vers les tentes d'Anah, autour desquelles il erre chaque nuit, comme la colombe autour de son nid dérobé; ou bien il parcourt les déserts voisins de la caverne creusée sous les sommets de l'Ararat.

NOÉ.

Dans quelle intention? C'est un lieu maudit sur une terre maudite elle-même; des êtres, plus méchans même que les hommes pervers, l'habitent; il aime donc encore cette fille d'une race fatale, bien qu'il ne puisse espérer de l'épouser, s'il en était aimé, bien qu'il ne le soit pas. Oh! misérable cœur des hommes! faut-il qu'un de mes fils, connaissant les crimes et le châtiment de notre siècle, sachant que l'heure est proche, puisse ainsi se laisser entraîner à de coupables vœux? Conduis-moi, il faut aller à sa recherche.

SEM.

Ne va pas plus loin, mon père : je trouverai Japhet.

NOÉ.

Ne crains rien pour moi; pour l'élu de Jéhovah le mal est sans pouvoir : — avançons.

SEM.

Vers la tente du père des deux sœurs?

NOÉ.

Non, vers la caverne du Caucase.

(Noé et Sem sortent.)

SCÈNE III.

(Une caverne. Les montagnes et les rochers du Caucase.)

JAPHET, seul.

Déserts, qui paraissez éternels ; toi, caverne, qui sembles te prolonger sans fin ; et vous, montagnes, d'une beauté si diverse et si terrible ; oui, dans la sauvage majesté de vos rochers, dans le mélange de ces pierres et de ces profondes racines d'arbres aux lieux escarpés où le pied de l'homme chancellerait s'il pouvait jamais y atteindre ; oui, vous paraissez éternels. Cependant encore quelques jours, peut-être quelques heures, vous serez changés, battus, bouleversés par l'immensité des eaux ; cette caverne, qui semble la porte d'un monde inférieur verra la vague furieuse pénétrer dans ses profondeurs et les dauphins se jouer dans la retraite du lion. Et les hommes,—les hommes mes semblables, oh ! qui pleurera avec moi sur leur universel tombeau ? qui sera conservé pour pleurer ? Hélas ! mes frères, en quoi suis-je meilleur que vous pour mériter de vivre après vous ? où seront les aimables lieux où je songeais à Anah avant d'avoir perdu l'espérance ? où seront les lieux les plus sauvages et cependant également aimés, où je pleurais en pensant à elle? En est-ce donc fait? cet orgueilleux pic dont le sommet brille comme une étoile lointaine, sera-t-il caché sous le bouillonnement des flots? plus de soleil : plus de matin s'élançant en triomphe et de son arc terrible dissipant les nuages en vapeurs flottantes : plus de large globe inclinant le soir sa tête radieuse et se perdant dans un cercle de mille couleurs. Le monde ne sera plus le phare qui éclairait les anges et servait de théâtre à leurs jeux comme étant le plus rapproché des étoiles. Faut-il donc que ces mots : *C'en est fait!* s'adressent à toi, à tous les êtres, à l'exception de nous et des êtres rampans que mon père a réservés d'après les ordres de Jéhovah? *Il peut les* sauver, et moi je n'ai pas le pouvoir de ravir la plus charmante des filles de la terre au jugement qu'un serpent lui-même évitera, afin que son espèce ne soit pas exterminée ; il continuera à ramper et lancer son aiguillon dans le monde qui va sortir de la vase des flots, sépulcre de myriades de créatures encore vivantes aujourd'hui ! Oh ! combien de respirations tout d'un coup étouffées ! tout ce monde si beau et si jeune, ainsi marqué pour la destruction ! Cependant mon cœur, jour par jour et nuit par nuit, calcule tes journées et tes nuits comptées. Je ne puis te sauver, je ne puis même sauver celle dont l'amour te rend plus cher à mes yeux ; mais comme un fragment de ta poussière, je ne puis songer au sort qui te menace sans m'en affliger au point — Oh Dieu ! peux-tu donc —

(Un moment de pause. On entend dans la caverne un bruit soudain et des éclats de rire. Ensuite passe un Esprit.)

JAPHET.

Au nom du Très-Haut, qui es-tu?.

ESPRIT, riant.

Ah! ah! ah!

JAPHET.

Par tout ce qu'il y a de plus saint sur la terre, parle!

ESPRIT, riant.

Ah! ah!

JAPHET.

Par le déluge qui approche! par la terre qui va s'engloutir dans l'Océan! par les abîmes qui vont ouvrir toutes leurs fontaines! par le ciel qui convertira ses nuages en mer et par le Tout-Puissant qui crée et détruit! parle, et réponds-moi, effroyable habitant des ombres, être inconnu, indistinct et terrible. Pourquoi jettes-tu ces hideux éclats de rire?

ESPRIT.

Pourquoi pleures-tu?

JAPHET.

Pour la terre et tous ses enfans.

ESPRIT.

Ah! ah! ah! (Il s'évanouit.)

JAPHET.

Comme le démon se réjouit des tortures d'un monde et de la prochaine désolation d'un globe sur lequel le soleil va cesser de répandre et d'alimenter la vie! Toute la terre sommeille, et tous ceux qui respirent sur elle sont assoupis à la veille de la mort. Pourquoi veilleraient-ils en effet pour se trouver en face d'elle? Mais qui vois-je là, regardant comme la mort vivante et prononçant des paroles faites pour accompagner les funérailles du monde? Ils viennent comme des nuages.

(Divers Esprits passent devant la caverne.)

ESPRITS.

Allégresse! la race abhorrée qui ne put, dans Éden, conserver sa haute place, et qui se laissa prendre à la voix de la science sans en avoir la mission, approche de l'heure de la mort. Ni retard, ni exception; elle ne périra pas par l'épée, par désespoir, par vieillesse, par déchirement de cœur, par l'action nivelante du tems. Écoutez! Voici sa dernière matinée. La terre sera tout océan! Nul souffle, hors celui des vents sur la vague immense. Les anges déploieront leurs ailes; ils ne trouveront plus de lieu de repos, pas même un roc dont la pointe surmonte la tombe liquide, pour désigner la place où le dernier désespéré sera mort après avoir long-tems espéré le reflux qui ne sera pas venu. Tout sera net, détruit; un autre élément sera le maître de la vie, les fils abhorrés de la boue seront exterminés, et la terre ne gardera de ces mille couleurs qu'un azur sans contraste; nulle de ces nombreuses montagnes, ou de ces vastes plaines, ne conservera sa forme; le cèdre et le pin abandonneront leur séjour; tout sera englouti dans la source universelle : hommes, terre et feu, tout mourra, et l'œil éternel contemplera la mer et le firmament sans y retrouver un souvenir de vie. Qui pourrait, sur l'écume, exiger maintenant une demeure?

JAPHET, s'avançant.

Ce sera mon père! La race de la terre n'expirera pas : seulement le crime disparaîtra de la face du jour. Fuyez, insultans démons de l'abîme, vous dont la joie hideuse gronde lorsque Dieu détruit ce que vous-mêmes n'oseriez détruire. Hâtez-vous de fuir, rentrez dans vos cavernes profondes, jusqu'à ce que les vagues vous poursuivent dans vos derniers asiles, et fassent ressortir votre maudite race pour la rouler sur l'aile des vents dans l'immensité de l'infini.

ESPRITS.

Fils de l'élu, quand toi et les tiens auront bravé le vaste et furieux élément; quand la grande barrière de l'abîme sera refermée, seras-tu, toi et les tiens, meilleurs ou plus heureux? — Non; votre terre et votre race nouvelles seront encore un assemblage de malheurs. — Moins beaux dans leurs formes, moins surchargés d'années que les géans qui font encore en ce moment la gloire du monde, fils du ciel, nés de quelque mère mortelle, vous n'aurez hérité que des pleurs du tems passé. Et ne rougis-tu pas de leur survivre ainsi; de manger, de boire et de te marier après eux? Ton cœur est-il assez bas, assez avili pour pouvoir entendre nommer cette immense destruction sans avoir assez de chagrin ou plutôt de courage pour préférer devenir la proie des vagues, à la honte d'accepter un asile auprès de ton heureux père, et de bâtir une ville sur le sépulcre de la terre inondée? Quel autre qu'un être bas et inepte, voudrait survivre à son espèce? La mienne déteste la tienne comme étant dans l'univers d'un autre ordre; mais, parmi nous, il n'est pas un seul qui n'eût laissé dans les cieux un trône vide pour aller demeurer dans les ténèbres plutôt que de voir ses compagnons souffrir seuls. Va-t'en, malheureux! va donner une existence comme la tienne à d'autres malheureux; vis, et quand les flots destructeurs mugiront sur leur ouvrage, toi, porte envie aux patriarches géans qui ne seront plus, maudis ton père pour leur avoir survécu, et toi-même pour être son fils!

CHOEUR DES ESPRITS, *s'élançant de la caverne.*

Allégresse! plus de voix humaine qui vienne interrompre par ses prières nos jeux dans les airs; c'en est fait, ils n'adoreront plus; et nous qui jamais n'avons adoré le Seigneur avide de prières, pour qui l'omission d'un sacrifice est un crime; nous, nous verrons les sources de l'abîme s'entr'ouvrir jusqu'à ce que tout soit rendu au chaos; jusqu'à ce que ces créatures fières de leur misérable argile soient toutes exterminées et que leurs os blanchis soient dispersés dans les cavernes, dans les trous, dans les gorges des montagnes, partout enfin où l'océan les aura déposées. Alors, dans leur désespoir, les brutes elles-mêmes cesseront de poursuivre les hommes et ceux de leur espèce, le tigre restera couché près de l'agneau comme auprès de son frère ; tout redeviendra ce qu'il était jadis, silencieux et incréé, excepté le firmament. Cependant la mort accorde une légère trêve ! elle épargnera un faible débris de l'ancienne création et elle lui permettra d'engendrer, mais pour son usage, des générations nouvelles ; ce débris flottant sur les ondes du déluge, et jaillissant de la vase de la terre ensevelie, dès que le soleil ardent l'aura soulevé ; ce débris fournira encore au tems de nouveaux êtres, des armées, des morts, des chagrins, des crimes et tout l'entourage de la haine et du malheur jusqu'à —

JAPHET, les interrompant.

Jusqu'à ce que l'éternelle volonté daigne expliquer ce songe de bonheur et d'angoisse, racheter lui-même les tems et toute chose, les couvrir de ses puissantes ailes, abolir l'enfer, enfin rendre à la terre purifiée la beauté de ses premiers jours et transporter son Éden dans un paradis éternel où l'homme ne sera plus exposé à pécher, où les démons eux-mêmes contribueront à son bonheur.

ESPRITS.

Et quand verra-t-on ces charmantes merveilles ?

JAPHET.

Quand sera venu le rédempteur ; d'abord sous le manteau de la peine, ensuite dans une auréole de gloire.

ESPRITS.

Débattez-vous cependant sous le poids de vos chaînes mortelles jusqu'au tems de la veillesse de la terre; combattez contre vous-même, contre l'enfer et contre les cieux, jusqu'à ce que les nuages soient colorés des flots de sang versés dans chacun de ces combats. D'autres tems, d'autres cieux, d'autres arts, d'autres hommes; mais encore les vieux pleurs, les vieux crimes, les maux plus vieux encore, se partageront votre race renouvelée; les mêmes tempêtes morales menaceront les âges futurs, semblables aux vagues qui dans quelques heures formeront les tombeaux des glorieux géans [1].

CHOEUR DES ESPRITS.

Allégresse! mes frères; mortels, adieu! Écoutons! écoutons! Déjà nous pouvons entendre la voix rauque de l'océan gonflé; les vents aussi déployent leurs pénétrantes ailes. Les nuages ont déjà réuni leurs immenses réservoirs; les fontaines du vaste abîme vont se rompre, les cieux vont ouvrir leurs fenêtres. Le genre humain regarde, sans rien prévoir, chaque

---

[1] « Et dans ce tems-là, et après, il y avait des géans, des hommes
» forts, qui jadis étaient renommés. »
(Genèse.)

terrible présage ; il est aveugle comme à son premier jour. Nous saisissons les sons qu'ils ne peuvent entendre, les tonnerres lointains des sphères ennemies ; encore quelques heures, les délais seront passés ; leurs larges bannières découvertes dans l'étendue ne semblent pas encore déployées, si ce n'est pour l'œil pénétrant des esprits. Gémis, ô terre ! gémis, ta mort est moins éloignée que ta naissance fraîche encore ! Tremblez, montagnes ! bientôt l'océan va vous cacher et vous ensevelir ; les flots mugiront sur vos cimes, et les légères coquilles des plus chétifs habitans de la mer viendront s'arrêter dans l'aire où l'aigle a fait sa demeure. Comme il va pousser des cris contre la mer implacable ! comme il va rappeler inutilement ses aiglons ; mais tout sera sourd, sauf l'onde toujours croissante. — L'homme, de son côté, désirera posséder ses larges ailes qui ne le sauveraient cependant pas : — où pourraient-elles le conduire, quand tout ne lui offrira plus que l'abîme pour tombeau ? Allégresse, mes frères ! et que chacune de nos voix surhumaines se fasse bruyamment entendre. — Tout va mourir, sauf un faible reste de la race de Seth ; — la race de Seth réservée pour de futurs chagrins. Mais nul des enfans de Caïn ne doit survivre : toutes ses charmantes filles seront plongées sous les désolantes eaux ; ou bien leur corps, soulevé par leurs longues chevelures, flottera sur les vagues tombées des cieux, qui dans leur cruauté ne sauveront pas des créatures même si belles de la mort: C'en est fait; tout mourra ! au cri universel de l'humanité succédera l'universel silence ! Fuyons, mes frères, fuyons, mais conservons notre allégresse. Nous sommes tombés ! ils tomberont; ainsi périssent tous ces misérables ennemis du ciel qui se riaient de l'enfer !

(Les Esprits disparaissent ; on entend encore leurs chants dans le lointain.)

JAPHET, seul.

Dieu a proclamé l'arrêt de la terre, l'arche de salut de mon père l'avait annoncé; les démons eux-mêmes s'en réjouissent hors de leurs retraites : et les rouleaux d'Énoc [1] l'ont prophétisé tacitement; et leur silence en a dit plus à l'esprit que la foudre aux oreilles. Cependant les hommes ne l'ont point écouté; ils n'écoutent pas encore; ils marchent, sans le savoir, à leur perte; et quoiqu'ils en approchent de si près, leur incrédulité les rend aussi sourds à tant de présages que le sera bientôt à leurs derniers cris le Tout-Puissant, ou l'océan soumis qui va exécuter ses ordres. Nul météore ne déploie encore sa bannière dans les cieux; les nuages ne sont pas nombreux, leur teinte n'a rien d'extraordinaire; le soleil se lève pour la dernière fois sur la terre aussi beau que le quatrième jour de la création, quand Dieu lui dit : *éclaire!* et qu'il s'élança dans l'aube

---

[1] Le livre d'Énoc, conservé par les Éthiopiens, passe chez eux pour être antérieur au déluge.

qui n'éclaira pas encore le père incréé du genre humain. Mais avant les prières de l'homme s'élevèrent les ravissantes voix des oiseaux qui, dans les plaines de l'air, ont des ailes comme les anges, et, comme ces derniers, chaque jour saluent les cieux de leurs actions de grâce, avant les enfans d'Adam! Leurs concerts du matin vont commencer; l'orient s'embrase; ils vont chanter, et le jour va cesser. Si près de paraître, si près de sa fin cruelle! C'en est fait! leurs ailes ne les soutiendront plus; et le jour, après le retour de quelque riante matinée, le jour reviendra, mais sur quoi? sur le chaos, qui était avant le jour, et qui, en reparaissant, rendra le tems au néant! Car que sont les heures, quand il n'est plus de vie? elles sont à la matière ce qu'est à Jéhova l'éternité qu'il créa comme elles; sans Jéhova, l'éternité serait un vide immense : sans l'homme, le tems fait pour l'homme ne lui survivrait pas, il s'engloutirait dans un abîme sans fond, comme celui qui va dévorer ce jeune monde, et qui plus tard détruira la race humaine entière. — Que vois-je de ce côté? Des figures en même tems terrestres et divines, ou plutôt toutes célestes, tant elles sont ravissantes de beauté! Je ne puis distinguer leurs traits, mais seulement leurs formes; avec quelle grâce elles passent sur la cime de cette verte montagne, dont elles semblent dissiper l'obscurité! Après la vue de ces esprits repoussans, qui tout-à-l'heure exhalaient l'hymne impie du triomphe infernal, oh! qu'elles soient aussi

PREMIÈRE PARTIE.

bien venues que des habitans d'Éden! Peut-être s'approchent-elles pour m'annoncer que notre jeune monde est pardonné, lui pour qui j'ai tant de fois prié. — Elles viennent! Oh ciel! Anah est avec elles. —

(Entrent Samiasa, Azaziel, Anah et Aholibamah.)

ANAH.

Japhet!

SAMIASA.

Quoi! un fils d'Adam!

AZAZIEL.

Que fait ici l'enfant de la terre, tandis que toute sa race est plongée dans le sommeil?

JAPHET.

Ange! toi-même que fais-tu sur la terre, quand tu devrais être là-haut?

AZAZIEL.

Ne sais-tu pas, ou aurais-tu oublié qu'au nombre de nos devoirs est celui de garder votre terre?

JAPHET.

Mais tous les bons anges l'ont abandonnée depuis sa condamnation; l'esprit du mal lui-même se retire à l'approche du chaos. Anah, ma chère Anah! toi que j'ai tant et si vainement aimée, et que j'aime encore! pourquoi restes-tu avec cet esprit, à cette heure où nul esprit du ciel ne brille plus en ce moment ici bas?

ANAH.

Japhet, je ne puis te répondre; cependant pardonne-moi, de grâce —

JAPHET.

Implore plutôt le ciel qui bientôt ne pardonnera plus. Tu es exposée à de grands dangers.

AHOLIBAMAH.

Retourne à ta tente, insolent fils de Noé, nous ne te connaissons pas.

JAPHET.

L'heure viendra peut-être où tu me connaîtras mieux, et où ta sœur me retrouvera encore le même que je fus toujours.

SAMIASA.

Fils du patriarche qui a toujours trouvé grâce devant le Seigneur, quels que soient tes chagrins, et bien que tes paroles soient un mélange de douleur et de colère, comment Azaziel ou moi aurions-nous pu te faire injure?

JAPHET.

Injure! oui, et la plus grande des injures; mais tu dis vrai; bien qu'elle soit formée de chair, je n'ai pu, je n'ai pas dû la mériter. Adieu, Anah! combien de fois t'ai-je dit ce mot! mais je le dis enfin pour ne jamais le répéter. Ange! ou quel que tu sois ou doives être bientôt, réponds-moi : as-tu le pouvoir de sauver cette belle — *ces* belles filles de Caïn ?

AZAZIEL.
De quoi ?

JAPHET.
Quoi ! pourriez-vous aussi l'ignorer ? Anges ! anges ! vous avez partagé le crime de l'homme ; peut-être allez-vous partager son châtiment, ou pour le moins mes regrets.

SAMIASA.
Regrets ! jusqu'alors je ne croyais pas qu'un Adamite pût jamais me parler en énigmes.

JAPHET.
Et le Très-Haut ne les a-t-il pas expliquées ? Vous êtes donc perdus comme eux ?

AHOLIBAMAH.
Eh bien ! soit, s'ils aiment comme ils sont aimés, ils ne frémiront pas plus d'être mortels que je n'hésiterais à partager avec Samiasa une éternité de souffrances.

ANAH.
Ma sœur ! ma sœur ! ne parle pas ainsi.

AZAZIEL.
Mon Anah, serais-tu tremblante ?

ANAH.
Oui, pour toi ! je sacrifierais la plus grande partie de ma courte vie pour éviter à ton éternité une heure d'inquiétude.

JAPHET.
C'est donc pour lui, pour le séraphin, que tu m'as

délaissé! encore n'est-ce rien si tu n'as pas en même tems délaissé ton Dieu! car de semblables unions entre une mortelle et un immortel ne peuvent être saintes ni heureuses. Nous sommes envoyés sur la terre pour travailler et mourir; eux, sont créés pour exécuter là-haut les volontés du Très-Haut: mais, s'il te peut *sauver*, l'heure va venir dans laquelle l'aide des seuls êtres célestes pourra le faire.

ANAH.

Oh! il parle de mort.

SAMIASA.

La mort pour *nous* et pour ceux qui sont avec nous! vraiment si cet homme ne semblait pas accablé de chagrins, je ne pourrais me défendre de sourire.

JAPHET.

Je ne crains ni ne m'afflige pour moi-même; je suis préservé, non par mes mérites, mais par ceux d'un père juste et qui a trouvé assez grâce devant le Seigneur pour obtenir le salut de ses enfans. Que n'a-t-il eu le pouvoir d'en racheter d'autres! ou que ne puis-je échanger ma vie pour celle qui seule pouvait rendre la mienne heureuse; pour la vie de la dernière et de la plus belle de la race de Caïn! Oh! que ne peut-elle trouver un asile dans l'arche réservée au reste de la race de Seth!

AHOLIBAMAH.

Et pourrais-tu donc penser que nous, sentant dans

nos veines le généreux sang de Caïn, fils aîné d'Adam, — du fort Caïn engendré dans le paradis, — nous consentirions à nous joindre, à nous mêler aux enfans de Seth? Seth, le dernier rejeton de la vieillesse dégénérée d'Adam! Non, non, quand le salut de la terre en dépendrait, quand il serait menacé! Notre race a toujours été dès le commencement séparée de la tienne, elle le sera toujours.

JAPHET.

Je ne parle pas à toi, Aholibamah! tu reçus en partage trop de ce sang altier dont tu t'enorgueillis et que tu reçus de celui qui le premier ne craignit pas d'en répandre, et celui d'un frère, encore! Mais toi, mon Anah, permets-moi de t'appeler mienne, bien que tu ne le sois pas ; c'est un mot auquel je ne puis renoncer, tout en renonçant à toi. Mon Anah! toi qui me faisais rêver qu'Abel avait pu laisser une fille dont la pieuse race survivait en toi, tant tu diffères en tout du reste des sauvages Caïnites, si ce n'est sous le rapport de la beauté ; car toutes leurs filles ont sur les nôtres l'avantage des charmes!

AHOLIBAMAH, l'interrompant.

Et croirais-tu donc qu'elle ressemblât aux ennemis de notre père en esprit, en âme? Si je partageais cette pensée, si je songeais qu'il y eût en *elle* quelque chose d'Abel — Va-t'en, fils de Noé, bien que tu soulèves des querelles..

JAPHET.

Fille de Caïn, ton père avait fait de même !

AHOLIBAMAH.

Mais il ne tua pas Seth ? et d'où vient que tu te permets d'intervenir en d'autres actions qui se passèrent entre son Dieu et lui ?

JAPHET.

Tu dis vrai : son Dieu l'a jugé, et je n'eusse point rappelé son action, si toi-même ne semblais en tirer gloire au lieu d'en frémir.

AHOLIBAMAH.

Il fut le père de nos pères, le fils aîné de l'homme, le plus fort, le plus brave et le plus patient : — penses-tu que je doive rougir de celui qui nous donna la vie ? Jette les yeux sur notre race ; vois leur taille et leur beauté, leur courage, leurs forces, leurs jours nombreux ! —

JAPHET.

Ils sont comptés. —

AHOLIBAMAH.

Ainsi soit-il ! Mais cependant, tandis qu'il leur reste des heures, je mets ma gloire dans mes frères et dans nos pères.

JAPHET.

Mon père et sa race ne mettent leur gloire que dans leur Dieu ; et toi, Anah ?

ANAH.

Quels que soient les décrets de notre Dieu, le Dieu

de Seth comme de Caïn, je dois obéir, et je m'efforcerai d'obéir avec résignation. Mais si j'osais prier dans cette heure affreuse de vengeance (s'il est vrai qu'elle nous menace), je ne voudrais pas survivre seule à toute ma famille. Ma sœur! oh! ma sœur! que serait le monde ou les autres mondes? que serait l'avenir le plus enchanteur sans le bonheur passé? — ta tendresse, celle de mon père, toutes les vies et tous les liens qui m'enchaînent comme autant d'astres qui jettent sur ma triste existence les doux rayons qui ne viennent pas de moi? Aholibamah! oh! s'il y avait espoir de merci, demande-le, obtiens-le; car si j'abhorre la mort, c'est seulement parce que tu dois mourir.

AHOLIBAMAH.

Eh quoi! ce rêveur, avec l'arche de son père, épouvantail qu'il a construit pour faire peur au monde, aurait-il donc intimidé ma sœur? Ne sommes-nous pas les bien-aimées des séraphins? Et quand nous ne le serions pas, devrions-nous trembler pour notre vie devant un fils de Noé? Plutôt mille fois — mais ces rêves exaltés et désolans sont l'effet des fantômes créés par un amour sans espoir, et des veilles prolongées. Qui pourrait ébranler ces solides montagnes, cette terre dure? Qui pourrait ordonner aux eaux et aux nuages de revêtir d'autres formes que celles que nous et nos pères leur ont vu revêtir dans tous les tems? Dis, qui le fera?

JAPHET.

Celui qui d'un seul mot les produisit.

AHOLIBAMAH.

Ce mot, qui l'*entendit* ?

JAPHET.

L'univers qui s'élança dans la vie devant ses yeux. Ah! tu oses rire dédaigneusement? Tourne-toi vers tes séraphins; s'ils ne l'attestent pas, ils n'en sont pas.

SAMIASA.

Aholibamah, reconnais ton Dieu.

AHOLIBAMAH.

J'ai toujours rendu hommage à notre Créateur, le tien, Samiasa, comme le mien, un dieu d'amour et non de peine.

JAPHET.

Hélas!? l'amour est-il autre chose que la peine? Celui-là même qui fit la terre par amour eut bientôt à se repentir à la vue de ses premiers et de ses meilleurs habitans.

AHOLIBAMAH.

Ce sont là des mots.

JAPHET.

Ce sont des faits.

(Entrent Noé et Sem.)

NOÉ.

Japhet, que fais-tu ici avec ces fils de perdition? Ne crains-tu pas de partager leur prochaine destinée?

JAPHET.

Mon père, ce ne peut être un péché de chercher à sauver une créature terrestre; vois, d'ailleurs, ce ne sont pas des pécheurs, puisqu'ils ont la compagnie des anges.

NOÉ.

Est-ce donc là ceux qui laissent le trône de Dieu pour prendre leurs femmes parmi la race de Caïn? Serait-ce les fils du ciel qui recherchent pour leur beauté les filles de la terre?

AZAZIEL.

Patriarche, tu l'as dit.

NOÉ.

Malheur! malheur! malheur à de pareilles unions! Dieu n'a-t-il pas jeté une barrière entre la terre et le ciel, et distingué chacun espèce par espèce?

SAMIASA.

L'homme ne fut-il pas fait à l'image du puissant Jéhova? Et Dieu n'aimait-il pas ceux qu'il a créés? Nous ne faisons qu'imiter son amour pour les créatures.

NOÉ.

Je ne suis qu'un homme, incapable de juger le genre humain, encore moins les enfans de Dieu; mais notre Dieu ayant daigné communiquer avec moi, et me révéler ses jugemens, je réponds que la descente des séraphins de leurs siéges éternels sur un monde périssable, et qui même est en ce moment

VI. 27

à la veille de périr, je réponds, dis-je, que cette descente ne peut être bonne.

AZAZIEL.

Comment! quand ce serait pour sauver?

NOÉ.

Mais, dans toute votre gloire, vous ne pouvez racheter ceux qu'a condamnés celui qui vous fit glorieux. Si votre mission immortelle était dans un but de salut, il serait général, et il ne serait pas restreint à deux créatures, belles il est vrai, mais dont la beauté n'en est pas moins condamnée.

JAPHET.

Oh! mon père, ne parlez pas de cela!

NOÉ.

Fils! si tu veux te soustraire à leur jugement, oublie qu'elles existent; bientôt elles auront cessé d'être; et toi, tu deviendras le père d'un nouvel et meilleur monde.

JAPHET.

Laisse-moi mourir avec celui-ci, avec *elles*!

NOÉ.

Tu le *devrais* pour une telle pensée; celui qui *peut* te pardonne.

SAMIASA.

Et pourquoi le sauver, lui et toi-même, plutôt que celle que lui, ton fils, préfère à toutes les deux?

NOÉ.

Demande-le à celui qui te fit plus grand que moi-même et les miens, mais également subordonné à sa toute-puissance. Mais voilà son plus aimable messager et le moins faible aux tentations.

(Entre l'archange Raphaël.)

RAPHAËL.

Esprits, dont la place est auprès du trône, que faites-vous ici ? est-ce le devoir d'un séraphin de paraître en ces lieux, quand l'heure approche où la terre sera isolée ? Retournez à votre place glorieuse ! allez, allez dans le ciel adorer et offrir vos brûlans hommages, de concert avec les sept élus.

SAMIASA.

Raphaël ! le premier et le plus beau des enfans de Dieu, depuis quand existe-t-il une loi pour les anges d'abandonner la terre ? la terre, dont plusieurs fois les pas de Jéhova ne dédaignèrent pas le sol ! C'est le monde qu'il aima, qu'il fit par un effet de son amour ; et souvent de nos ailes rapides, nous sommes descendus ici remplir ses messages ; adorant sa gloire dans ses moindres ouvrages, surtout protégeant le plus jeune astre de ses domaines et comme le dernier-né de ses vastes états, empressés de la rendre digne de notre Seigneur. Pourquoi la sévérité de ton front ? et pourquoi nous parles-tu d'une destruction prochaine ?

RAPHAEL.

Si Samiasa et Azaziel eussent été à leur véritable place ; réunis au chœur angélique, ils auraient vu en caractères de feu le dernier décret de Jéhova, et ils ne chercheraient pas à connaître par moi le courroux de leur créateur. Mais il faut que l'ignorance soit toujours une partie du péché ; et la science des esprits eux-mêmes s'obscurcit à mesure qu'ils se confient davantage en elle : car l'aveuglement est le fils aîné de l'outrecuidance. Quand tous les bons anges ont quitté le monde, vous y restez enchaînés par des passions étranges et aviliés, par des sentimens mortels pour des filles mortelles ; mais l'on vous a pardonné de là haut, vous êtes replacés parmi vos égaux. Fuyez ! éloignez-vous ! ou si vous demeurez, vous renoncez ainsi à l'éternité.

AZAZIEL.

Mais toi, si la terre est enveloppée dans le fatal décret qui nous était jusqu'à présent inconnu, n'es-tu pas comme nous coupable en paraissant en ces lieux?

RAPHAEL.

Je viens pour vous ramener dans vos sphères, au puissant nom et à la voix de Dieu! Vous qui m'êtes chers presqu'autant que celui qui m'envoie, jusqu'ici nous nous élancions ensemble des éternels espaces, retournons ensemble aujourd'hui vers les étoiles. Oui, la terre doit mourir. Sa race, reploñgée dans ses entrailles, doit se perdre ; mais pourquoi faudrait-il que la terre ne pût être créée ou détruite sans creuser un grand vide dans les rangs immortels? immortels jusque dans leur trahison inouïe. Satan, notre frère, est tombé ; il aima mieux être dévoré de feu que de rendre plus long-tems son hommage. Mais vous qui êtes encore purs, séraphins moins puissans que cet autre, jadis si radieux, rappelez-vous comment il est tombé, et considérez si le plaisir de tenter l'homme peut compenser la perte des cieux. Long-tems j'ai guerroyé, long-tems je lutterai encore avec celui qui rougissait d'avoir été créé, et de reconnaître celui qui, près des chérubins, et tenant les archanges à sa droite, semblait comme le soleil au milieu de planètes de sa dépendance. Je l'aimais ; il était beau. O ciel! sauf celui qui l'avait créé, quelle beauté et quelle puissance fut jamais comparable à celle de Satan? Oh! que ne puis-je oublier l'heure de sa chute! Ce vœu est impie ; mais vous qui n'êtes pas encore déchus, soyez sur vos gardes. Vous allez choisir l'éternité avec lui ou bien avec Dieu. Il ne vous a pas tentés ; il ne peut tenter les anges : Dieu les a ravis à son empire ; mais l'homme a écouté sa voix, et vous celle de la femme. — Elle est belle, sans doute, et la voix du serpent est moins subtile que ses baisers ; aussi le reptile ne peut-il vaincre que la matière, tandis qu'elle pourrait entraîner un second habitant des cieux à violer les lois célestes. Encore une fois, fuyez ! Vous ne pouvez mourir, mais elles passeront rapidement, et les cieux les plus lointains retentiraient des regrets que vous donneriez au périssable argile dont l'ineffaçable souvenir survivrait au soleil qui leur donna le jour. Rappelez-vous votre essence, et combien elle diffère de la leur en tout, excepté dans la faculté de souffrir. Pourquoi viendriez-vous partager l'agonie dont il faut qu'ils héritent? Nés pour être flétris par les années, rongés de soucis, et ravis enfin par la mort, cette reine de l'espèce humaine, et quand même il leur serait permis de traîner leurs jours jusqu'à la vieillesse, quand la colère divine ne les abrégerait pas, ils n'en seraient pas moins encore la proie du péché et la conquête de la douleur.

AHOLIBAMAH.

Qu'ils s'éloignent! j'entends la voix qui nous crie que tout doit mourir plus tôt que ne moururent nos patriarches blanchis par les années; là-haut se prépare un océan, tandis qu'ici-bas l'abîme se soulèvera pour se réunir au déluge céleste. Peu seront épargnés sans doute, et la race de Caïn lèvera vers le Dieu d'Adam d'inutiles prières. Ma sœur! puisqu'il en est ainsi, puisque l'Éternel serait vainement imploré pour le pardon d'une seule heure d'aveuglement, il nous faut sacrifier même ce que nous adorions, il nous faut attendre la vague comme nous subirions le tranchant d'une épée, et, sinon avec sérénité, du moins sans faiblesse; pleurant, non pas sur nous ; mais sur ceux qui nous survivront dans une enveloppe mortelle ou immortelle, et qui, une fois que les eaux fatales nous auront engouffrés, pleureront pour des myriades de créatures qui n'auront plus le pouvoir de pleurer. Fuyez, séraphins, vers vos éternels rivages, où les vents ne mugissent pas, où ne gronderont jamais les ondes. Notre sort est de mourir, le vôtre de vivre à jamais : mais lequel vaut mieux, d'une mort ou d'une vie éternelle? Celui qui toutes deux les donne le connaît seul : obéissez-lui comme nous obéirons. Je ne voudrais pas conserver la vie une heure au-delà de sa volonté ; ni vous perdre une portion de ses faveurs au prix du pardon réservé à la race de Seth. Fuyez, et tandis que vos ailes vous reporteront vers les cieux, songe, Samiasa, que mon amour s'élève encore avec toi dans les airs, et si mes yeux se tournent en ce moment vers toi sans être obscurcis de larmes, c'est que la fiancée d'un ange dédaigne de pleurer. — Adieu! qu'il vienne maintenant, l'inexorable abîme.

ANAH.

Faut-il donc mourir? et faut-il renoncer à toi, Azaziel? O mon cœur! mon cœur! tes inspirations étaient justes, et cependant combien j'étais heureuse! le coup vient de me frapper comme si je ne l'avais pas prévu; mais éloignez-vous! pourquoi le faut-il, pourquoi ne pas vous retenir! non, fuyez, mes angoisses ne peuvent être de longue durée, les tiennes seraient éternelles si par ma faute le ciel venait à te repousser; déjà tu as montré trop de bonté pour une fille d'Adam! notre sort est de souffrir : la douleur et la disgrâce attendent comme nous les esprits qui n'ont pas dédaigné de nous aimer. Le premier qui nous donna la science fut précipité de son trône archangélique, dans je ne sais quel monde inconnu, et toi, Azaziel! non, tu ne souffriras pas pour moi. Fuis! ne pleure pas, tu ne le peux ; mais combien tu dois souffrir de ne le pouvoir faire! Oublie celle que les furies de l'indomptable abîme n'accableront pas d'un si profond désespoir que ton absence; fuis! fuis! une fois parti, il sera bien moins difficile de mourir.

JAPHET.

Oh! ne parle pas ainsi! mon père; et toi, archange, toi! sans doute la miséricorde céleste se cache sous la sérénité de ton front pur et sévère : oh! ne les laisse pas en proie à cette mer sans rivage ; sauve-les dans notre arche, ou permets-moi de ne pas leur survivre.

NOÉ.

Silence, enfant des passions, silence! garde-toi, sinon intérieurement, du moins dans tes paroles, de faire à Dieu la moindre injure. Vis quand il le veut, meurs lorsqu'il l'ordonne, mais de la mort des justes et non comme les enfans de Caïn. Mets un terme à ton chagrin, ou du moins pleure en silence et ne fatigue pas de tes plaintes égoïstes les oreilles courroucées du ciel. Voudrais-tu que Dieu commît pour toi une injustice? et telle serait l'altération de ses vues en faveur d'un seul mortel. Sois homme et supporte ce que la race d'Adam doit et peut supporter.

JAPHET.

Oui, mon père, mais quand ils ne seront plus, quand nous flotterons seuls sur l'azur des airs et que sous nos têtes l'abîme recouvrira notre chère contrée, nos amis et nos frères plus chers encore, qui tous seront ensevelis dans le gouffre immense, comment alors commander à nos pleurs et à nos sanglots? pourrons-nous trouver le calme dans le silence de la désolation? O Dieu! sois donc toi-même, grâce! quand il en est tems encore! ne renouvelle pas le châtiment d'Adam! Le genre humain était alors deux créatures; aujourd'hui il est plus nombreux que les vagues; et la terrible pluie qui nous menace ne fournirait pas une goutte à chacun de leurs tombeaux, si les tombeaux étaient permis aux enfans de Caïn.

NOÉ.

Silence! fils imprudent! tes paroles sont autant de crimes! Anges, pardonnez à la violence de son désespoir.

RAPHAEL.

Séraphins, la passion aveugle ces mortels : vous qui êtes ou deviez être purs et sans passion, revenez avec moi.

SAMIASA.

Cela est impossible : notre choix est fait, nous en subirons les effets.

RAPHAEL.

Vous avez dit?

AZAZIEL.

Il a parlé, et je dis amen !

RAPHAEL.

Encore ! dès cette heure donc, rayés comme vous l'êtes des phalanges célestes, disgraciés par votre Dieu ! adieu.

JAPHET.

Hélas ! où pourront-ils trouver un asile ? Écoutez ! écoutez ! un bruit prolongé, plus prolongé encore, gronde en s'échappant des flancs de la montagne. Sur les sommets, pas un souffle de vent, et cependant chaque feuille est agitée, chaque fleur s'effeuille ; la terre semble vouloir s'affaisser comme sous une charge pesante.

NOÉ.

Écoutez ! écoutez ! les oiseaux des mers crient, ils forment un nuage dans la pourpre du firmament, ils planent sur les montagnes où jamais auparavant aile blanche, habituée aux vagues, n'osa se reposer, même quand les flots furieux leur défendaient de se confier à eux. Bientôt ils deviendront leur seul rivage, et alors tout sera dit.

JAPHET.

Le soleil! le soleil! il se lève, mais son bienfaisant éclat a disparu; un cercle noir, environnant son disque enflammé, proclame que le dernier jour de la terre est arrivé. Les nuages rentrent dans les teintes de la nuit, si ce n'est au lieu où leurs pointes d'airain bigarrent la ligne d'où sortaient auparavant les riantes matinées.

NOÉ.

Et là, voyez cette traînée de lumière, avant-coureur du tonnerre! Il vient, retirons-nous, fuyons, laissons aux élémens leur criminelle proie; retournons au lieu où s'élève notre arche sainte, sauvegarde des débris de la terre.

JAPHET.

Arrête, mon père, laisseras-tu Anah en proie aux vagues destructives?

NOÉ.

Faut-il plutôt leur abandonner tout ce qui a vie? Partons.

JAPHET.

Non, pas moi!

NOÉ.

Meurs donc avec eux! Oses-tu bien regarder ce firmament prophétique et chercher à sauver ce que tout maintenant condamne? Veux-tu te mettre aux prises avec la juste colère de Jéhova?

JAPHET.

La colère et la justice ne peuvent partir des mêmes mains.

NOÉ.

Blasphémateur! tremble de murmurer dans un pareil moment.

RAPHAEL.

Patriarche, sois indulgent; éclaircis ton front courroucé. Malgré son égarement, ton fils ne périra pas; il ne s'abreuvera pas de l'écume salée des ondes furieuses. Il ne sait ce qu'il dit, et une fois sa passion amortie, il est aussi bon que toi, il ne succombera pas comme les enfans du ciel avec les filles de l'homme.

AHOLIBAMAH.

La tempête arrive. Le ciel s'unit à la terre pour l'anéantissement de tout ce qui a vie. La lutte est inégale entre nos forces et celles de l'éternelle puissance.

SAMIASA.

Mais nous serons avec vous; nous vous transporterons dans quelque planète éloignée et paisible, où vous partagerez, Anah et toi, notre sort; et si tu ne pleures pas la perte de votre terre, nous oublierons également que nous sommes bannis du ciel.

ANAH.

Oh! les tentes chéries de mon père! lieux où je reçus le jour! montagnes, forêts et prairies, hélas ! quand vous ne serez plus, qui pourra sécher mes pleurs ?

AZAZIEL.

L'esprit qui sera ton époux. Ne crains rien, quoique chassés du ciel, il nous reste encore de nombreuses retraites, d'où l'on ne pourra nous arracher.

RAPHAEL.

Audacieux rebelle ! tes paroles sont criminelles, et tes efforts seront désormais impuissans. L'épée flamboyante qui chassa du paradis le premier homme étincelle encore dans les mains angéliques.

AZAZIEL.

Elle ne nous atteindra pas : menace la matière de la mort, épouvante de tes armes ceux qu'elles peuvent blesser ; mais, pour nos yeux immortels, qu'importe la flamme de ton glaive ?

RAPHAEL.

Le moment est venu d'en éprouver la vertu, et de t'apprendre enfin combien il est inutile de lutter contre les ordres de notre Dieu : ta foi faisait toute ta force.

(Des mortels fuient dans l'espoir de trouver un refuge.)

CHŒUR DES MORTELS.

Les cieux se joignent à la terre, — Dieu ! ô grand Dieu, qu'avons-nous fait ? Grâce, cependant ! Entends les animaux sauvages eux-mêmes faire mugir la prière ! Le dragon s'élance de sa caverne, et s'approche de l'homme sans songer, dans sa terreur, à lui nuire; les oiseaux modulent dans les airs un chant d'agonie : ô Jéhova! détourne la rage de ta colère, prends pitié du désespoir de ton propre monde! Ce n'est pas l'homme seul qui pleure, c'est toute la nature!

RAPHAEL.

Adieu, terre condamnée! Enfans infortunés de la matière, je ne puis, je ne dois pas vous secourir, le décret est porté!

(Raphaël sort.)

JAPHET.

Quelques nuages descendent comme des vautours sur leur proie : d'autres, immobiles comme autant de rochers, attendent le mot qui doit déchaîner leurs furieuses cataractes. Plus d'azur dans les cieux, plus de radieuses étoiles! La mort s'est levée, une lueur pâle et fantastique tient la place du soleil, et s'éteint elle-même au milieu de la nature expirante.

AZAZIEL.

Viens, Anah! abandonne cette prison, fille du chaos, et que les élémens vont rendre à ce qu'elle fut dans l'origine. Tu seras en sûreté sous l'abri de mes ailes comme le jeune aiglon sous celles de sa mère. — Laisse la prochaine destruction s'accomplir; ferme l'oreille à son approche sinistre! Nous allons habiter un monde plus brillant, où tu pourras savourer une vie éternelle. Il est d'autres cieux que ces nuages sombres.

(Azaziel et Samiasa disparaissent avec Anah et Aholibamah.)

JAPHET.

Ils sont partis! Ils se sont enfuis sur les débris du monde. Et maintenant, qu'elles vivent, ou qu'elles meurent avec la terre vivante ; rien ne pourra me rendre la vue d'Anah !

CHOEUR DE MORTELS.

O fils de Noé, aie pitié de tes semblables! Eh quoi ! veux-tu nous laisser tous, tous, — *tous* dehors! tandis que toi, protégé contre la fureur des élémens, tu te renfermeras dans ton arche de salut.

UNE MÈRE, offrant à Japhet son enfant.

Oh! laisse entrer cet enfant! je l'enfantai dans la douleur, mais j'espérais être heureuse en le voyant suspendu à mon sein. Pourquoi faut-il qu'il soit né! Qu'a-t-il fait, mon enfant, avant d'être sevré, pour exciter la haine ou la vengeance de Jéhova ? Qu'y a-t-il dans ce lait dont je le nourris qui puisse forcer la terre et le ciel à se liguer pour faire mourir mon enfant? pour rouler les flots sur sa tête si blanche, si pure ? Ah! sauve-le! toi, de la race de Seth! ou malédiction sur toi, sur ta race qui nous abandonne, et sur celui qui nous fit !

JAPHET.

Silence! ce n'est pas l'heure de maudire, mais de prier.

CHOEUR DE MORTELS.

De prier !!! Et où s'élèvera la prière ; quand les nuages gonflés pèsent et crèvent sur les montagnes ! quand la mer débordée rend inutiles toutes les barrières ! quand les sables du désert ont cessé d'être arides ! Maudit celui qui te fit, ainsi que ton père ! nous le savons ! nos malédictions sont inutiles, il faut expirer ; mais puisque nous connaissons toute l'étendue de notre malheur, pourquoi essaierions-nous des hymnes ou courberions-nous le genou devant l'implacable Tout-Puissant ? nous n'en expirerons pas moins. Si c'est lui qui a fait la terre, à lui la honte d'avoir créé un monde pour les tourmens !—Voyez, dans leur rage, les torrens de pluie ! la nature entière est écrasée sous leur poids ; les arbres de la forêt (nés le même jour que le paradis, formés avant qu'Ève n'eût offert à Adam la science pour douaire, avant qu'Adam n'eût chanté sa première hymne d'esclavage). Ces arbres, si vigoureux, si hauts, si verts encore dans leur vieillesse, les voilà déracinés ; leurs fleurs d'été sont tranchées par les vagues qui s'élèvent, s'élèvent, s'élèvent encore. Vainement nos yeux se portent vers les cieux courbés, — ils touchent les mers, ils étendent une barrière entre Dieu et nos regards suppliants. Fuis ! enfant de Noé ; fuis ! étends-toi mollement dans le refuge qui t'est donné sur l'océan ; vois tout ce qui surnage sur les flots : c'est le cadavre du monde de tes premiers jours. Puis élève à Jéhova le chant de ta reconnaissance!

UN MORTEL.

Bénis ceux qui meurent dans le Seigneur! bien que les eaux soient déchaînées sur la terre, que ses décrets aussi bien que sa parole soient adorés! Il m'a donné la vie, — il ne prend que le souffle qui est à lui; mes yeux peuvent se fermer pour toujours; ma faible voix peut élever, pour la dernière fois, devant son trône, ses douloureuses prières; mais encore béni soit le Seigneur, pour ce qui fut, pour ce qui est! Tout est à lui : le commencement et la fin; le tems, l'espace, l'éternité, la vie, la mort; le vaste connu, l'incommensurable inconnu. Il a fait, il peut défaire; et moi, pour un faible soupir d'existence, irais-je blasphémer et murmurer? Non, plutôt mourir comme j'ai vécu, plein de foi, sans frissonner au moment même où l'univers entier s'écroule!

CHOEUR DES MORTELS.

Où fuir? sur les hautes montagnes? mais leurs torrens s'élancent avec une double impétuosité pour se confondre avec l'océan qui mugit à leurs pieds, enveloppe les contours de chaque montagne et découvre l'entrée de toutes les cavernes.

(Une femme entre.)

FEMME.

Oh! sauvez-moi! sauvez-moi! nos vallons ne sont plus : mon père et la tente de mon père, mes frères et les troupeaux de mes frères, les beaux arbres qui nous ombrageaient à l'heure de midi, et qui, le soir, nous apportaient le chant des plus doux oiseaux, le petit ruisseau qui rafraîchissait nos verts pâturages, hélas! tout a disparu. Ce matin, quand j'ai gravi cette montagne, je tournai, vers tous ces beaux lieux, mes regards de reconnaissance, et pas une feuille alors ne tremblait encore! — Voilà maintenant qu'ils ne sont plus! — Hélas! pourquoi suis-je née?

JAPHET.

Pour mourir! et mourir dans la jeunesse; plus heureuse ainsi que d'être réservée à contempler la tombe universelle sur laquelle je suis condamné à pleurer inutilement. Pourquoi, quand tout périt, faut-il que je vive encore?

(Les eaux s'élèvent : les hommes fuient dans toutes les directions, plusieurs sont engouffrés sous les vagues. Le chœur des mortels se disperse et cherche son salut sur la cime des montagnes. Japhet reste sur un roc, tandis que l'on aperçoit, dans le lointain, l'arche venant à lui.).

FIN DE CIEL ET TERRE.

www.ingramcontent.com/pod-product-compliance
Lightning Source LLC
Chambersburg PA
CBHW070930230426
43666CB00011B/2391